国家社科基金重点项目"中国残疾女性贫困的现状、影响因素与精准扶贫对策研究"(17ASH016)结项成果
江苏高校优势学科建设工程资助项目

国家社科基金丛书
GUOJIA SHEKE JIJIN CONGSHU

教育反贫困视角下
中国残疾人精准扶贫研究

Research on Targeted Poverty Alleviation for People with Disabilities
in China from an Educational Anti-Poverty Perspective

侯晶晶　著

人民出版社

目　录

序　言

反贫困是人类文明进步的一项重要事业,也是许多国家、众多学者关注的难点问题。国际货币基金组织的多份报告显示,近年来世界很多地区贫困人口不减反增,"美国贫困率上升"等社会问题①折射出全球减贫事业遭遇瓶颈②。安东尼·吉登斯(Anthony Giddens)和米切尔·邓奈尔(Mitchell Duneier)等社会学家致思于"美国贫困率缘何上升"问题③,讨论了以"贫困文化""依赖文化"为代表的个体负责论以及威廉·朱利斯·威尔逊(William Julius Wilson)等学者提出的基于资源分配机会差异的社会结构论。奥斯卡·刘易斯(Oscar Lewis)1968年提出的贫困文化理论认为,贫困产生的原因在于贫穷儿童生长于其中的社会与文化氛围,贫困文化代际传递源于年轻人看不到努力奋斗的意义,相反,他们屈服于贫困的生活。查尔斯·默里(Charles Murray)1984年提出了聚讼颇多的"依赖文化"理论。默里认为底层阶级中有两类人,一类是

---

① A. Giddens, M. Duneier, R. P. Appelbaum & D. Carr, *Introduction to Sociology*, New York: W.W.Norton & Company, 2018, p.198.

② 王红续、王尧其、郑红婕:《当前世界局势特点及其对全球贫困治理的影响》,《内蒙古师范大学学报(哲学社会科学版)》2020年第4期;A. Giddens, M. Duneier, R. P. Appelbaum & D. Carr, *Introduction to Sociology*, New York: W.W.Norton & Company, 2018, p.198。

③ 社会学家吉登斯概述了"归咎受害者"和"归咎制度"两种致贫观。概言之,前者认为贫困者个人应对自身的贫困负责;后者认为贫困是社会中的结构力量生产和再生产的结果。参见[英]安东尼·吉登斯:《社会学(第五版)》,李康译,北京大学出版社2010年版,第289—290页。

"非因其咎"而致贫者,比如鳏寡孤独或残障人士,而另一类须对自身的贫困负责,后一类人依赖政府福利救济金却不进入劳动力市场,参与形成了依赖文化。他认为,福利国家已创造出一种削弱个人抱负和自助能力的亚文化,福利国家的政策销蚀个人斗志、自助能力和工作内驱力,炮制出福利依赖者(welfare dependent)。威廉·朱利斯·威尔逊于1996年和2011年在专著中结合"内城经济重构论"提出贫困是社会中的结构力量生产和再生产的结果,诸如族裔、阶层、性别、职业地位、教育成就等社会结构性因素塑造了资源分配方式,"美国贫困率上升"问题的根本原因在于社会、文化、教育等宏观结构[1]。

反贫困在我国得到政府和社会的高度重视。消除绝对贫困、实现共同富裕是马克思主义政治经济学的价值追求、社会主义的本质要求,是中国共产党百年的初心与使命[2]。2021年2月25日,习近平总书记向世界庄严宣告:"我国脱贫攻坚战取得了全面胜利,现行标准下9899万农村贫困人口全部脱贫……完成了消除绝对贫困的艰巨任务。"[3]通过精准扶贫完成脱贫攻坚、全面建成小康社会的历史任务,实现第一个百年奋斗目标,为我国全面建设社会主义现代化国家以及实现第二个百年奋斗目标奠定了坚实基础。正如党的二十大报告所言,我国"打赢了人类历史上规模最大的脱贫攻坚战……历史性地解决了绝对贫困问题,为全球减贫事业作出了重大贡献"。

残疾人精准扶贫是反贫困的难中之难、重中之重。据世界卫生组织(WHO)和世界银行公布的《世界残疾报告》,"全球超过10亿人或15%的世界人口带有某种形式的残疾而生存"[4]。我国有8500多万残疾人,占全国总人口的6.34%,涉及2亿多家庭人口。残疾人反贫困是打赢脱贫攻坚战的

---

① A. Giddens, M. Duneier, R. P. Appelbaum & D. Carr, *Introduction to Sociology*, New York: W. W. Norton & Company, 2018, p.199.

② 刘方平、吴争春:《中国式现代化的政治经济学分析:共同富裕及其建构逻辑》,《新疆社会科学》2022年第1期。

③ 习近平:《在全国脱贫攻坚总结表彰大会上的讲话》,人民出版社2021年版,第1页。

④ http://www.who.int/disabilities/world_report/2011/summary_ch.pdf。

"艰中之艰",我国建档立卡人口超过14%属因残致贫,而且残疾贫困人口系"贫中之贫"。① 残疾人反贫困包括应对绝对贫困和相对贫困以及预防返贫等丰富内容,对于残疾人体验生命意义、提升幸福感、实现共同富裕,对于促进中国式现代化具有重要的战略意义。习近平总书记《在全国脱贫攻坚总结表彰大会上的讲话》特别关注残疾人这一弱势群体,从政策扶持和自强自立两方面肯定了贫困残疾人成功脱贫的中国经验。从福利社会学视角看,这恰是从社会因素论与个人责任论两个维度对中国残疾人精准扶贫的成功做出了深刻阐释。

"'胜非其难也,持之者其难也。'……对易返贫致贫人口要加强监测……党中央决定,适时组织开展巩固脱贫成果后评估工作……坚决守住不发生规模性返贫的底线。"②政策分析与数据分析显示,残疾人仍是致贫返贫的高风险亚群体,因此精准扶贫的成功经验对于治理相对贫困、实现"人的二重性"③意义上的共同富裕具有持久的重要价值。《国务院关于印发"十四五"残疾人保障和发展规划的通知》指出,"十四五"时期需要着力解决的突出问题包括"残疾人返贫致贫风险高,相当数量的低收入残疾人家庭生活还比较困难""残疾人社会保障水平和就业质量还不高,残疾人家庭人均收入与社会平均水平相比还存在不小差距"④。

历经艰苦卓绝的努力获得脱贫攻坚全面胜利之后,正如习近平总书记反复强调的那样,我们对于巩固拓展脱贫攻坚成果不可松懈,要始终高度重视防止返贫——尤其是残疾人等重点人群的返贫。李强总理在第十四届全国人民

---

① 习近平:《在打好精准脱贫攻坚战座谈会上的讲话》,人民出版社2020年版,第13页。

② 习近平:《在全国脱贫攻坚总结表彰大会上的讲话》,人民出版社2021年版,第20—21页。

③ "人的二重性"存在境遇决定了实现残疾人共同富裕不仅是从客体层面解决物质生活和精神生活的富裕问题,也要从主体层面对残疾人自我实现的超越性维度予以观照。参见邹广文、华思衡:《论实现残疾人共同富裕的双重意蕴》,《残疾人研究》2022年第3期。

④ 中国法制出版社编:《中华人民共和国民政法律法规全书(含相关政策)(2024年版)》,中国法制出版社2024年版,第358页。

代表大会第二次会议上所做的政府工作报告中强调，"加强对残疾人等就业困难人员帮扶"，"统筹防止返贫和低收入人口帮扶政策，把民生兜底保障安全网织密扎牢"。① 这对于实现中国式现代化具有重要的经济意义、政治意义、社会意义和文化意义。党的二十大报告指出，"丰富人民精神世界，实现全体人民共同富裕"，是中国式现代化的本质要求。为此，要"坚决防止两极分化"。"中国式现代化是物质文明和精神文明相协调的现代化。物质富足、精神富有是社会主义现代化的根本要求。物质贫困不是社会主义，精神贫乏也不是社会主义。我们不断厚植现代化的物质基础，不断夯实人民幸福生活的物质条件，同时大力发展社会主义先进文化，加强理想信念教育，传承中华文明，促进物的全面丰富和人的全面发展。"②毫无疑问，学术研究对于助力防止返贫、相对贫困治理以及实现惠及残健全体人民的物质富足、精神富有的中国式现代化，承载着不可推卸的历史使命，此即本研究的着力点所在。

---

① 全国人民代表大会常务委员会办公厅编:《中华人民共和国第十四届全国人民代表大会第二次会议文件汇编》，人民出版社 2024 年版，第 50、51 页。

② 习近平:《高举中国特色社会主义伟大旗帜 为全面建设社会主义现代化国家而团结奋斗——在中国共产党第二十次全国代表大会上的报告》，人民出版社 2022 年版，第 22—24 页。

第一章　残疾人精准扶贫研究述评

《经济、社会和文化权利国际公约》(1966年)将经济权利确定为公民的基本权利,《残疾人权利公约》(2006年)要求进一步保障全球残疾人平等的经济权利。鉴于国际上尚未见系统研究残疾人经济权利保障和反贫困的专著,而文献研究是"社会学研究运用的四种主要方法之一"①,笔者重点研读了21世纪以来国内外关于反贫困、残疾人经济问题的数百篇中英文论文以及重要的政策文本,从中择取部分有代表性的成果对残疾人精准扶贫进行述评研究,在厘清国内外相关研究前沿和现状的前提下进行审视与思考,据此确定具有理论与现实意义的研究路向。

第一节　贫困、反贫困概念界定与
国内外研究脉络

纵观中外学术史,先哲、学者们对于"贫困"的界定不一而足。《左传》《论语》《孟子》《说文解字》记载了很多关于贫困概念的阐述和缓解贫困的思考,

---

① ［英］安东尼·吉登斯:《社会学(第五版)》,李康译,北京大学出版社2010年版,第67页。

例如,《左传·昭公十四年》中有言,"贫者家少财货"。英国古典政治经济学家亚当·斯密在《国民财富的性质和原因研究》中亦从财物多寡的角度对"贫"与"富"进行了界定。马克思基于阶级冲突与人性异化深刻揭示了资本主义社会的无产阶级贫困问题。当代学者从经济匮乏、低于可接受的最低生活方式、能力缺乏、权利剥夺等更多维度来理解贫困。在研究我国残疾人精准扶贫之前,有必要先厘清贫困、反贫困等上位概念。

与贫困、反贫困概念密切相关的是贫困标准,它既是贫困测量的基础,也是反贫困工作的重要基准,兼具稳定性与动态性的特点。精准扶贫的目标是要消除绝对贫困(absolute poverty)。绝对贫困的概念"以生存(subsistence)观念为基础,指为了维持身体的健康存在而必须满足的基本条件。缺少维持人类生存的基本必需品,例如充足的食物、住房以及衣服,就生活在贫困之中。绝对贫困的概念被认为是普遍适用的"①。具体就精准扶贫的贫困标准而言,"中央明确到 2020 年'我国现行标准下农村贫困人口实现脱贫',这一全面建成小康社会新的目标要求备受世人关注。现行标准是指 2011年 11 月 29 日中央扶贫开发工作会议决定将农民人均纯收入 2300 元(2010年不变价)作为新的国家扶贫标准,现行标准到 2016 年为 3146 元,2020 年为 4000 元"②。

贫困内涵现已不止于经济贫困,越来越多的学者开始重视能力贫困(可行能力贫困)、权利贫困。近数十年,"关于贫困概念以及相应的度量方法经历了显著的变化,最初人们只是从收入和消费的角度来定义贫困问题,到 20世纪七八十年代发展到包括健康和教育在内的能力贫困,再到 90 年代又进一步发展到包括脆弱性、社会排斥等更为宽泛的权利贫困。这些贫困概念的演

---

① [英]安东尼·吉登斯:《社会学(第五版)》,李康译,北京大学出版社 2010 年版,第281 页。

② 黄承伟:《决胜脱贫攻坚的若干前沿问题》,《甘肃社会科学》2019 年第 6 期;龚亮保:《聚焦脱贫的多维标准》,《老区建设》2016 年第 5 期。2011 年 11 月 29 日中央决定将农民人均纯收入 2300 元(2010 年不变价)作为新的国家扶贫标准,比 2010 年的 1274 元贫困标准提高 80%。

变反映了社会的进步和人们对贫困认识的深化。这些贫困概念不是相互替代的,而是相互补充和相互作用的"①。阿马蒂亚·森认为,贫困必须被视为一种对基本能力的剥夺,贫困不仅指低收入和低消费,还指在教育、医疗卫生、人类发展的其他领域处于不利境地。他"将贫困概念从收入贫困扩展到权利贫困、可行能力贫困和人类贫困,将贫困的原因分析从经济因素扩展到政治、法律、文化、制度等领域,将传统的经济发展观扩展到人与社会的自由发展观,认为只有让人们享有更大限度的行动自由,拥有更多的机会,做出更多的选择,才能从本质上消除贫困"②。阿马蒂亚·森告诫我们不能忽略这个事实:贫困者之间"可能不平等"。"森贫困指标"的核心设计理念之一即:当贫困者之间存在不平等时(当一群人比另一群人更为贫困时),"最贫困的人其权重最高"③。"阿马蒂亚·森的能力贫困和权利贫困观点,在对贫困成因与脱贫方式的理论解析中,为精准扶贫理论的发展提供了一个学术史的注脚。在贫困研究对象探究上,体现了从区域到人的微观化;在贫困本质与成因分析中,体现了从收入到能力的内生性;在脱贫导向选择上,体现了普惠与精准的动态均衡;在贫困陷阱的破解路径上,注重权利与机会的创造。森的贫困观中的精准扶贫观点,为精准扶贫理论发展提供了宝贵的探究视角,也为精准扶贫政策设计提供了理论启示。"④"能力贫困理念是对收入贫困概念的深化和拓展,其核心要素是对个体可行能力的评估,对我国新时期贫困治理转型的一个重要启发是治理目标转型——将经济收入增加与贫困者自我发展能力提升并重"⑤。为了应对城镇相对贫困的隐患,我国学者基于阿玛蒂亚·森的可行能力理论,

---

① 郭熙保、罗知:《论贫困概念的演进》,《江西社会科学》2005 年第 11 期。

② 马新文:《阿玛蒂亚·森的权利贫困理论与方法述评》,《国外社会科学》2008 年第 2 期。

③ [印]阿马蒂亚·森:《再论不平等》,王利文、于占杰译,中国人民大学出版社 2016 年版,第 118—120 页。

④ 岳映平、贺立龙:《精准扶贫的一个学术史注脚:阿马蒂亚·森的贫困观》,《经济问题》2016 年第 12 期。

⑤ 王三秀、罗丽娅:《国外能力贫困理念的演进、理论逻辑及现实启示》,《长白学刊》2016 年第 5 期。

构建了"包含收入与福利维度的经济条件、政治权益、社会机会、防护性保障及透明性保证共 15 项指标的城镇多维相对贫困指标体系,旨在为精准识别我国城镇相对贫困群体提供标尺"①。2007 年,在森和其他经济学家倡导下,牛津大学创建牛津贫困与人类发展研究中心(Oxford Poverty and Human Development Initiative),以森的能力方法为基础提出多维贫困指数的测量方法,被联合国开发计划署采纳,该署于 2010 年起在每年的《人类发展计划》中用全球多维贫困指数(MPI:围绕教育、健康和生活水平三个方面和十个具体指标衡量一个国家的贫困状况)代替人类贫困指数(HPI),发布全球一百多个国家的多维贫困状况②。在森的基础上,纳斯鲍姆列出十项基本可行能力清单,强调必须在"最低限度水平上"满足每个人的这十项基本能力,如果任何一项核心能力未能获得满足,"就应当被视为一种不公且悲剧性的处境并急需得到关注"③。她认为,可行能力不能获得最低标准的满足无异于贫困。

"反贫困"概念一般指缓解贫困深度、减少贫困人口数量。此概念具有学术研究与政策实践双重含义。马克思曾对英国工业革命后资本主义社会的无产阶级贫困化现象进行了深刻阐述。关于贫困问题的系统研究发端于 20 世纪 40 年代中期以后的发展经济学研究,形成了多种流派。20 世纪 50 年代,拉格纳·纳克斯和理查德·纳尔逊分别提出贫困恶性循环理论和低水平均衡陷阱理论,都强调资本积累、资本投资对反贫困的重要性。在这之前,冈纳·缪尔达尔提出了循环积累因果关系理论,主张通过教育等方面的改革来提高生产率和人均收入。哈维·莱宾斯坦于 1957 年提出了经济发展的临界最小努力理论。西奥多·舒尔茨于 1962 年出版《教育的经济价值》一书,完整地

① 彭新万、张承:《可行能力提升视域下我国城镇相对贫困的识别标准与治理路径》,《求实》2022 年第 1 期。

② 韦庭学:《贫困定义的伦理转向及其得失》,《文史哲》2022 年第 6 期。

③ [美]玛莎·C. 纳斯鲍姆:《寻求有尊严的生活——正义的能力理论》,田雷译,中国人民大学出版社 2016 年版,第 58 页。

创立了人力资本理论,彻底扭转了当时仍流行的以物质投资为中心的经济理论。舒尔茨特别强调了教育投资作为重要的生产性投资之于人力资本形成以及发展中国家脱贫的重要性。1968 年,奥斯卡·刘易斯提出"贫困文化"概念。1974 年,勒内·勒努瓦首次提出"社会排斥"的基本概念;后来,研究者们开始用"社会排斥"来指不利于社会融合的贫困现象,安东尼·吉登斯等学者从分离机制的视角理解社会排斥。1979 年,彼得·汤森提出贫困导致的相对剥夺理论。阿马蒂亚·森于 21 世纪初提出了权利贫困理论,主张从权利剥夺维度解释贫困,以便认识收入贫困的深层次原因,进而制定有效缓解贫困的战略。世界反贫困战略的实践模式与不同理论之间有密切联系,主要包括以英、德、美等国家为代表的社会保障模式,以国际社区资助基金会的拉美村庄银行为代表的小额信贷扶贫模式,以"二战"后的韩国为代表的人力资本投资模式,等等。

进入 21 世纪以来,我国反贫困研究的视角日益多元化。洪大用(2003年)、关信平(2003 年)、赵茂林(2006 年)、慈勤英等(2008 年)、周沛(2000年)、童星(2008 年)、周晓虹等(2018 年)从教育机会不足、权利贫困、地区差异模式、社会排斥、"下岗"现象、经济全球化影响等视角进行了贫困原因探析,并从亚文化、代际遗传、单身母亲视角分析了亚群体贫困问题[①];杨立雄(2003 年)、郑功成(2002 年)、万明钢(2002 年)、蔡禾等(2016 年)、郑杭生与李棉管(2009 年)、周晓虹(2017 年)从社会保障、社会救助、官民(NGO)结合、乡贤理事会、社会互构、教育援助阻断贫困代际传递、警惕福利依赖、特色小镇

---

① 洪大用:《中国城市扶贫政策的缺陷及其改进方向分析》,《江苏社会科学》2003 年第 2 期;关信平:《现阶段中国城市的贫困问题及反贫困政策》,《江苏社会科学》2003 年第 2 期;赵茂林:《中国西部农村"教育反贫困"战略的对策探讨》,《理论探讨》2006 年第 5 期;党春艳、慈勤英:《城市新贫困家庭子女教育的社会排斥》,《青年研究》2008 年第 12 期;周沛:《一个不容忽视的事实——城市绝对贫困现象研究》,《南京大学学报(哲学·人文科学·社会科学版)》2000 年第 6 期;董华、童星:《警惕"贫困亚文化"》,《生产力研究》2008 年第 16 期;田蓉、周晓虹:《社会救助服务:欧盟经验与中国选择》,《学习与探索》2018 年第 11 期。

建设等视角进行了反贫困策略研究①。近几年的一个重要动态是 2020 年全面建成小康社会的目标对于精准扶贫以及亚群体反贫困研究提出了相当迫切的要求，促进了这些方面的研究。为了从根本上提升反贫困的实效性，习近平总书记提出改变过去粗放的、输血式的扶贫方法，"实施精准扶贫"。精准扶贫不满足于区域扶贫，而是要扶贫到户到人；主要包括精准识别、精准扶持、精准考核三大环节②。刘解龙（2015 年）、郑瑞强等（2015 年）、庄天慧等（2015年）、李博（2016 年）、李群峰（2016 年）从精准扶贫的主体行为逻辑、大数据思维、项目制扶贫的运作逻辑以及权力结构等视角探讨了精准扶贫机制，邓小海等（2015 年）、马楠（2016 年）对于创新产业精准扶贫机制进行了研究，何得桂等（2015 年）结合个案研究分析了扶贫政策执行的偏差。③ 刘欢、韩广富（2021 年）以及胡联等（2021 年）从相对贫困与弱相对贫困视角研究反贫困；阿达莱提·图尔荪等（2021 年）探讨了妇女反贫困长效对策；朱方明等（2019年）从"机会扶贫"视角致思于此问题。该论域近年来多学科研究态势日益明

---

① 杨立雄：《社会保障：权利还是恩赐——从历史角度的分析》，《财经科学》2003 年第 4期；郑子青、郑功成：《消除贫困：中国奇迹与中国经验》，《中共中央党校（国家行政学院）学报》2021 年第 2 期；万明钢：《"积极差别待遇"与"教育优先区"的理论构想》，《教育研究》2002 年第5 期；蔡禾、胡慧、周永安：《乡贤理事会：村庄社会治理的新探索——来自粤西 Y 市 D 村的地方经验》，《学海》2016 年第 3 期；郑杭生、李棉管：《中国扶贫历程中的个人与社会——社会互构论的诠释理路》，《教学与研究》2009 年第 6 期；周晓虹：《产业转型与文化再造：特色小镇的创建路径》，《南京社会科学》2017 年第 4 期。

② 汪三贵、刘未：《"六个精准"是精准扶贫的本质要求——习近平精准扶贫系列论述探析》，《毛泽东邓小平理论研究》2016 年第 1 期。

③ 刘解龙：《经济新常态中的精准扶贫理论与机制创新》，《湖南社会科学》2015 年第 4 期；郑瑞强、曹国庆：《基于大数据思维的精准扶贫机制研究》，《贵州社会科学》2015 年第 8 期；王欢、庄天慧：《四川民族贫困地区公益性农业技术推广运行机制优化研究》，《科技管理研究》2015 年第 14 期；李博：《项目制扶贫的运作逻辑与地方性实践——以精准扶贫视角看 A 县竞争性扶贫项目》，《北京社会科学》2016 年第 3 期；李群峰：《权力结构视域下村庄层面精准扶贫瞄准偏离机制研究》，《河南师范大学学报（哲学社会科学版）》2016 年第 2 期。邓小海、曾亮、罗明义：《精准扶贫背景下旅游扶贫精准识别研究》，《生态经济》2015 年第 4 期；马楠：《民族地区特色产业精准扶贫研究——以中药材开发产业为例》，《中南民族大学学报（人文社会科学版）》2016 年第 1期；何得桂、党国英：《西部山区易地扶贫搬迁政策执行偏差研究——基于陕南的实地调查》，《中共中央党校（国家行政学院）学报》2015 年第 6 期。

显。吴胜涛等(2007年)从心理学视角、何平(2017年)从法治视角、余晓菊(2021年)从哲学视域、邓大才(2021年)从政治学视角、左停(2018年)以及焦克源(2021年)从社会保障视角研究反贫困;何春、刘荣增(2021年)以及廖金萍、陈洋庚(2021年)从教育反贫困视角探究此问题。从研究方法的多样性来看,文军、吕洁琼(2021年)以社区调研为本,王永军、杨真(2021年)通过代理家计调查法进行了反贫困研究。①

　　同期,欧洲以及美、日、南非等国的学者日益重视以实证方法和比较法对反贫困进行研究,其研究对象在区域、社会性别、健残群体等维度逐渐精致化,研究重点包括贫困特征识别、就业状况、能力建设、社会排斥、贫困预防、缓解文化贫困等多种宏观、微观问题(Gore,1995年;Burchardt等,1999年;Gordon,2000年;Figueiredo,2007年;阿特金森,2005年;谢若登,2005年)。关于儿童的贫困体验质性研究显示,了解贫困如何影响儿童的生活以及他们如何感知贫困,对于开发响应性、儿童友好型、注重公平的发展规划是必要的。对儿童而言,贫困在很大程度上意味着无法获得基本的社会服务,包括基本营养、优质教育、适足的服装和体面的住所。有研究者认为儿童贫困是一种性别现象,

---

① 刘欢、韩广富:《相对贫困治理视域下农村文明乡风培育研究》,《广西社会科学》2021年第3期;阿达莱提·图尔荪、高进:《巩固脱贫攻坚成果背景下南疆农村妇女反贫困长效对策》,《中南民族大学学报(人文社会科学版)》2021年第3期;何春、刘荣增:《教育扩展与教育分化对城镇相对贫困的影响研究》,《华中科技大学学报(社会科学版)》2021年第2期;廖金萍、陈洋庚:《教育质量、教育结构与农村地区减贫——基于江西11个地级市的面板数据分析》,《教育学术月刊》2021年第21期;胡联等:《中国弱相对贫困的评估及对2020年后减贫战略的启示》,《中国农村经济》2021年第1期;焦克源:《社会保障与扶贫开发的现实联动》,《甘肃社会科学》2021年第1期;余晓菊:《哲学视域下贫困观的历史考察及其当代价值》,《湖南师范大学社会科学学报》2021年第1期;郑益乐、周晔、史文秀:《西部连片特困地区普惠性民办幼儿园教师队伍建设的现实困境与突围路径》,《教师教育研究》2021年第1期;文军、吕洁琼:《社区为本:反贫困社会工作的理论建构及其反思》,《西北农林科技大学学报(社会科学版)》2021年第1期;邓大才:《关于国外反贫困政治学研究的研究》,《学习与探索》2021年第1期;王永军、杨真:《后小康时代农村低保瞄准优化研究——基于社区参与+代理家计调查法》,《山东大学学报(哲学社会科学版)》2021年第1期。

对男孩和女孩的影响不同①,父母关爱等家庭教育实践能减少贫困对年幼儿童脑发育的负面影响②。为了通过学校教育促进减贫,美国 20 世纪 60 年代发布了《小学和中等教育法案》(ESEA)以及《教育机会平等报告》(Equality of Education Opportunity Report)等政策文件③,很多其他国家亦有相似举措。利弗摩教授(Livermore,2009 年)利用大数据计算了工作年龄人群中残疾人与非残疾人的短期贫困和长期贫困发生率④。南部非洲国家的学者(Pletzen,2014 年)也对残疾人的贫困问题进行了较系统的研究。国外有些学者对残疾女性贫困进行了描述研究⑤。S. L. Parish 等(2009 年)分析了 2002 年全美家庭调查的数据,结果表明:相较健全女性,美国残疾女性经历的食品不安全、住房不稳定、医疗保障不足、电话服务不足等物质困难的发生率均较高。⑥ Masiero(2017 年)以及 Masiero 和 Das(2019 年)研究了数字化治理、大数据挖掘对于反贫困的作用;Briar-Lawson 和 Pryce(2020 年)探讨了以家庭为本的反贫困效果;Stankiewicz 和 Yalonetzky(2021 年)研究了巴西 21 世纪以来的多维贫困问题;Ercolano 和 Gaeta(2017 年)研究了多维治理中加强反贫能力建设的问题;Corrales-Herrero 和 Miranda-Escolar 等学者(2021 年)研究了巴拿马的受教育

① K. Ozoemenam, A. Ekanem & E. Delamónica, "Perception of Child Poverty in Southern Nigeria:Children's Voices", *Journal of Poverty*, Vol.26, No.3(2022), pp.250-270.

② E. Crouch, E. Radcliff, M. A. Merrell, et al., "A National Examination of Poverty and Interactive Caregiving Practices among Parents of Young Children", *Journal of Child & Family Studies*, No.8 (2022), pp.2266-2274.

③ Z. Griffen, "The 'Production' of Education: the Turn from Equity to Efficiency in U. S. Federal Education Policy", *Journal of Education Policy*, Vol.37, No.1(2022), pp.69-87.

④ P. She, G. A. Livermore, "Long-term Poverty and Disability among Working-age Adults", *Journal of Disability Policy Studies*, Vol.19, No.4(2009), pp.244-256.

⑤ E. V. Pletzen, M. Booyens & T. Lorenzo, "An Exploratory Analysis of Community-based Disability Workers' Potential to Alleviate Poverty and Promote Social Inclusion of People with Disabilities in Three Southern African Countries", *Disability & Society*, Vol.29, No.10(2014), pp.1524-1539.

⑥ S. L. Parish, R. A. Rose & M. E. Andrews, "Income Poverty and Material Hardship among U. S. Women with Disabilities", *Social Service Review*, Vol.83, No.1(2009), pp.33-52;S.Masiero, "Digital Governance and the Reconstruction of the Indian Anti-poverty System", *Oxford Development Studies*, Vol.45, No.4(2017), pp.393-408.

机会保障与阻断贫困代际传递问题①。

第二节 贫困类型、贫困的影响因素与对策分析

明晰贫困的主要类型、主要影响因素和已探明的有效对策,是敏锐准确地识别贫困和高效反贫困的前提条件。影响因素与对策分析在研究成果中往往紧密联系、无法割裂,因此笔者对其进行互嵌式的综述研究。

一、贫困类型

绝对贫困和相对贫困是关于贫困的重要分类维度。"绝对贫困是指在特定社会生产方式和生活方式下,个人或家庭依靠劳动所得或其他合法收入,不能满足其最基本生存需要,生命延续受到威胁。相对贫困则是对特定参照群体而言的,即同一时期,不同地区或不同阶层成员之间由于主观认定的可维持生存水准的差别而产生的贫困。"②习近平总书记指出,"全面建成小康社会之后,我们将消除绝对贫困,但相对贫困仍将长期存在"③。张琦等指出,相对贫困是 2020 年后我国贫困治理的重点和难点。2020 年后贫困治理的核心问题是如何在社会正义的基础之上实现个人的经济自由与全面发展,破解难题的

---

① S. Masiero, S. Das, "Datafying Anti-poverty Programmes: Implications for Data Justice", *Information, Communication & Society*, Vol.22, No.7(2019), pp.916-933; K.Briar-Lawson, J.A.Pryce, S.Raheim, "Family-Centered Anti-Poverty Strategies to Address Child Neglect", *Child Welfare*, Vol.98, No.6 (2020), pp.145-175; S.Ercolano, G.L.Gaeta, M.Guarino, "Anti-poverty Competences in a Multilevel Government: an Empirical Analysis of Citizens' Preferences in Europe", *Applied Economics*, Vol.49, No. 39(2017), pp.3979-3994; A.S.Serra, G. I. Yalonetzky, A. G. Maia, "Multidimensional Poverty in Brazil in the Early 21st Century: Evidence from the Demographic Census", *Social Indicators Research*, Vol.154, No.1(2021), pp.79-114; H. Corrales-Herrero, M. H. Camaño, B. Miranda-Escolar, et al., "Anti-poverty Transfers and School Attendance: Panama's Red de Oportunidades", *International Journal of Social Economics*, Vol.48, No.2(2021), pp.204-220.

② 胥爱贵:《探索建立缓解相对贫困的长效机制》,《江苏农村经济》2017 年第 11 期。

③ 中共中央党史和文献研究院编:《习近平关于"三农"工作论述摘编》,中央文献出版社2019 年版,第 179 页。

主要方式在于提高相对贫困群体的可行能力,促进社会保障和发展成果共享。① 李兴洲指出,教育扶贫作为阻断贫困代际传递的根本手段,在我国反贫困事业中发挥了巨大推进作用②。

返贫和初次贫困亦是贫困的亚类,其中预防并减少返贫亦为反贫困的重要任务、长期任务。肖泽平等指出,返贫与脱贫一直交织存在,已成为阻碍农村扶贫开发进程的顽疾。返贫的实质就是贫困,但有其丰富内涵、多样类型和独有特点。③ 返贫主要包括以下子类型:"政策性返贫、能力缺失返贫、环境返贫、发展型返贫等风险"④,断血式返贫、失敏性返贫、转移性返贫和传递性返贫⑤。上述贫困类型之间既有区别,有时也有交叉和部分重叠。精准扶贫的有效推行以及对成果的巩固,必须兼顾以上各个贫困类型,包括长期有效地预防返贫。

以上是较为宏观的分类。何仁伟等⑥以及万良杰等⑦研究了关于贫困的微观分类。因残返贫现象进入了一些研究者的视野。有关于返贫影响因素的研究结果表明,"小学文化程度和文盲或半文盲、患有大病和长期慢性病及残疾、没有务工、低保户和五保户、缺技术缺劳力和自身发展动力不足等因素的贫困人口返贫几率相对较高"⑧。限于篇幅,此处不予展开。

---

① 张琦等:《2020 后相对贫困群体发生机制的探索与思考》,《新视野》2020 年第 2 期。
② 李兴洲:《新中国 70 年教育扶贫的实践逻辑嬗变研究》,《教育与经济》2019 年第 5 期。
③ 肖泽平、王志章:《脱贫攻坚返贫户的基本特征及其政策应对研究——基于 12 省(区)22 县的数据分析》,《云南民族大学学报(哲学社会科学版)》2020 年第 1 期。
④ 郑瑞强、曹国庆:《脱贫人口返贫:影响因素、作用机制与风险控制》,《农林经济管理学》2016 年第 6 期。
⑤ 何华征、盛德荣:《论农村返贫模式及其阻断机制》,《现代经济探讨》2017 年第 7 期。
⑥ 何仁伟、李光勤、刘运伟、李立娜、方方:《基于可持续生计的精准扶贫分析方法及应用研究》,《地理科学进展》2017 年第 2 期。
⑦ 万良杰、薛艳坤:《贫困流动性、贫困类型与精准脱贫施策研究》,《湖北民族学院学报(哲学社会科学版)》2019 年第 5 期。
⑧ 李长亮:《深度贫困地区贫困人口返贫因素研究》,《西北民族研究》2019 年第 3 期。

二、贫困的影响因素与性别研究等维度的对策分析

性别、年龄、婚姻状况、教育、就业、健康、社会福利、种族、阶层等多种微观、宏观原因都可能成为贫困的影响因素①,这些因素可能叠加产生作用。多项研究表明,受教育状况是包括能力贫困在内的多维贫困的重要影响因素。有学者指出,"基于中国家庭动态跟踪调查(CFPS)的微观调查数据,研究结果表明受教育水平对农户的贫困状况存在显著影响。低下的受教育水平是阻碍农村贫困家庭脱贫致富的重要限制因素,开发性扶贫模式比保障式扶贫模式更具根本性的优势。② 柳建平等调研发现,受教育程度高、健康状况良好、有技能等因素显著促进劳动力非农就业。③ 洪银兴指出,直接劳动者通过教育和培训,提高劳动的复杂程度,掌握知识和技能,获取复杂劳动报酬,是勤劳致富的体现,④这无疑也有助于防止致贫返贫。

性别是贫困的影响因素之一。多项研究印证了女性具有更高的贫困脆弱性。学者发现,女性、受教育程度较低的农村人口持续多维贫困的可能性更高,⑤在精准扶贫工作中重视贫困妇女是有充分依据的,因为在我国现有的建档立卡贫困人口中,女性人口的贫困发生率为 9.8%,比男性高 0.4 个百分点,⑥而且,理论和实践研究发现,妇女贫困问题具有特殊性,女性较男性更为

---

① ［英］安东尼·吉登斯:《社会学(第 4 版)》,赵旭东等译,北京大学出版社 2003 年版,第303—325 页。

② 李晓嘉:《教育能促进脱贫吗——基于 CFPS 农户数据的实证研究》,《北京大学教育评论》2015 年第 4 期。

③ 柳建平、王璐旖、刘咪咪:《劳动力非农就业的减贫脱贫效应及影响因素分析》,《西安财经学院学报》2019 年第 4 期。

④ 洪银兴:《以包容效率与公平的改革促进共同富裕》,《经济学家》2022 年第 2 期。

⑤ 高帅、毕洁颖:《农村人口动态多维贫困:状态持续与转变》,《中国人口·资源与环境》2016 年第 2 期。

⑥ 闫坤等:《论引入性别因素的精准扶贫——以绵阳市特困县为例》,《华中师范大学学报(人文社会科学版)》2016 年第 6 期。

贫困,所面对的贫困问题更严重①。

关于"贫困女性化"现象的成因,国外女性贫困研究最新进展的热点集中在基于空间差异的女性贫困研究、基于社会剥夺的女性贫困研究,以及女性减贫的政策建议研究。基于研究热点与社会性别理论,可认为内在因素和外部环境共同作用于女性致贫解释机制。② 诺贝尔经济学奖得主瑞典学者冈纳·缪尔达尔曾以印度等国为例指出,性别不平等拉低了对女性的教育人力资本投入。③ 两性的教育不平等容易导致和放大就业机会的不平等。吉登斯对不同族群背景的研究显示,男性和女性的失业率差别甚大。④ 对于城乡健全人的减贫研究已证实女性的贫困程度更重,而女性减贫对于阻断代际传递作用更大。⑤ 徐彬在人口老龄化的背景下从性别与年龄交叉的视角分析了"贫困女性化"问题,指出随着人口老龄化进程加快,在"老龄女性化""老年贫困化"趋势下产生了农村"贫困女性化"现象。农村老年女性在生命历程中的累积弱势会加剧经济贫困、精神贫困、健康贫困。⑥ 吉登斯也指出,"老年妇女比起老年男性更有可能生活贫困"⑦。

有学者从认识"贫困女性化"、避免性别盲点、以科学化的性别意识推进反贫困工作等视角进行了对策研究。⑧ 有学者结合助推妇女脱贫的实践进行

---

① 赖力:《精准扶贫与妇女反贫困:政策实践及其困境——基于贵州省的分析》,《华中农业大学学报(社会科学版)》2017 年第 6 期。

② 李紫晴等:《国外女性贫困研究进展与启示》,《人文地理》2020 年第 1 期。

③ [瑞典]冈纳·缪尔达尔:《世界贫困的挑战》,顾朝阳等译,北京经济学院出版社 1991 年版,第 146—147 页。

④ [英]安东尼·吉登斯:《社会学(第五版)》,李康译,北京大学出版社 2010 年版,第 418 页。

⑤ 何雅菲:《中国贫困变动的再估算:基于性别差异的视角》,《统计与决策》2014 年第 3 期;王爱君:《女性贫困、代际传递与和谐增长》,《财经科学》2009 年第 6 期;吴海涛等:《多维贫困视角下农村家庭性别贫困度量》,《统计与决策》2013 年第 20 期。

⑥ 徐彬:《生命历程视角下农村老年女性贫困的影响因素研究》,《农村经济》2019 年第 5 期。

⑦ [英]安东尼·吉登斯:《社会学(第五版)》,李康译,北京大学出版社 2010 年版,第 153 页。

⑧ 唐娅辉、黄妮:《精准扶贫政策执行中的性别盲点与反思——基于政策执行互适模型的分析》,《湖湘论坛》2018 年第 3 期。

了对策研究。贵州省政府精准助推贫困妇女脱贫取得了明显成效。然而,妇女反贫困仍然面临诸多政策困境,妇女反贫困要真正进入政府扶贫政策决策主流,应把性别平等纳入扶贫政策系统,把妇女列为关键目标。① 纳斯鲍姆基于对印度社会问题的考察主张:各种政治经济思想和公共政策须关注女性权利被忽视和受到不公正对待的问题,只有充分考虑和应对女性在现实生活中仍是"二等公民"这一现实,才能更好地理解和应对贫困以及人类发展这些大问题。② 有比较研究文献认为,澳大利亚借助教育扶持农村女性反贫困的经验值得借鉴。澳大利亚重视乡村女性创业技能培训,建立农村职前教师的ALTC 项目和 TERRR 网络,成立农村教育对策协会等。澳大利亚农村教育扶持策略对我国农村教育精准扶贫具有借鉴价值。③ 有研究分析了有些女性扶贫项目存在"扶强不扶弱"的现象④,须引起重视。关于残疾女性的精准扶贫成果较稀缺。曾有学者分析指出,残疾女性相比于健全人而言,在获取收入和实现个人发展方面具有双重的脆弱性。应继续提高医疗保险覆盖率,完善社会公共服务;保障残疾人受教育权利,提高就业创业能力。⑤

第三节　我国精准扶贫研究

——思想·政策·实践

"由贫穷所直接导致或者衍生的一系列社会问题是当今世界最具挑战的

---

①　赖力:《精准扶贫与妇女反贫困:政策实践及其困境——基于贵州省的分析》,《华中农业大学学报(社会科学版)》2017 年第 6 期。

②　[美]玛莎·C.纳斯鲍姆:《寻求有尊严的生活——正义的能力理论》,田雷译,中国人民大学出版社 2016 年版,第 3 页。

③　王永春:《澳大利亚农村教育扶持策略及对我国精准扶贫的启示》,《教育科学研究》2019 年第 8 期。

④　孙文浩、张益丰、王剑锋:《女性农民创业与精准扶贫》,《江苏大学学报(社会科学版)》2020 年第 2 期。

⑤　郭毅、陈凌:《广西残疾女性多维贫困的状况、原因和对策分析——基于中残联调查数据的分析》,《改革与战略》2017 年第 10 期。

问题",中国贫困治理为后发展国家走出中等收入陷阱提供了经验"①,这对于我国乃至世界的残疾人事业发展也起到了重要的推动作用。以下对我国精准扶贫的思想、政策、实践研究进行综述。

一、精准扶贫思想探析

学者们对于我国精准扶贫思想产生的历史背景、现实需要、价值指向、情感基础、思想内涵、实践方略以及理论和实践价值进行了较全面的研究。新中国成立 70 余年来,特别是过去 40 余年来的改革开放,中国实现了从贫穷落后的农业大国到世界第二大经济体的历史巨变,创造了世界近代史上经济发展和减贫奇迹。② 扶贫脱贫的精准化,是以习近平同志为核心的党中央在结合我国扶贫开发新阶段新问题新特点而历史性地提出的③,习近平总书记 2015年在贵州考察期间提出的"六个精准"要求,是习近平精准扶贫思想的关键内涵④。习近平精准扶贫战略思想的内涵体现在精准识别、精准帮扶、精准管理三个方面⑤,"精神扶贫、内源扶贫和科学扶贫三个方面的思想构成了习近平扶贫思想的主要内容"⑥。精准扶贫思想是一个行动理论,在付诸实践时开展了大量创新,致力于克服识别不准、到户困难、机制不顺等问题。⑦

方黎明等发现,在实施精准扶贫之前,我国农村制度化扶贫政策效应日益削弱,精准扶贫之前的中国农村制度化扶贫是一种开发式扶贫战略,其政策效

① 燕继荣:《反贫困与国家治理——中国"脱贫攻坚"的创新意义》,《管理世界》2020 年第4 期。
② 姚树洁、王洁菲:《新中国成立 70 年来的经济发展与反贫之路》,《中南财经政法大学学报》2019 年第 6 期。
③ 杨增崇、张琦:《习近平精准扶贫精准脱贫思想的哲学基础与理论创新》,《贵州社会科学》2018 年第 3 期。
④ 汪三贵:《习近平精准扶贫思想的关键内涵》,《人民论坛》2017 年第 30 期。
⑤ 易棉阳:《论习近平的精准扶贫战略思想》,《贵州社会科学》2016 年第 5 期。
⑥ 唐任伍:《习近平精准扶贫思想研究》,《人民论坛·学术前沿》2017 年第 23 期。
⑦ 檀学文、李静:《习近平精准扶贫思想的实践深化研究》,《中国农村经济》2017 年第9 期。

应日益削弱：相当数量的真正贫困人口没有能力从扶贫项目中受益；扶贫策略也难以有效针对疾病、教育等致贫风险。中国扶贫政策在收入救助的同时，更应该注重提高贫困风险人群应对贫困风险的能力。① 针对这些问题，习近平总书记高度重视精神扶贫，强调扶智、扶志在精准扶贫中的作用，明确提出"智""志"双扶，对匡正多年来片面的保障式扶贫起到了显著作用。由于精神反贫困与物质反贫困的密切互动作用，重视精神扶贫不仅能直接减少精神贫困现象，而且有助于从内因上、从根本上应对物质反贫困。

二、精准扶贫政策研究

韩广富对相关政策方略紧扣"精准"进行了分析：精准脱贫方略是习近平针对以往扶贫开发工作中存在的扶贫对象情况不明、扶贫项目偏离需求、扶贫资金跑冒滴漏、扶贫到户效果不佳、驻村帮扶形式主义、扶贫资源分配不公等问题而提出来的；精准扶贫精准脱贫方略的内涵是扶持对象精准、项目安排精准、资金使用精准、措施到户精准、因村派人精准、脱贫成效精准。② 实施精准扶贫战略，既需要开创大扶贫格局，形成全社会扶贫合力，又需要通过扶志和扶智形成脱贫内生力。③

2015 年 10 月，习近平总书记首次提出"五个一批"精准扶贫措施，即发展生产脱贫一批、易地搬迁脱贫一批、生态补偿脱贫一批、发展教育脱贫一批、社会保障兜底一批这五种精准扶贫的主要模式。④ 2015 年 11 月 29 日，"五个一批"的脱贫措施被写入《中共中央 国务院关于打赢脱贫攻坚战的决定》，经中

---

① 方黎明、张秀兰：《中国农村扶贫的政策效应分析——基于能力贫困理论的考察》，《财经研究》2007 年第 12 期。

② 韩广富、刘心蕊：《习近平精准扶贫精准脱贫方略的时代蕴意》，《理论月刊》2017 年第 12 期。

③ 易棉阳：《论习近平的精准扶贫战略思想》，《贵州社会科学》2016 年第 5 期。

④ 参见中共中央党史和文献研究院编：《习近平扶贫论述摘编》，中央文献出版社 2018 年版，第 65—69 页。

共中央政治局会议审议通过。该决定对"五个一批"分别进行了详细阐述和具体规划,其中强调:"着力加强教育脱贫。加快实施教育扶贫工程……阻断贫困代际传递。……健全学前教育资助制度……提高义务教育巩固率。普及高中阶段教育……让未升入普通高中的初中毕业生都能接受中等职业教育。"①

国家政策高度重视教育反贫困作用。"两不愁三保障"是贫困人口脱贫的基本要求和核心指标,直接关系脱贫攻坚战的质量。"三保障"之一便是保障义务教育。习近平总书记在《在解决"两不愁三保障"突出问题座谈会上的讲话》中语重心长地指出,义务教育保障等"'三保障'还存在不少薄弱环节"。②

2018年6月出台的《中共中央 国务院关于打赢脱贫攻坚战三年行动的指导意见》关于"强化到村到户到人精准帮扶举措",强调继续加强"五个一批",在此基础上又提出其他五项举措——开展贫困残疾人脱贫行动、开展扶贫扶志行动、深入实施健康扶贫工程、加快推进农村危房改造、强化综合保障性扶贫。③ 值得注意的是,新举措中有一条举措明确指向了贫困残疾人这个亚群体,折射出党中央、国务院对于残疾人脱贫工作的格外关注和支持,也印证了残疾人脱贫是精准扶贫进程中的难中之难、艰中之艰。该举措的相关内容对于残疾人精准扶贫和教育扶贫提出了详尽有力、富有针对性的指导意见。对此,将在下文详述。

此外,2018年2月出台的《中共中央 国务院关于实施乡村振兴战略的意见》中也有关于精准扶贫的内容。这些政策科学有力地指导和推动了精准扶贫的实践。

---

① 《中共中央国务院关于打赢脱贫攻坚战的决定》,人民出版社2015年版,第11页。
② 中共中央党史和文献研究院编:《十九大以来重要文献选编》(中),中央文献出版社2021年版,第5页。
③ 参见《中共中央国务院关于打赢脱贫攻坚战三年行动的指导意见》,人民出版社2018年版,第9—20页。

三、精准扶贫实践探讨

精准扶贫实践主要包括贫困精准识别、精准帮扶和精准退出,以下对此分别综述。

(一)贫困精准识别

在精准脱贫实践中的贫困精准识别标准包括收入标准和"两不愁三保障"标准。鲜祖德等分析了当前我国农村贫困标准代表的实际生活水平,通过横向和纵向比较研究认为,现行国家农村贫困标准符合我国国情和当前发展阶段,是在与"两不愁三保障"相结合的基础上达到稳定温饱要求的标准,扶贫实践经常涉及国家标准与地方标准、单一标准与多维标准、贫困监测抽样调查数据与建档立卡数据之间的关系。[1] "两不愁三保障"标准即"不愁吃、不愁穿(包括安全饮水),保障义务教育、基本医疗、住房安全"。以上标准有一项未解决即可识别为贫困户,纳入建档立卡范围。吴秀敏等研究了多维贫困测量方法中各维度对于贫困的贡献率,结果显示,"燃料、住房和教育对多维贫困指数的贡献最大"[2]。另有研究结果也印证了国家政策重视教育脱贫的科学性和必要性,此处暂不引用。

精准识别、建档立卡是精准扶贫的前提。为了保证贫困人口识别的精准度,克服建档立卡可能存在的瞄准偏差问题,更加扎实地做到党中央一再强调的"扶真贫"、应扶尽扶,一些政策研究者、实践工作者结合各地以及全国的数据进行了探索。研究显示:《湖北省农村扶贫开发建档立卡工作方案》等文件规定建构了精准识贫制度的大致框架,省内各地还对其进行了一系列创新,但识贫过程中缺少结果责任制度、大数据信息检索制度等关键子制度的配合,

---

① 鲜祖德、王萍萍、吴伟:《中国农村贫困标准与贫困监测》,《统计研究》2016 年第 9 期。

② 吴秀敏、毛林妹、孟致毅:《民族地区建档立卡贫困户多维贫困程度测量研究——来自 163 个村 3260 个贫困户的证据》,《西南民族大学学报(人文社科版)》2016 年第 11 期。

形成了机会空间,被一些参与主体利用,最终结果只是"比较精准"。在实践基础上,湖北推进了精准识贫的关键子制度建设,划定各级权限,压实各级责任,杜绝各地违规识别、监管缺位、数据造假的机会空间,使识贫工作走向"更加精准"。[①] 为了使贫困人口精准识别的最终结果从"比较精准"走向"更加精准",其他一些地方的学者也进行了研究。袁树卓等指出,降低政策模糊性和政策冲突性,以及政府的关联互动、共识建构、管理优化三种机制,有利于克服瞄准偏离[②]。这些研究成果印证了习近平总书记多次敏锐地强调各地在精准扶贫过程中必须"真扶贫、扶真贫"的必要性。

(二)对贫困的精准帮扶——以发展教育等"五大扶贫"方式为主的实践

以下基于相关政策文件中"五大扶贫"的顺序依次对其进行论述,同时根据笔者的相关文献与实践的研究适当侧重于发展教育这一扶贫方式。

1. 产业扶贫

刘俊文研究发现,农民专业合作社是帮助贫困农户实施产业扶贫和产业脱贫的主要载体。参加农民专业合作社对促进贫困农户和低收入农户增收均有显著的正向作用,但贫困农户受益更大,即农民专业合作社的"益贫性"特征比较明显。[③] 张淑辉等利用山西、甘肃 515 户农户的微观调研数据研究发现:农户年龄、农户受教育程度、农户家庭劳动力数量、是否建档立卡贫困户、政府政策补贴、农业生产帮扶构成了农户是否参与合作经济组织的重要因素。据此,需要继续培育发展合作经济组织,提升农户参与的意愿,普及宣传合作

---

① 桂胜、华平:《湖北省精准识贫制度研究》,《湖北社会科学》2017 年第 4 期。
② 袁树卓、殷仲义、高宏伟、刘沐洋:《精准扶贫中贫困的瞄准偏离研究——基于内蒙古 Z 县建档立卡案例》,《公共管理学报》2018 年第 4 期。
③ 刘俊文:《农民专业合作社对贫困农户收入及其稳定性的影响——以山东、贵州两省为例》,《中国农村经济》2017 年第 2 期。

经济组织知识,突出贫困户对扶贫资源俘获的便利性。① 然而,也有个别地方的实践表现出复杂性。朋文欢、傅琳琳对广西富川县扶贫经验的研究表明,农户能否入社不仅取决于农户的入社需求,更有赖于合作社对其的吸纳意愿。农户与合作社在决策中关注的焦点迥异。合作社对贫困户并未表现出青睐,经营规模大、有专用性投资或以非粮作物经营为主的农户才是其吸纳重点。②

2. 易地扶贫搬迁

郭俊华、张含之阐述道,《全国"十三五"易地扶贫搬迁规划》将 1000 万建档立卡的贫困人口作为新的易地搬迁扶贫对象,这不仅使扶贫人数和工作体量增加,扶贫目标也由"温饱"上升至"融入",扶贫需求由"生存"上升至"发展"。我国扶贫攻坚工作进入了力求精准、聚焦发展的新阶段,易地搬迁也面临着新的使命、新的挑战,要开拓新的精准扶贫思路。在实施易地扶贫搬迁进程中需要协调统筹等靠要与扶人扶智的关系、物质建设与精神文明建设的关系等十大关系。③

3. 发展教育脱贫

发展教育脱贫集中体现了教育反贫困的努力。关于教育反贫困的界定主要包括"对教育反贫困"和"以教育反贫困"两个维度。很多研究成果直接印证了"以教育反贫困"的必要性。李锐分析指出,在实施精准扶贫之前,西部贫困农村的农户受到了生态脆弱、生存自然环境恶劣,人均占有耕地少、剩余劳动力多,受教育年限短、劳动力素质低、能力弱这三重挤压。而我国政府那一时期的扶贫战略较多考虑的是容易立竿见影的开发性扶贫,却较少考虑到西部农村贫困人口人力资本积累水平的提高。这就造成一种错位,容易引发

---

① 张淑辉:《合作经济组织扶贫的农户收入效应——基于倾向得分匹配法的实证分析》,《华东经济管理》2018 年第 9 期。

② 朋文欢、傅琳琳:《贫困地区农户参与合作社的行为机理分析——来自广西富川县的经验》,《农业经济问题》2018 年第 11 期。

③ 郭俊华、张含之:《新时代我国易地搬迁精准扶贫要处理好的十大关系》,《福建论坛(人文社会科学版)》2019 年第 8 期。

扶贫后的返贫现象和绝对贫困人口的反弹。① 关信平指出,收入低下只是致贫的直接原因之一,缺乏可持续性的自我发展能力才是我国贫困问题的最大症结。当前我国贫困地区的发展现实决定,脱贫攻坚的基本目标是解决温饱问题,但从长远角度来看,反相对贫困、培育地区可持续发展能力应被视为反贫困工作的重中之重。②

"以教育反贫困"在知识经济时代的重要性在于"按劳分配为主体指的是包含直接劳动、技术和管理收入在内的劳动收入为主体"③,换言之,"按劳分配"既根据体力劳动也根据脑力劳动进行分配。当代劳动力市场上纯而又纯的体力劳动日渐减少,掌握相应数量与质量的知识、技能对形成就业能力、预防或摆脱贫困至关重要。

有学者对职业教育的扶贫效果进行了研究。陈平路等指出,雨露计划是一项以提高农村扶贫对象自我发展能力、促进转移就业增收、阻断贫困代际传递为基本目标的人力资源开发项目,是专项扶贫的重点工作之一。基于全国扶贫开发建档立卡面板数据信息和对4个省(区、市)的8个试点县和非试点县抽样调查及访谈数据,发现雨露计划显著改善了中职就读情况,试点县的政策效果较非试点县更加明显。同时,雨露计划扶贫工作在政策制定和政策实施方面都需进一步改进,以达到全覆盖的政策目标。④

高校也积极响应教育精准扶贫战略。周金恋、郝鑫鑫基于问题导向指出,如何以精准扶贫的思路实现高校建档立卡贫困生精准资助,仍是资助实践中的难题。针对资助过程中的资助理念落后、政策宣传存在偏差、资助内容简单

---

① 李锐:《中国西部农村"教育反贫困"论》,《陕西师范大学学报(哲学社会科学版)》2005年第1期。

② 关信平:《论现阶段我国贫困的复杂性及反贫困行动的长期性》,《社会科学辑刊》2018年第1期。

③ 洪银兴:《以包容效率与公平的改革促进共同富裕》,《经济学家》2022年第2期。

④ 陈平路、毛家兵、李蒙:《职业教育专项扶贫机制的政策效果评估——基于四省雨露计划的调查》,《教育与经济》2016年第4期。

粗放、资助流程烦琐、资助反馈不及时等问题,应以习近平精准扶贫思想为指导,以发展型救助理论为依据,树立"生存生活"与"成长成才"发展型资助理念,组织"纵横内外"与"协调联动"专业化管理队伍,构建"三化一体"与"精准高效"立体化发展路径,完善"以督促改"与"以改促进"科学化评价体系,为政策制定提供参考和支撑,促进高校建档立卡贫困生精准资助的完善与发展。①

高校除了有力推动建档立卡贫困生精准资助,还重视科技扶贫。郎亮明等进行了相关案例研究。②

关于教育反贫困的薄弱点,有研究者研究了具有天然脆弱性和依存性的儿童扶危济困的问题。由于专业人才供给不足、专业理论指导不强、基层工作人员的行政思维固化等原因,残疾、流浪、贫困、受虐、监护缺失等类型困境的儿童政策与服务存在文化敏感性不足问题,主要表现为注重对象资格识别却对对象内部的文化教育需求差异关注不足③。

4. 社会保障兜底脱贫

作为社会保障兜底脱贫举措之一的健康扶贫,对精准扶贫起到积极作用。在 2017—2020 年健康扶贫工程实施期间,农村建档立卡贫困人口年就诊人数呈快速上升趋势,而自付医疗费用呈现下降趋势④。关于低保这一社会保障的重要制度,韩华为、徐月宾基于中西部五省大样本农户调查数据,对中国农村低保的反贫困效应及其决定因素进行了系统的实证研究。结果表明,农村低保显著降低了实保样本的贫困水平,但其对总样本和应保样本的减贫效果则不太理

---

① 周金恋、郝鑫鑫:《教育扶贫与高等院校建档立卡贫困生精准资助实践研究》,《郑州大学学报(哲学社会科学版)》2019 年第 6 期。

② 郎亮明、张彤、陆迁:《基于产业示范站的科技扶贫模式及其减贫效应》,《西北农林科技大学学报(社会科学版)》2020 年第 1 期。

③ 冯元:《我国困境儿童政策优化与精准服务策略》,《吉首大学学报(社会科学版)》2022 年第 1 期。

④ 张蕾、崔牛牛、陈佳鹏:《中国农村贫困人口重点疾病直接经济负担研究》,《人口与发展》2022 年第 2 期。

想。覆盖率低、瞄准偏误高以及救助水平不足严重限制了农村低保的减贫效果。而导致这些限制因素的原因则包括地方财力不足、低保管理模式不当、农村配套社保政策不完善，以及家计调查中存在的测量误差等。政策模拟结果显示，中国农村低保反贫困效应仍然存在很大的改善空间。建立精准识别机制将是改善农村低保减贫效应的重要途径。① 另有学者分析了社会保障水平与老年贫困以及城市偏向的社会保障制度与农村贫困风险问题。"我国社会保障制度不健全，保障水平低，是老年人口致贫的原因之一"②。和萍分析指出，已脱贫农户还存在着较大的返贫风险，降低贫困脆弱性成为未来扶贫工作的关键，直接补贴和保险是政府预防和化解贫困户风险的两种常用政策。研究结果表明：直接补贴不仅无法降低贫困户的脆弱性，反而会增加其陷入贫困的可能，且脆弱性高的贫困户比脆弱性低的贫困户更易遭受这样的影响；而保险却能有效降低贫困农户的脆弱性，只是低脆弱性贫困户比高脆弱性贫困户受益更大。③ 还有些学者从国际比较的视角对社会保障的反贫困作用进行了研究④。

5. 生态补偿脱贫

生态补偿是涉及自然环境质量、人类可持续生存发展的重大问题，也是我国政府确定的精准脱贫五大方式之一。实施精准扶贫政策以来，生态补偿与反贫困的关系从已有文献来看呈现出一定的复杂性。多数研究显示，生态补偿有助于贫困农民脱贫。尚海洋等基于 2015 年石羊河流域生态补偿机制调查数据进行了研究，结果表明："两种贫困线下，生态补偿现金方式均降低了

---

① 韩华为、徐月宾：《中国农村低保制度的反贫困效应研究——来自中西部五省的经验证据》，《经济评论》2014 年第 6 期。

② 王宁、庄亚儿：《中国农村老年贫困与养老保障》，《西北人口》2004 年第 2 期。

③ 和萍、付梦雪、吴本健：《降低贫困脆弱性更有效的政策：直接补贴还是保险？——以宁夏回族自治区 Y 县为例》，《中央民族大学学报（哲学社会科学版）》2020 年第 1 期。

④ 高连克、杨淑琴：《英国医疗保障制度变迁及其启示》，《北方论丛》2005 年第 4 期；高连克：《美国医疗保障制度的变迁及启示》，《人口学刊》2007 年第 2 期；张建敏、葛玉霞、贾浩杰：《国外儿童医疗保障模式及对我国的启示》，《改革与开放》2007 年第 10 期；徐月宾、张兰兰、王小波：《国际社会福利改革：对中国社会救助政策的启示》，《江苏社会科学》2011 年第 5 期。

贫困发生率,缩小贫困差距和贫困人口内部的收入差距。比较两种贫困线下测量的 FGT 指数,可以看出人均年收入 2800 元的贫困标准,对于减缓贫困的效果更好。"①在精准扶贫早期,李欣、吴乐等学者的研究得出了不同的结论,并针对发现的问题积极地思考了对策。这些智库研究对不断优化生态脱贫效果应具有防微杜渐的建设性作用。② 除了以上"五个一批"方式,各地还涌现出土地确权、信息共享机制的扶贫作用研究、金融扶贫、健康扶贫等精准扶贫方式。限于篇幅,此处暂不详述。

四、贫困精准退出机制与防止返贫研究

贫困精准退出机制与防止返贫研究是紧密相关的两个问题,后一个问题也是长期以来不可忽视的。

(一)贫困精准退出机制

贫困退出机制是涵盖贫困退出的动力、补偿、风险、激励与约束等一系列相互作用的各种经济社会关系、组织制度所构成的综合系统机制。构建贫困退出机制,应从建立、健全和完善贫困退出的动力机制、补偿机制、风险防范机制、激励与约束机制、第三方评估机制等方面入手③。张琦指出,我国各地贫困退出机制的构建既有共性又有差异性。共性表现在以国家扶贫战略为依据,根据各地实际情况制订针对性目标计划;以人均收入水平为核心,按照县乡村户逐级分解指标和任务;以既定时间节点为基准,分阶段、分步骤逐渐实

---

① 尚海洋、宋妮妮、丁杨:《生态补偿现金方式的减贫效果分析》,《统计与决策》2018 年第 12 期。

② 李欣、曹建华、李风琦:《生态补偿参与对农户收入水平的影响——以武陵山区为例》,《华中农业大学学报(社会科学版)》2015 年第 6 期;吴乐、覃肖良、靳乐山:《贫困地区农户参与生态管护岗位的影响因素研究——基于云南省两县的调查数据》,《中央民族大学学报(哲学社会科学版)》2019 年第 4 期。

③ 王佳宁、史志乐:《贫困退出机制的总体框架及其指标体系》,《改革》2017 年第 1 期。

现脱贫摘帽;以激发贫困对象主动性为原则,形成倒逼机制,采取"摘帽不摘政策";以适度的奖惩为补充,重视进退结合、奖惩结合;以创新和科学为指导,不断创新工作方式,科学高效推进减贫工作。差异性表现在贫困退出机制各个省市县之间推进速度和程度不同,贫困退出机制各个省市县之间退出标准不尽相同,贫困退出机制实施思路和内容有所差异。① 党中央、国务院高度重视"真脱贫"问题,强调脱贫成果一定要经得起历史的检验。

(二)防止返贫的研究

"返贫事实上是一种贫困现象,是贫困人口在内部因素和外部因素的共同作用之下,由脱贫状态返回贫困的一种现象"②。2021 年 2 月,习近平总书记向世界庄严宣告,我国脱贫攻坚战取得了全面胜利,完成了消除绝对贫困的艰巨任务。在讲话中,习近平总书记专门谈到巩固拓展脱贫攻坚成果、不发生规模性返贫的重要性,指出:"党中央决定,适时组织开展巩固脱贫成果后评估工作,压紧压实各级党委和政府巩固脱贫攻坚成果责任,坚决守住不发生规模性返贫的底线。"③该部署是富有预见性的远见卓识。德国的相关数据分析折射出重视防止返贫的重要性。1984—1994 年的德国收入模式相关数据反映了入贫和脱贫的流动是显著的。在那十年调查区间中,有超过 30% 的德国人至少在某一年是穷人——收入低于平均收入水平的一半(Leisering & Leibfried,1999 年)。脱贫者所达平均收入水平大约高于贫困线 30%。然而,在那十年间,这些人中有超过一半的人至少有一年又重新返贫④。

---

① 张琦:《贫困退出机制的现实操作:冀黔甘三省实践与启示》,《重庆社会科学》2016 年第 12 期。

② 温雪:《西部民族地区脱贫人口返贫抑制研究》,西南财经大学出版社 2021 年版,第 38—39 页。

③ 习近平:《在全国脱贫攻坚总结表彰大会上的讲话》,人民出版社 2021 年版,第 21 页。

④ [英]安东尼·吉登斯:《社会学(第五版)》,李康译,北京大学出版社 2010 年版,第 291—292 页。

破解并阻断返贫风险对于巩固精准脱贫成果具有重要意义。有学者"从深化返贫前因、返贫防治和预警机制、融入乡村振兴战略、互联网赋能返贫和加强返贫交叉学科等方面提出返贫研究的未来趋势"①。李长亮指出,自精准扶贫政策实施以来,深度贫困地区的贫困人口大幅减少,扶贫工作取得了明显的成效,但是返贫现象是一个不容忽视的问题。② 龚晓珺对青年农民"因婚返贫"的非正式制度致因③进行了分析。

关于破解返贫问题的对策,周迪、王明哲提出脆弱性脱贫理论,利用中国家庭追踪调查(CFPS)2010—2014年三轮微观调查数据,指出,进一步完善公共福利体系,从根本上鼓励贫困家庭从事生产经营活动并实施教育技能培训,将有助于巩固已有的脱贫成果。④ 该研究结果印证了"实施教育技能培训"从而增强生产资产禀赋对于防止返贫的积极作用。与此路径不谋而合的是,和立道等利用中国贫困地区1996—2015年的数据研究发现,"劳动技能培训方面的支出和基于农村交通基础设施的人口迁移投资对贫困农村地区的减贫发挥明显的积极作用"⑤。张翔、毛可指出,"教育一方面可以提升民族地区人口素质以斩断'贫困—脱贫—返贫'的循环链条,另一方面还能拓宽返贫韧带从而降低外烁性返贫因素的致贫力度,因而成为民族地区防范返贫的最优选择之一。返贫问题的教育防范之重点在于发展职业教育和基础教育,以防止代内返贫和代际返贫"⑥。

笔者基于研讨分析文献认为,在"五大扶贫"方式中,极少数贫困者完全

---

① 李晓园、汤艳:《返贫问题研究40年:脉络、特征与趋势》,《农林经济管理学报》2019年第6期。

② 李长亮:《深度贫困地区贫困人口返贫因素研究》,《西北民族研究》2019年第3期。

③ 龚晓珺:《试析青年农民"因婚返贫"的非正式制度致因及其整体协同治理策略》,《中国青年研究》2018年第3期。

④ 周迪、王明哲:《返贫现象的内在逻辑:脆弱性脱贫理论及验证》,《财经研究》2019年第11期。

⑤ 和立道、王英杰、路春城:《人力资本公共投资视角下的农村减贫与返贫预防》,《财政研究》2018年第5期。

⑥ 张翔、毛可:《民族地区返贫问题的教育防范机制探究》,《民族教育研究》2018年第4期。

依赖社会保障兜底脱贫,其余都有可能在不同程度上受益于发展式反贫困方式。易地扶贫搬迁往往是阶段性的政策式扶贫,一旦完成搬迁后,受益者依然存在着通过自己的可行能力防止返贫的问题;生态补偿脱贫政策落实之后,相关居民仍需要借助教育建构起来的可行能力避免相对贫困;从产业脱贫中最容易受益的也依然是有一定教育基础的人。由此可见,在互相补充、不可替代的五大扶贫方式中,"十年树木、百年树人"的教育扶贫是最为稳定、有效、持续、基础性的脱贫方式。这也是国家在新时代反贫困工作中强调"扶智"、重视反对精神贫困的重要原因。

第四节　我国残疾人的精准扶贫研究

残疾①与贫困的相关性在彼得·汤森的"剥夺指数"(deprivation index)研究中有所体现。汤森根据"一周大部分时日吃不上热早餐"等 12 项指标给每个家户(household)打分,分数越高,表明该家户越是受到剥夺。然后,他将这些家户的指数位置与其总收入作比较,并结合考虑每个家户中的人数,成年人

①　正如胡塞尔所言,语言具有不可通约性。不同语言之间,很多术语无法一一对应。"disability"有"残疾""残障"等多个中文译法。有研究者认为,"残疾"基本对应 disability model 的社会模式,"残障"基本对应整合模式。我国学者分析 1978—2018 年国家级与省市级关于残障人士就业的 900 多个政策文本,揭示了我国残障概念模型的演化趋势如下:1988 年后我国相关政策文本便不再使用"残废、残废人"的表述。1988—2008 年是我国残障社会模式的过渡期,关涉社会模式的表述迅速增长了 30.05%,2008 年后又平衡增长 2.08%。2008—2018 年是残障概念模式向整合模式转型的关键期,有关"残障、残障人士、身心障碍"的表述从 1988—2008 年的 0.28% 增至 2008—2018 年的 10.78%。"从价值理念看,我国的残障概念模型已由最初的'居养型'个人模式、'庇护型'社会模式,过渡到'明权型'社会模式,并逐步迈向了'赋能型'整合模式"(参见晏子、章晓懿:《政策价值理念与政策工具错配了吗?——基于 1978—2018 年中国残疾人士就业政策文本的实证分析》,《人口与发展》2020 年第 4 期)。可见,我国政策文本中"残疾、残障"并用,以"残疾"一词居多,2017 年以来的国家社科基金指南也兼用"残疾""残障"等术语。本著是 2017 年国家社科基金重点课题资助结项成果,2017 年国家社科基金指南社会学选题中未出现与 disability 相关的关键词,但是人口学第 43 个选题为"残疾人心理健康研究",使用了"残疾人"之表述。与之相一致,同时基于笔者的学术立场,本研究亦采用明权增能型的社会模式与整合模式。相关关键词表述上主要用"残疾、残疾人",视具体语境有时表述为"残障、残障人士"。

是否有工作,孩子们的年龄,是否有任何家庭成员身患残障①。残障往往带来康复、医疗等费用并经常伴生"可行能力"不足,因此容易提高贫困风险。

据 2011 年 6 月世界卫生组织(WHO)和世界银行正式公布的《世界残疾报告》,"全球超过 10 亿人或 15%的世界人口带有某种形式的残疾而生存"②。我国的人口调查显示,我国有 8500 余万残疾人。残疾人发展事业是人类发展事业的内在组成部分,也是其中挑战性较强的一个组成部分,因此残疾人发展水平在当代各国普遍被视为社会发展水平的一个直观、重要的表征。

一、残疾和残疾人的概念界定③

关于"残疾",存在着先天宿命论、个人残损论、新残障观等不同的界定和解释。先天宿命论不科学地、消极悲观地将残疾归因于因果报应的宿命。个人残损论亦称个体型残疾观,"医疗模式等被统称为个体型残疾模式,个体型残疾观认为残疾人所经受的问题是他们自身伤残的直接结果"④。"个人残损论视残疾为一种自身责任、个体悲剧;个人残损论视残疾人为低能者、家庭的累赘、社会的包袱;认为解决问题的办法或者通过慈善救济以维持最低生活水平,或者通过医疗康复恢复一部分自理功能。尽管较先天宿命论有了很大进步,但仍未能挣脱残疾的根源在个体、责任在家庭的樊篱,未能摆脱残疾人因无能受歧视、社会助残是恩赐的怪圈。随着历史的演进和时代的变迁,新残障观应运而生,从残疾人自身权利、全社会应有责任等不同视角来看待和阐释残疾人问题。这无疑是一种科学的胜利和文明的进步。"⑤麦金太尔从人类普遍

---

① [英]安东尼·吉登斯:《社会学(第五版)》,李康译,北京大学出版社 2010 年版,第284 页。

② http://www.who.int/disabilities/world_report/2011/ summary_ch.pdf.

③ 参见侯晶晶:《中国残疾人文化权利保障研究》,北京师范大学出版社 2016 年版,第2—5 页。

④ [英]迈克尔·奥利弗、鲍勃·萨佩:《残疾人社会工作》,高巍、尹明译,中国人民大学出版社 2009 年版,第 12 页。

⑤ 余向东:《残疾人社会保障法律制度研究》,中国法制出版社 2012 年版,第 153 页。

的脆弱性与依赖性视角论述了我们应重新认识"残疾",不应再把残疾人视为"他者",把所谓与之相对立的"首要的道德行动者"塑造成"理性、健康和不受干扰的形象"。① 人类成员融合性地共同生存,才更有助于达成人类的共同福祉。

"残疾"在各国法律中的内涵、外延不尽一致,因此纳入法律保护范畴的残疾人权利主体有时不尽相同。这种界定差异的部分原因在于各国经济发展水平、残疾人事业发展状况等方面存在的差别。关于"残疾人"的界定,联合国大会 2006 年通过、我国作为缔约国之一批准的《残疾人权利公约》第一条指出,"残疾人包括肢体、精神、智力或感官有长期损伤的人,这些损伤与各种障碍相互作用,可能阻碍残疾人在与他人平等的基础上充分和切实地参与社会"。我国《残疾人保障法》(2008 年修订版)中对"残疾人"的定义是:"残疾人是指在心理、生理、人体结构上,某种组织、功能丧失或者不正常,全部或者部分丧失以正常方式从事某种活动能力的人。残疾人包括视力残疾、听力残疾、言语残疾、肢体残疾、智力残疾、精神残疾、多重残疾和其他残疾的人。"《残疾人权利公约》和我国《残疾人保障法》对"残疾人"的界定具有一定的相似性和互补性。

首先,两个定义都关涉残疾人的功能残障,"功能有长期损伤"是纯客观的判断;"功能不正常"带有一定的价值判断。我们要警惕有意或无意的误读,把对人体功能的价值判断泛化为具有此类功能的人自身的价值判断,因为以"残疾人"与"正常人"对举的理念有可能使对残疾人的社会排斥现象受到强化和"合理化"。"社会排斥是指社会弱势群体由于自身生理心理因素和社会环境因素交互作用而被推至社会边缘地位的一种机制和过程"②。社会排斥分为经济、政治、社会、文化等维度的排斥。社会排斥不只使个人或群体受

---

① [美]阿拉斯戴尔·麦金太尔:《依赖性的理性动物》,刘玮译,译林出版社 2013 年版,第一章。

② 解韬、谢清华:《社会排斥理论视角下的残疾儿童研究》,《残疾人研究》2014 年第 3 期。

到歧视和孤立,它也涉及社会基础结构的衰弱,存在着因社会的二元化而造成双重社会的风险。① 对欧盟社会救助服务实践的研究显示,社会排斥多是低教育水平、社会参与、失业、健康问题等多种因素交织的结果。② 减少或消除社会排斥有助于社会融合。社会融合可以简单地归纳概括为,"得到正常的物质生活水平和社会福利待遇,获得平等的法律权利和其他公民权利,对个人或群体的社会地位和社会身份有肯定性的评价。消除社会排斥的措施也就是增进社会融合的措施"③。

其次,关于残疾人发挥功能的条件,《残疾人权利公约》论及"损伤与各种障碍相互作用",明示出在残疾人生理障碍之外应由社会、大众负责消除理念、环境等其他"障碍"。我国《残疾人保障法》中许多法律条文实际上也意在致力于应对、解决理念障碍和环境障碍等问题,致力于保障残疾公民平等权利。这样的责任担当、价值追求与伦理精神如果充分体现于对"残疾人"的界定中,则会更好地引领大众认识残疾人,加速消除各种外在障碍,更有利于彻底落实我国《残疾人保障法》和建构残健融合的社会。社会上有些人认为终身残疾即意味着永久丧失劳动能力。这折射出全社会关于残障观的总体水平可能有待打破"终身残疾"与"丧失劳动力"之间机械、被动、宿命的等同关系误识,转而认识到教育可以在很大程度上使残疾人成为社会的资源④,助力残疾人反贫困。

再次,关于残疾人的社会属性,《残疾人权利公约》的残疾人定义指出"这些损伤与各种障碍相互作用,可能阻碍残疾人在与他人平等的基础上充分和切实地参与社会",较为直接地表达了对于残疾人平等社会参与的关切、承诺与追求。我国《残疾人保障法》的许多条款也隐含着类似的人道主义价值

① 杨伟民:《社会政策导论》,中国人民大学出版社 2004 年版,第 123—124 页。
② 田蓉、周晓虹:《社会救助服务:欧盟经验与中国选择》,《学习与探索》2018 年第 11 期。
③ 杨伟民:《社会政策导论》,中国人民大学出版社 2004 年版,第 125 页。
④ 侯晶晶:《教育让残疾人成为社会资源》,《中国教育报》2007 年 10 月 17 日。

取向。

最后,两部法律对于"残疾人"外延的界定相似,而对残疾类别的排序不尽相同,这种差别尤其体现在肢体残疾类别。《残疾人权利公约》的排序是"残疾人包括肢体、精神、智力或感官有长期损伤的人",将"肢体长期损伤者"置于首位。而我国《残疾人保障法》中的排序是"残疾人包括视力残疾、听力残疾、言语残疾、肢体残疾、智力残疾、精神残疾、多重残疾和其他残疾的人",将肢体残疾置于三类残疾人之后。《残疾人权利公约》的排序依据很可能在于:肢体残疾者是最易受到"各种障碍"制约的残疾亚群体之一。视力残疾人可以通过学习盲文阅读,听力残疾人可以学习唇语或手语来交流,精神残疾人可以通过康复与药物治疗来调整状态……而肢体残疾人,尤其是轮椅使用者等重度肢体残疾者,正如张海迪同志在全国政协会议的发言中所述,面对一个稍微有点高度的台阶,就无法通过自身努力去克服这种障碍。我国《残疾人保障法》中的残疾类别排序具有法律效力和对相关实际工作的指导作用。例如,我国残疾人状况监测将该法明确列出的六类残疾人作为监测对象,问卷中六类残疾人的排序与该法中的排序一致。

本研究采纳我国作为缔约国之一批准的联合国大会《残疾人权利公约》(2006 年)以及我国《残疾人保障法》(2008 年修订版)对于"残疾人"的界定。根据此界定口径,我国目前"有残疾人 8500 多万,占全国总人口的 6.34%,涉及近 2.8 亿家庭人口"[1]。本书的量化研究部分将基于全国残疾人状况监测数据,主要分析视力、听力、言语、肢体、智力、精神六类残疾人的相关权利保障与反贫困问题。

二、教育扶贫等视角下我国残疾人的精准扶贫研究

残疾人的精准扶贫是我国精准扶贫大局内在而特殊的组成部分。残疾人

---

[1] 周洪双:《让残疾人共享经济社会发展成果——聚焦残疾人权益保障》,《光明日报》2015 年 2 月 2 日。

群较之健全人群面临更沉重的疾病直接经济压力①,加之其他有关因素,残疾人总体上具有较高的贫困脆弱性。鉴于我国建档立卡人口超过 14% 属因残致贫,而且残疾贫困人口系"贫中之贫、艰中之艰",国家出台了专门的政策,提出"开展贫困残疾人脱贫行动"等专门的举措,加大了关于这一亚群体脱贫的工作力度。正如习近平总书记强调的,"化解特殊贫困群体难题是打好脱贫攻坚战面临的最为突出的挑战",即"艰中之艰"。② 正因为此项工作的难度及其与本研究的密切相关程度,笔者以专门的一节致思于我国残疾人的精准扶贫综述研究。

残疾人的精准扶贫是亚群体反贫困的重中之重。杨立雄等指出,由于历史和现实的原因,残疾人成为"贫困内核"——贫困面广、程度深,脱贫难度大,是脱贫攻坚的重点对象。③ 而"2020 年实现全面小康,残疾人一个也不能少",这既是习近平总书记的殷切呼吁,也是社会发展的内在要求。鉴于残疾人亚群体的脱贫之难及其对全面小康的战略意义,习近平总书记强调要"特别关注残疾人,特别关心残疾人"。为此,国务院颁发了《农村残疾人扶贫开发纲要(2011—2020 年)》以及《关于加快推进残疾人小康进程的意见》。解韬的研究表明,残疾人的贫困状况和生存质量之间具有相关性④。廖娟提出,残疾人的多维贫困指数均高于非残疾人,且前者比后者更容易陷入贫困;其中,教育是对残疾人多维贫困指数贡献最大的指标⑤。

2018 年 6 月出台的《中共中央 国务院关于打赢脱贫攻坚战三年行动的指导意见》强调继续加强"五个一批",在此基础上又提出其他五项举措——开展贫困残疾人脱贫行动、开展扶贫扶志行动、深入实施健康扶贫工

---

① 张蕾、崔牛牛、陈佳鹏:《中国农村贫困人口重点疾病直接经济负担研究》,《人口与发展》2022 年第 2 期。

② 习近平:《在打好精准脱贫攻坚战座谈会上的讲话》,人民出版社 2020 年版,第 13 页。

③ 杨立雄、李本钦:《巴中残疾人精准扶贫实践》,人民出版社 2016 年版,第 2 页。

④ 解韬:《我国成年残疾人口的婚姻状况及其影响因素研究》,《人口学刊》2014 年第 1 期。

⑤ 廖娟:《残疾与贫困:基于收入贫困和多维贫困测量的研究》,《人口与发展》2015 年第 1 期。

程、加快推进农村危房改造、强化综合保障性扶贫。相关内容对于残疾人精准扶贫和教育扶贫提出了详尽有力、富有针对性的指导意见,例如,"实施第二期特殊教育提升计划,帮助贫困家庭残疾儿童多种形式接受义务教育,加快发展非义务教育阶段特殊教育"。[①] 国家对于残疾人脱贫工作的高度重视和有力指导提升了残疾人反贫困的实效性和残疾人对于精准扶贫工作的满意度。

"五大扶贫"方式和《中共中央 国务院关于打赢脱贫攻坚战三年行动的指导意见》另外补充的五项举措在残疾人精准扶贫工作中皆有所落实。综合看来,残疾人扶贫实践比较重视产业扶贫、社会保障兜底脱贫,发展教育脱贫的重要意义也越来越受到广泛的认同。研究者呼吁,"树立'平等、共享、参与'的积极残疾观;在对残疾人进行精准识别的基础上,健全对应的社会保障体系……建立'预防治疗康复'三位一体体系……积极开发残疾人人力资源,促进残疾人就业……强化扶贫制度建设和基层队伍建设,确保扶贫资源投入精准等措施",都将有助于残疾人口精准扶贫的体系化建设"[②]。有学者分析指出,"收入短缺是导致残疾人贫困的直接原因,而缺乏'可行能力'才是导致其贫困的深层次根源。……应注重农村贫困残疾人'可行能力'的培育,不断增强农村贫困残疾人的主体地位与参与意识,健全社会保障体系,转变扶贫政策导向,以求能真正改变农村残疾人的贫困状态"[③]。

教育对于残疾人反贫困的作用是显著的、不可替代的,从"可行能力""发展能力"等视角看来尤其如此。有研究者指出,"残疾人的多维贫困指数均高于非残疾人,且前者比后者更容易陷入贫困;其中,教育、医疗保险和卫生设施

---

① 参见《中共中央国务院关于打赢脱贫攻坚战三个行动的指导意见》,人民出版社2018年版,第9—20页。

② 张薇:《西藏残疾人口"精准扶贫"体系化建设分析》,《西藏发展论坛》2017年第6期。

③ 陈仁兴:《可行能力视阈下农村贫困残疾人精准扶贫研究》,《齐鲁师范学院学报》2017年第5期。

是对残疾人多维贫困指数贡献最大的三个指标"[1]。教育扶贫作为脱贫攻坚的重要组成部分,是解决贫困代际传递、实现教育公平的重要途径。有研究表明,"小学文化程度和文盲或半文盲、患有大病和长期慢性病及残疾、没有务工、低保户和五保户、缺技术缺劳力和自身发展动力不足等因素的贫困人口返贫几率相对较高。因此,在深度贫困地区要通过提高贫困人口的发展能力、构建防止因病返贫的长效机制、创造务工机会并有机协同最低生活保障制度和精准扶贫政策来防止返贫问题"[2]。由此可见,教育培训有望降低残疾人的返贫风险。

"教育扶贫是现阶段打赢脱贫攻坚战的关键举措之一,是保证教育公平的基本措施。改革开放以来,我国在职业教育扶贫上不断摸索……扶贫对象由学生转向妇女、老人、残疾人士等特殊群体"[3]。例如,"校企合作共育人才是现代职业教育改革发展的必由之路,打造实践育人新体系是高职院校办学特色的重要突破口。湖南食品药品职业学院与湖南安邦制药有限公司携手构建了基于'学习张海迪小组'、'万牵工程'、'为爱奔跑'、'嫩芽基金'和'残疾大学生志愿者协会'、'五位一体'的残疾大学生就业育人共同体,实现了校企双主体的智力育人、实践育人和就业育人,助推了职业教育精准扶贫攻坚"[4]。

8500万残疾人能否成为社会的资源,很大程度上取决于有质量的教育公平。如果残疾人能充分发挥潜能,便可为社会和家庭节省大量人力、物力、财力,在有尊严地生活的同时,为社会创造巨大的精神财富和物质财富。公平而

---

[1]　廖娟:《残疾与贫困:基于收入贫困和多维贫困测量的研究》,《人口与发展》2015年第1期。

[2]　李长亮:《深度贫困地区贫困人口返贫因素研究》,《西北民族研究》2019年第3期。

[3]　何倩倩:《改革开放40年职业教育扶贫历程、特点与展望》,《无锡商业职业技术学院学报》2019年第4期。

[4]　潘伟男、邓水秀、吕衍勋、赖玲波、罗毅:《校企合作视域下高职残疾大学生就业育人共同体研究——以湖南食品药品职业学院为例》,《产业与科技论坛》2020年第2期。

高质量的教育是能让人与社会长期受益的积极投资,也是保障社会长治久安、团结稳定的根本良策之一。教育公平是社会公平的重要基础;教育公平要做到保证所有公民"学有所教",人尽其才,充分发挥潜能。教育公平有助于弱势群体实现自己生命进程中较好的可能性。笔者从研究以及自身经历中都体会到优质教育对于人的生命力具有唤醒和提升的独特功效。

第五节　相关研究评价与本研究路向

本章精选国内外上百篇文献的核心观点,勾勒出我国残疾人精准扶贫研究的脉络与方向,首次对残疾人精准扶贫尤其是残疾人教育反贫困进行较系统的述评,以期运用相关学术资源拓展残疾人反贫困的研究视角,引进研究工具,明确本研究的重点与方向,以便本研究准确地"接着说",努力参与加强对此论域的研究。

从上述文献可以看出,我国的反贫困研究近年来在理论探索、原因剖析、对策研究方面取得了较丰硕的成果。有些研究分析提炼了有推广价值的精准扶贫个案;有些研究体现出强烈的问题意识和智库研究取向,以认真负责的科学研究态度,配合"真扶贫、扶真贫"的社会发展需要以及反贫困政策要求,细致地探索一些现象背后的原因并提出积极对策,推动了精准扶贫政策的扎实落地;还有一些研究很有预见性地指出了后脱贫时代仍面临着需要巩固来之不易的精准扶贫成果以及防止大规模返贫的问题,这与习近平总书记在2020年经济工作会议上强调的"必须防止规模性返贫"是一致的。多项研究成果显示,无论是为了巩固拓展"消除绝对贫困"的脱贫攻坚战胜利成果①,还是为了更好地解决相对贫困问题,教育反贫困的使命都是始终不可松懈的。

---

① 习近平:《在全国脱贫攻坚总结表彰大会上的讲话》,人民出版社 2021 年版,第 1 页。

已有相关研究既有重要价值,也存在进一步拓展的空间,以下就其要者进行评析。(1)研究的维度有待在发展中平衡。教育反贫困包括以教育反贫困和对教育反贫困两个有机组成部分。目前关于前者的研究较多,对于相关研究成果已形成较普遍的共识,而对后者的研究较薄弱。对教育反贫困的研究较为薄弱,容易使教育反贫困成为无源之水、无本之木。因此,需要进一步加强对教育反贫困的研究,其中关涉残疾人等弱势群体的相关研究是重中之重。(2)残疾人教育反贫困研究需要加强系统性。此论域已有一些过程研究,但尚未从反贫困视角完整地覆盖残疾人教育的起点研究、基础学段研究、高等学段研究,特别是研究生学段的研究几乎为空白;残疾人职业培训研究也很薄弱。在罕见的起点研究中,对完全失学的残疾人教育研究几乎处于空白状态。从历史上看,完全失学的残疾人毫无疑问是贫困风险很高的亚群体,其教育反贫困问题亟待研究。(3)研究对象有待更均衡地加以关照。我国的残疾人精准扶贫研究有时有意无意地以残疾成人代替残疾儿童,"残疾人"研究在一定程度上容易被置换为"残疾成人"研究。学界多从经济学角度研究残疾成人的脱贫问题。然而,残疾儿童是贫困风险较高的弱势亚群体,目前,对该群体的精准扶贫以及教育反贫、教育防贫却仍鲜见专门研究,这很不利于巩固和拓展精准扶贫成果。(4)相关理论视角有待进一步扩展,目前研究中较常见的是经济学、教育学、社会学等视角,较少从伦理学、法学、哲学等相关视角揭示法律问题及社会现象背后的丰富原因。法学视角的研究对于我国全面建设法治社会具有独特推动作用。

我国新时代的反贫困工作对于不同类型、不同群体的贫困分类施策,这符合社会学以及其他学科不满足于笼统地研究弱势群体与非弱势群体之间的差别,而注重聚焦于弱势群体组内差异的趋势①。在国家政策的科学指引下,举全国之力在面对新冠病毒疫情严峻考验的情况下打赢了精准脱贫攻坚

---

① ［英］安东尼·吉登斯:《社会学(第五版)》,李康译,北京大学出版社 2010 年版,第415 页。

战。随着残疾人精准扶贫实现历史性的胜利,对于长期巩固来之不易的脱贫成果提出了前所未有的要求。残疾人远离贫困、充分发展是社会和谐程度与文明进步的表征,而远离教育权利贫困是其前提之一。教育具有反贫困的重要功能,教育不足会增加贫困风险,已被量化研究、案例研究证实。对于"以教育反贫困"的必要性,社会政策领域与研究领域皆有共识。为充分实现"以教育反贫困"的作用,必须深入探索和推进"对教育反贫困",尤其是对教育中的短板——残疾人教育——加强反贫困研究。接下来,需要重点研究的是如何基于大数据以及案例、思辨研究来探寻"对教育反贫困"的规律,通过深化教育改革——尤其是融合教育改革,进一步提升教育之于反贫困的有效性。

在推进全面依法治国的背景下,依法治教的必要性不言而喻,也理应成为新时代研究者的基本立足点。鉴于此,本成果遵循党的十九大报告提出的"弱有所扶"政策以及二十大报告强调的"办好人民满意的教育,促进教育公平,特殊教育普惠发展",主要从维护残疾人教育权利的维度助力保障残疾人长期稳定地巩固精准扶贫成果,防止返贫和贫困的发生。本著第一章对国内外研究进行述评,在此基础上,第二章从失学问题切入残疾人教育反贫困,第三章至第六章就在读的残疾人从基础教育至博士研究生教育进行纵向贯穿全学段的残疾人教育培训反贫困。第二章至第六章均以学校教育为主要研究场域,在适当之处兼论家庭教育、社区教育与自我教育,形成学校—家庭—社区教育与自我教育的统一整体,着力探究起点公平、过程公平、结果公平以及高质量融合教育对于残疾人反贫困的独特作用,从基本人力资源开发、信息素养养成、富于社会学想象力的陌生人伦理、"四有"教师榜样作用等方面探讨残疾人教育在物质上和精神上的反贫困作用机制。

本著不仅探讨残疾人亚群体的反贫困问题,而且对一些多重处境不利的女性残疾儿童的失学问题进行了具有筑基补白性质的专门研究;此外,精心遴选残疾女性进行个案研究,通过定性研究描画我国残疾女性反贫困的社会群像。所涉研究对象在多个维度具有多元社会属性,地域维度包括来自农村和城市的残疾女性;年龄维度既有幼童,也有已退休的残疾女性;学段维度既有学前残疾女童,也有中国首位轮椅上的女博士(笔者)。笔者既是残疾人反贫困中国经验的见证者与参与者之一,也有幸成为中国经验、中国故事的一位书写者与传播者。这在全球并不多见,从一个侧面折射出我国残疾女性反贫困的水平。

本著综合运用了"社会学研究运用的四种主要方法",即实地调查法、问卷调查法、实验法、文献研究法①,在其基础上进行了有针对性的思辨研究。笔者对具有残疾人反贫困作用的高质量融合教育进行了跨国别实地调查,申请使用全国残联系统斥资数百万元完成的 CDPF 问卷调查成果进行定量研究,探究了笔者直接参与的融合博士生教育实验,而整个研究路向的确定是基于数百篇中英文文献研究。各种研究方法均有长处与边界。综合运用多种研究方法可使其互补,起到类似"三角测量法"②的效果,立体而全面地探究复杂问题。本著部分内容曾先期独立发表于《教育研究》《教育研究与实验》《南京师大学报(社会科学版)》《中国特殊教育》《残疾人研究》等期刊,部分成果被《新华文摘》、《中国社会科学文摘》、人大复印资料以及教育部网站全文转载。

本研究的意义既涉及通过为教育公平补短、促进教育现代化从而推进"对教育反贫困",也涉及提高人口素质从而"以教育反贫困",防止因教育反贫困效果欠佳而在将来陆续出现致贫返贫人口。笔者认为反贫实践和理论研究都印证了"对教育反贫困"是"以教育反贫困"的前提,因此将本研究的基本点置于"对教育反贫困",将本研究的着眼点置于"以教育反贫困",希望有助

---

① [英]安东尼·吉登斯:《社会学(第五版)》,李康译,北京大学出版社 2010 年版,第67页。

② [英]安东尼·吉登斯:《社会学(第五版)》,李康译,北京大学出版社 2010 年版,第71页。

于拓展社会关怀、社会正义、公民权利保障等论域的研究视角，深入贯彻落实党的二十大报告要求的加快建设高质量教育体系，强化特殊教育普惠发展①，丰富残疾人精准扶贫研究，推动共同富裕以及人与社会的现代化。

---

① 习近平：《高举中国特色社会主义伟大旗帜 为全面建设社会主义现代化国家而团结奋斗——在中国共产党第二十次全国代表大会上的报告》，人民出版社 2022 年版，第 34 页。

第二章 残疾人教育反贫困的前提研究

——精准扶贫视角下的失学研究

受教育权利是当代残疾人最重要的生存发展权利,是关涉其教育反贫困的基本权利。在全面依法治国、努力"办好人民满意的教育"、强化"特殊教育普惠发展"①的战略背景下,它也是本研究一个适切的着力点。根据联合国《残疾人权利公约》第二十四条关于教育权利的内容,中国及其他各缔约国应当确保残疾人"不受歧视、机会均等"地享有受教育的权利,以便"最充分地发展残疾人的个性、才华和创造力以及智能和体能"。为此,缔约国应当确保的首要措施即包括"残疾儿童不因残疾而被排拒于义务初等教育或中等教育之外"。与此相应,《中华人民共和国残疾人保障法》规定,"政府、社会、学校应当采取有效措施,解决残疾儿童、少年就学存在的实际困难,帮助其完成义务教育";"残疾人教育保障义务教育,着重发展职业教育,逐步发展高级中等以上教育"②。

① 习近平:《高举中国特色社会主义伟大旗帜 为全面建设社会主义现代化国家而团结奋斗——在中国共产党第二十次全国代表大会上的报告》,人民出版社 2022 年版,第 34 页。
② 本成果的第三、第四、第五章的逻辑关系基本根据《中华人民共和国残疾人保障法》此部分内容展开。鉴于职业培训与高中教育在事实上具有一定的交叉性,第四章有微量内容关涉残疾人职业高中教育。第五章考察残疾人高中以上教育,选取了研究生教育学段进行论述,不包括与职业培训交集较多的高等职业教育。

依法充分保障残疾儿童的受教育权利,有助于发挥关于残疾人的教育反贫困作用。在知识经济时代,获得稳定的就业机会具有基本的知识技能门槛①。就业的意义不只在于获得稳定的经济来源,劳动具有的丰富社会意义还包括"活动水平、多样性、时间结构、社会接触"等多个维度,对于"人的二重性"意义上的共同富裕具有不可替代的意义②,而教育受限导致可行能力不足以及高失业风险。英国的研究显示,文凭等级越高,失业率越低。没有文凭者的失业率是有学位和相当学历者的四倍。失业体验往往先后包括震惊、乐观的期待、继续受挫的抑郁、消沉悲观以及安于现状的绝望。③ 由此可见,避免适龄儿童从未上学等失学现象,是教育反贫困的起点和最低要求,因此适合作为本研究的起点。教育哲学家杜威指出,教育即"生活",教育即"生长"。如果人们在生命早期经历的教育是融合的,而非排斥的、隔离的,融合就被认同为群体互动关系和共同生活的常态④。基于融合的共同生活、共同奋斗无疑是实现"人的二重性"意义上的共同富裕所必需的社会生活样态。

我国越来越多的残疾儿童正在接受各层级学校教育。据我国 1987 年残疾人抽样调查资料,7—12 岁残疾儿童的失学率为 37.89%⑤。而根据我国教育部公布的数据,2013 年我国义务教育和高中阶段残疾在校生数达 368103

---

① 褚宏启:《新时代需要什么样的教育公平:研究问题域与政策工具箱》,《教育研究》2020年第 2 期。

② 劳动的社会意义主要包括六个方面。经济回报主要指薪资,这是劳动者满足自身需要的主要资源;活动水平是指为劳动者提供可以发挥潜力的结构化环境,有助于其技能与才干的获取和历练;多样性是指劳动者在工作环境中得以接触家庭之外的情景;时间结构是指获得日常活动的方向感;社会接触则带来获得友谊及参与共同活动的机会;个人认同主要指稳定的社会认同感与自尊的满足。[英]安东尼·吉登斯:《社会学(第五版)》,李康译,北京大学出版社2010 年版,第 638 页。

③ [英]安东尼·吉登斯:《社会学(第五版)》,李康译,北京大学出版社 2010 年版,第 644—645 页。

④ 侯晶晶:《中国残疾人文化权利保障研究——融合教育的视角》,北京师范大学出版社2016 年版,第 164 页。

⑤ 张毅:《中国 7—12 岁儿童失学状况分析》,《社会学研究》1995 年第 4 期。

人,其中女性残疾学生 132523 人(占比 36.00%);残疾人教育各学段毕业生共 50739 人、招生数共 65977 人①;全国中小学残疾儿童在校生 2017 年度为 57.88 万人;2018 年度为 66.59 万人,比上年增长 15.05%②。残疾人教育招生人数比毕业生人数有较显著的增加,体现出在全国范围内残疾青少年接受学校教育的比例有所提升。目前,"我国适龄残疾儿童入学率达 95%",但是含很高的送教上门比例,"2018 年我国特殊教育数据显示,全国残疾儿童在校生 66.59 万人中含 17.48%的接受送教上门者,送教上门远高于国际教育中的同类比例"③。学者们研究亦发现"送教入户政策落实不理想"④,面临诸多困境。很多接受送教上门服务的儿童一学期课时数不及在校健全学生一周课时数,其教育质量远低于在校教育。⑤ 基于新公平观,特殊教育显然不能满足于偏形式化、无法保证结果公平的起点公平与过程公平。"新教育公平倡导新的教育发展观,关注以育人质量为中心的内涵式发展;秉承新的教育正义观,注重对人的尊严的承认;树立新的教育公平评价观,增强人民群众的教

---

① 依据我国教育部提供的 2013 年全国特殊教育数据,http://www.moe.gov.cn/publicfiles/business/htmlfiles/moe/s8493/201412/181979.html,2019 年 9 月 22 日下载。本书认为,残疾女生在残疾学生中占比 36.00%,这折射出我国残疾女童教育机会贫困风险可能高于残疾男童。近年来,全国残疾人教育的性别数据未见更新。然而,彻底扭转这一现象,为残疾女童赋能,防止大量残疾女性在反贫困进程中输在起跑线上,需要从普及性别平等的现代化理念到制度保障的多方面条件支持。

② 中华人民共和国教育部:《数读 2018 年全国教育事业发展基本情况》,2019 年 2 月 26 日,http://www.moe.gov.cn/fbh/live/2019/50340/mtbd/201902/t20190227_371426.html。

③ 侯晶晶:《构建公平有质量基础教育 保障残疾儿童受教育权利》,《中国社会科学报》2020 年 8 月 31 日。中国社会科学网全文转载,http://ex.cssn.cn/zx/bwyc/202008/t20200831_5176673.shtml。

④ 许晓霞、张峰、薄晓春:《山西省特殊教育的现状与对策》,《教育理论与实践》2018 年第 8 期。

⑤ 向松柏、冯惠敏、吴谦梅:《残疾儿童少年送教上门的困境与优化路径——基于西南地区 522 名残疾学生家长的调查分析》,《中国特殊教育》2021 年第 2 期;兰继军、郭喜莲、贾兆娜、吕娜娜:《送教教师共情能力对送教上门态度的影响:职业认同的中介作用》,《中国特殊教育》2020 年第 10 期;刘德华:《县域开展重度残疾儿童少年送教上门工作的现状与对策研究——以福建省泉州市为例》,《中国特殊教育》2020 年第 6 期。

育公平感。"①

当前,我国的特殊教育以普校随班就读为主体,以特教学校为骨干,以送教上门为补充,基本特殊教育公共服务体系日趋完善。"从建设高质量教育体系和办好人民满意教育的角度看,特殊教育还存在一些地区和群体普及基础薄弱、教育教学质量有待提高、支撑保障能力有待完善等问题"②。特殊教育的进展来之不易,不过也须看到我国残疾人受教育权利保障与健全人之间、与社会总体保障水平之间仍存在一定差距,在残疾人中尤其是女性残疾人的受教育权利保障有待加强。中国知网显示,我国学界对残疾女童的专项研究尚付阙如,仅有关于总体残疾儿童的受教育情况可资间接参考。在以送教上门形式大幅拉高残疾儿童入学率之前,2013 年全国 6—14 岁残疾儿童接受义务教育的比例为 72.7%③,低于 2013 年全国小学学龄儿童 99.7%的净入学率④。全国调查并已实名统一录入中国残疾人事业统计管理系统的 2013 年未入学适龄残疾儿童少年有 78174 名⑤。

现有相关研究成果指出,残健教育机会在起点、过程、结果维度一定程度上仍有欠公平,教师对随班就读存有的各种误解⑥、普特互动的缺乏⑦、合作

---

① 程天君:《以人为核心评估域:新教育公平理论的基石——兼论新时期教育公平的转型》,《华东师范大学学报(教育科学版)》2019 年第 1 期。

② 陈如平、安雪慧、张琨:《构建优质均等的基本公共特殊教育服务体系》,《中国特殊教育》2022 年第 5 期。

③ 陈功、吕庆喆、陈新民:《2013 年度中国残疾人状况及小康进程分析》,《残疾人研究》2014 年第 2 期。

④ 邓晖:《2013 年我国义务教育学校较上年减少 1.55 万所》,《光明日报》2014 年 7 月 7 日。

⑤ 参见中国残联办公厅、教育部办公厅《关于 2013 年全国未入学适龄残疾儿童少年情况通报》(残联厅〔2014〕39 号)。

⑥ 白瑞霞:《融合教育背景下残疾儿童随班就读的合理发展》,《中国教育学刊》2018 年第 1 期。

⑦ 王雁、黄玲玲、王悦、张丽莉:《对国内随班就读教师融合教育素养研究的分析与展望》,《教师教育研究》2018 年第 1 期。

学习的不足①,都易导致残疾儿童失学。关于残健教育机会有欠公平,一个重要表现是残疾儿童在教育起点上和过程中的失学现象②;随班就读教育质量不佳,易导致残疾儿童辍学③;残疾与儿童失学概率有正相关④;学校良好的陌生人伦理氛围则能够提升特殊需要教育质量,防止残疾儿童失学⑤。有学者调研发现,广州农村残疾儿童入学困难问题的主要原因在于教育政策制定的粗疏与空泛、教育制度的瓶颈、入学程序设置的缺位。如若无法接受正常的教育,会严重危害残疾儿童身心的健康成长,使他们从小就"戴着灰色眼镜"看世界,体会社会的不公平,对他们正常的社会化过程造成危害。而且未受过教育的新一代文盲自然又会成为新贫困者。最为严重的是,教育的不公平性会剥夺社会底层成员改变命运的唯一机会⑥。王治江等学者针对残疾人教育歧视问题向社会公众回收有效问卷 400 份,其中包括华北、华中地区 200 名残疾大学生填写的有效问卷。75.5%的受访者认为在招生入学方面存在对残疾人的歧视。⑦ 有必要研究哪些影响因素能预测残疾儿童失学,以期帮助进一步保障残疾儿童的受教育权利,为落实相关特殊教育的政策法规破解前提性的障碍,为教育更好地发挥反贫困作用提供参考依据和智力支持。

目前的研究一般单纯地从教育内部考察残疾儿童辍学的原因,鲜有对其

---

① 景时:《关于融合教育中合作学习有效性的思考》,《教育科学》2018 年第 1 期。

② 孟万金、刘在花、刘玉娟:《推进残疾儿童教育公平任重道远——四论残疾儿童教育公平》,《中国特殊教育》2007 年第 2 期。

③ 华国栋:《从混读到就读》,《现代特殊教育》1995 年第 1 期。

④ 杜鑫:《中国农村青少年失学的影响因素分析》,《中国农村经济》2008 年第 3 期。

⑤ 侯晶晶:《美国公立基础学校生活化的陌生人伦理教育研究》,《教育研究》2014 年第 12 期。

⑥ 马玲芳、王建平:《无意识排斥下的农村残疾儿童入学困难分析》,载宋卓平等主编:《广州市农村残疾人及残疾人事业调查研究》,华南理工大学出版社 2009 年版,第 216—231 页。

⑦ 王治江、张源、尹朝存、王建伟、靖学闯:《残疾人教育歧视现状调查及对策研究》,载中国残疾人联合会主编:《中国残疾儿童现状与需求调查研究》,华夏出版社 2011 年版,第 183—222 页。

从未上学问题的研究。在残疾儿童失学、教育公平、精准扶贫论域,该研究具有显著价值。从未上学是我国残疾儿童失学占比最高的亚类,也是很重要的潜在致贫原因,其成因在一定时期内具有稳定性。随着教育公平的视域转向人本身,"在起点的资源配置上须树立投资于人就是投资于质量的内涵式发展思路"[①]。为此,必须从起点上切实保障残障儿童的受教育权,有效防控、努力消除残疾儿童各类失学现象。这对于教育公平补齐短板和全面小康战略的可持续落实具有重要意义。

阿马蒂亚·森告诫我们不能忽略这个事实:贫困者之间"可能不平等"。"森贫困指标"的核心设计理念之一即:当贫困者之间存在不平等时(当一群人比另一群人更为贫困时),"最贫困的人其权重最高"[②]。鉴于失学残疾儿童之间一群人比另一群人能力贫困问题更严峻,而能力贫困程度最深的亚群体最亟待研究,本章首先研究适龄残疾儿童从未上学现象,然后研究女性残疾儿童三类失学问题。

"残疾人教育是落实教育公平的重要环节"[③]。为了彻底追寻教育公平,保障残疾儿童的受教育权,最大化地促进残疾儿童发展,有效发挥教育反贫困作用,必须重视防止残疾儿童失学。"致贫因素的多样性和教育精准扶贫的复杂性以及学科发展的融合性共同决定了教育扶贫是一项具有学科辐射性的复杂工程。经济学、社会学、教育学等学科与教育扶贫价值的耦合性为教育扶贫精准化提供了可能"[④]。如果仅从学校教育内部研究残疾儿童失学问题,尤其是其中的从未上学问题,难免隔靴搔痒甚至言不及义,因此本章着眼于研究

---

① 程天君:《以人为核心评估域:新教育公平理论的基石——兼论新时期教育公平的转型》,《华东师范大学学报(教育科学版)》2019年第1期。
② [印]阿马蒂亚·森:《再论不平等》,王利文、于占杰译,中国人民大学出版社2016年版,第118—120页。
③ 解韬:《近年来我国教育公平研究综述》,《现代大学教育》2009年第2期。
④ 袁利平、张欣鑫:《教育扶贫如何精准化——基于多学科视角的模型建构》,《教育与经济》2020年第1期。

对象的主要生活维度进行综合探究。

第一节　残疾儿童从未上学现象的
影响因素与对策研究
——基于精准扶贫的视角①

残疾儿童失学是指其失去接受法定学校教育的机会,包括三个子类别:从未上学、小学或初中尚未毕业时辍学、小学或初中毕业未升学。据 CDPF 全国残疾人状况监测资料分析:我国 7—12 岁残疾儿童失学率为 22.69%;6—17岁残疾儿童失学比例为 34.74%;失学残疾儿童中 59.70%从未上学,26.23%辍学,14.07%从义务教育阶段学校毕业后未升学。② "从未上学"不仅在失学中占比最高,而且这种完全失学类型对残疾儿童受教育权利保障及其生存发展的负面影响最为严重,是我国推进教育公平、教育精准扶贫进程中的短板之短板。

一、研究方法与研究对象

本节研究方法为定量研究。吉登斯在《社会学基本概念》一书的研究方法部分③论述了量化研究对于早期直至当前社会学研究的重要性。本节研究对象为我国 6—17 周岁从未上学的残疾儿童(不含港澳台地区)。根据《儿童权利公约》的界定,"18 岁以下人口均为儿童"。

本研究的资料来源为中国残联组织实施并允许使用的最近一次 2013 年度全国残疾人状况监测资料(下文简称 CDPF 全国残疾人状况监测数据)。

①　本节改写自侯晶晶:《残疾儿童从未上学现象的影响因素与对策研究——基于精准扶贫的视角》,《南京师大学报(社会科学版)》2020 年第 4 期。

②　侯晶晶:《我国残疾儿童失学的现状与影响因素研究》,《中国特殊教育》2015 年第 1 期。

③　[英]安东尼·吉登斯、菲利普·萨顿:《社会学基本概念》,王修晓译,北京大学出版社2021 年版,第 42—45 页。

众所周知,适用于反贫困研究的数据较稀缺,而且此类资料最重要的属性不在新旧而在准确。瑞典学者缪尔达尔在他的《世界反贫困纲领》一书的《教育》一章中专论了此问题,他以印度为例,忧心忡忡地批评了其扫盲统计数据失真问题以及对反贫困造成的负面影响①。本书所用数据在获准使用的同类中是最新的,其更主要的难能可贵之处在于大样本、全覆盖、低偏差②,经得起时间考验。尤其用于反贫困研究,数据准确性是学术性安身立命的灵魂所在。这种低偏差性不是偶然的,其根源就在于 CDPF 这批数据基本上是各地残疾人事业发展研究会的管理者、研究者直接带队到一线获取的。笔者是全日制工作的专职高校教师,在负责本项研究期间恰好兼任中国残疾人联合会副主席,在关于残疾人的多种可及数据中,选择了 2013 年度全国残疾人状况监测资料申请使用,获准之后③又剔除了个别关键项目漏填的样本,再付诸定量研究。

上述监测数据的主要内容包括六类残疾人的生存、教育、发展和环境等方面的状况。监测采用分层整群概率比例抽样方法,对我国 31 个省、自治区、直辖市抽取 734 个县(市、区)中的 1464 个调查小区,有效监测样本为 37199人。④ 其中,18 岁以下的残疾儿童 1477 人,占比 3.97%;6—17 岁残疾儿童有效样本 1351 个。剔除"领救济"项错填的 1 个样本,最终得到全国 1350 个6—17 岁残疾儿童样本,其中男性 823 人,女性 527 人;在读 881 人,失学 469人。具体到失学亚类,从未上学 280 人,毕业未升学 66 人,中途辍学 123 人。鉴于研究残疾儿童从未上学问题本身即填补了空白,且研究的迫切性并无两性差异,因此本节研究两性残疾儿童中的从未上学问题。

---

① [瑞典]冈纳·缪尔达尔:《世界贫困的挑战》,顾朝阳等译,北京经济学院出版社 1991年版,第 146 页。

② [英]安东尼·吉登斯:《社会学(第五版)》,李康译,北京大学出版社 2010 年版,第 63页。该页概述了多类数据偏差。

③ 衷心感谢中国残疾人联合会允许笔者使用相关权威数据进行研究。

④ 陈功、吕庆喆、陈新民:《2013 年度中国残疾人状况及小康进程分析》,《残疾人研究》2014 年第 2 期。

本研究使用 SPSS 26.0 软件进行统计分析,通过列联表分析和独立性 χ^2 检验,验证残疾儿童从未上学与毕业未升学在哪些因素上存在差异①。基于残疾儿童从未上学的 χ^2 检验结果,将具有差异的自变量纳入以毕业未升学为参照的二元 logistic 回归分析模型,分析这些自变量对残疾儿童从未上学现象的影响作用以及方向、强度,得出其影响因素。另一套回归分析模型则以残疾儿童在读作为参照,研究步骤亦为独立性 χ^2 检验和二元 logistic 回归分析。内部和外部研究视角的整合有助于更全面、更有针对性地揭示我国残疾儿童从未上学现象的影响因素。

将残疾儿童的从未上学者与在读者做比较研究的意义显而易见,这里作以简要说明。教育部网站公布的 2016 年度我国残疾人就读小学、初中、高中人数之比为 32∶11∶1②,呈逐级锐减趋势;全国中小学残疾儿童在校生 2018 年度为 66.59 万人,人数较 2016 年有所增长,逐级锐减趋势尚未扭转。③ 可见,残疾儿童的辍学在每个年级都有较大的发生概率,因此某一个时间点看来的"在读者"有很大可能成为若干时间以后的辍学者。他们虽然和健全同龄人相比受教育权利保障情况仍有落差(此状况当然是应予纠正的),但是数年的基础教育至少使他们识文断字,具备了一定的自我教育能力,与从未上学者相比具有天壤之别。身处知识型经济时代,知识技能极度贫困容易导致经济贫困。从未上学的残疾儿童未经学校启蒙教育,自我教育能力匮乏,对其生存发展极为不利,显著增加其贫困风险。该问题的解决有利于全面小康目标的实现与长期保持。

---

① 由于辍学样本所受教育时间在监测问卷中未予呈现,因此毕业未升学更适合作为回归分析的参照。

② 侯晶晶:《提升残疾人职业培训工作质量　助力全面小康社会建成》,《中国社会科学报》2018 年 11 月 22 日。

③ 中华人民共和国教育部:《数读 2018 年全国教育事业发展基本情况》,2019 年 2 月 26 日, http://www.moe.gov.cn/fbh/live/2019/50340/mtbd/201902/t20190227_371426.html。

二、研究结果

(一)残疾儿童从未上学样本状况与卡方分析

卡方分析显示,残疾儿童从未上学者与在读者在表2-1所示的各因素上均具显著差异;残疾儿童从未上学、毕业未升学、中途辍学三个失学亚类之间在人口因素、生活自理能力、家庭因素、社区服务、社会保障、康复因素等方面具有差异(详见表2-1)。这些因素可初步视为残疾儿童从未上学的预测因素。值得注意的是,生活自理能力、监护人受教育程度等预测因素在本研究中首次被分析出来。此外,全国残疾儿童从未上学现象具有残疾类别上的不平衡性。在失学残疾儿童中,智力、精神类别残疾儿童从未上学的比例高于残疾儿童的总体同类比例,具有显著差异。肢体残疾者从未上学的比例亦高于残疾儿童的总体同类比例。由此可见,我国残疾儿童内部存在受教育权利保障的落差。这种落差与残疾人法定权利和实有权利之落差以及残、健权利落差,共同构成残疾人受教育权利保障的三重落差。

表2-1 残疾儿童从未上学预测因素及样本状况——与在读者的列联分析

变量类型与名称	变量组别	n	% n/1161	在读 %	从未 上学%	x^2	df	p
因变量								
失学类型	从未上学	280	24.1%					
	在读	881	75.9					
自变量								
人口因素								
年龄	6—8周岁	201	17.3	64.7	35.3	28.502***	3	0.000
	9—11周岁	336	28.9	82.1	17.9			
	12—14周岁	362	31.2	80.1	19.9			
	15—17周岁	262	22.6	70.6	29.4			

续表

变量类型与名称	变量组别	n	% $n/1161$	在读 %	从未 上学%	x^2	df	p
家庭因素								
监护人类型	父母	896	77.2	78.7	21.3	19.706***	5	0.001
	父亲	106	9.1	70.8	29.2			
	母亲	51	4.4	64.7	35.3			
	(外)祖父母	84	7.2	64.3	35.7			
	其他亲属	14	1.2	64.3	35.7			
	非亲属	10	0.9	50.0	50.0			
监护人受教育程度	未上学	110	9.5	50.0	50.0	44.553***	3	0.000
	小学	468	40.3	78.2	21.8			
	初中	475	40.9	78.9	21.1			
	高中及以上	108	9.3	78.7	21.3			
社区服务因素	经常参加社会文化生活	90	7.8	95.6	4.4	106.158***	2	0.000
	很少参加	398	34.3	89.9	10.1			
	从不参加	673	58.0	64.9	35.1			
社会保障因素								
领救济	是	318	27.4	68.2	31.8	13.983***	1	0.000
	否	843	72.6	78.8	21.2			
领低保	是	256	22.0	62.1	37.9	34.044***	1	0.000
	否	905	78.0	79.8	20.2			
有无慰问过	有	486	41.9	72.4	27.6	5.452*	1	0.020
	无	675	58.1	78.4	21.6			
医疗保险	已参加	840	72.4	85.5	14.5	152.783***	1	0.000
	未参加	321	27.6	50.8	49.2			
康复因素								
近一年内机构康复	未接受任何康复	484	41.7	80.4	19.6	9.140**	1	0.003
	接受过某种康复	677	58.3	72.7	27.3			

续表

变量类型与名称	变量组别	n	% $n/1161$	在读 %	从未 上学%	x^2	df	p
用何听力辅具	不用的跳过	1119	96.4	75.3	24.7	10.835**	2	0.004
	人工耳蜗	3	0.3	33.3	66.7			
	助听器	39	3.4	94.9	5.1			

注:$n=1161$。*** 表示 $p<0.001$;** 表示 $p<0.01$;* 表示 $p<0.05$;ª 表示 $p≈0.1$。

(二)残疾儿童从未上学的影响因素

以残疾儿童在读和毕业未升学分别作为残疾儿童从未上学的参照,二元 logistic 回归分析显示,残疾儿童的人口因素、生活自理能力、家庭因素、社区服务、社会保障、康复因素等对残疾儿童从未上学的可能性具有影响作用①。残疾儿童生活自理能力、监护人受教育程度的影响作用首度显现。将这六类因素作为预测变量,以残疾儿童从未上学作为因变量,建立二元 logistic 回归模型,研究预测变量影响作用的方向与程度。在表 2-3 中,两组二元 logistic 回归模型拟合度的 x^2 值、sig.值均通过检验,说明模型拟合程度好;Nagelkerke R^2 值分别为 0.508、0.649,表明两个模型的解释力均较好;预测准确率分别达 85.6%、89.9%。

表 2-2　残疾儿童从未上学预测因素与样本状况——失学亚类列联分析

变量类型与名称	变量组别	失学 人数 n	失学率 % $n/469$	从未 上学%	毕业 未升 学%	中途 辍学%	x^2	df	p
因变量									
失学类型	从未上学	280	59.7						
	中途辍学	123	26.2						
	毕业未升学	66	14.1						

① 侯晶晶:《残疾儿童从未上学现象的影响因素与对策研究——基于精准扶贫的视角》,《南京师大学报(社会科学版)》2020 年第 4 期。

续表

变量类型与名称	变量组别	失学人数 n	失学率% n/469	从未上学%	毕业未升学%	中途辍学%	x^2	df	p
自变量									
人口因素									
年龄	6—8周岁	74	15.8	95.9	0.0	4.1	114.010***	6	0.000
	9—11周岁	73	15.6	82.2	1.4	16.4			
	12—14周岁	113	24.1	63.7	7.1	29.2			
	15—17周岁	209	44.6	36.8	27.3	35.9			
智力类	否	155	33.0	45.8	23.2	31.0	23.255***	2	0.000
	是	314	67.0	66.6	9.6	23.9			
精神类	否	431	91.9	58.2	14.8	26.9	5.153ᵃ	2	0.076
	是	38	8.1	76.3	5.3	18.4			
言语类	否	288	61.4	52.4	17.7	29.9	17.378***	2	0.000
	是	181	38.6	71.3	8.3	20.4			
自身能力因素									
16—17周岁者生活自理	非16—17周岁	314	67.0	71.7	6.4	22.0	110.508***	4	0.000
	生活能自理	114	24.3	21.9	38.6	39.5			
	生活不能自理	41	8.7	73.2	4.9	22.0			
家庭因素									
监护人受教育程度	未上学	66	14.1	83.3	4.5	12.1	27.543***	6	0.000
	小学	193	41.2	52.8	12.4	34.7			
	初中	175	37.3	57.1	18.9	24.0			
	高中及以上①	35	7.5	65.7	17.1	17.1			
社区服务因素									
社区文化生活	经常参加	13	2.8	30.8	23.1	46.2	39.765***	4	0.000
	很少参加	109	23.2	36.7	19.3	44.0			
	从不参加	347	74.0	68.0	12.1	19.9			
社会保障因素									
领救济	是	155	33.0	65.2	9.7	25.2	4.434ᵃ	2	0.109
	否	314	67.0	57.0	16.2	26.8			
新农村合作医疗	非农跳过	76	16.2	61.8	15.8	22.4			
	已参加	369	78.7	57.5	14.4	28.2	9.233ᵃ	4	0.056
	未参加	24	5.1	87.5	4.2	8.3			

---

① "高中及以上"为笔者手动综合选项,包括高中、中专、大专、本科及以上这四个原始选项。选择后三个选项的样本均较少,分别为2、1、1个,因此将其与"高中"选项合而为一,以便获得更佳的统计稳定性。

续表

变量类型与名称	变量组别	失学人数 n	失学率% $n/469$	从未上学%	毕业未升学%	中途辍学%	x^2	df	p
康复因素									
一年内接受康复服务	未接受	182	38.8	52.2	19.2	28.6	9.052*	2	0.011
	接受过	287	61.2	64.5	10.8	24.7			

注：$n=469$。*** 表示 $p < 0.001$；** 表示 $p < 0.01$；* 表示 $p < 0.05$；a 表示 $p \approx 0.1$。中途辍学虽非参照组，数据一并呈现，以示残疾儿童失学三个亚类的样本全貌。

表2-3　残疾儿童从未上学的二元 logistic 回归结果

因素	回归模型一：参照在读				回归模型二：参照毕业未升学			
	B	Wald	显著性	Exp(B)	B	Wald	显著性	Exp(B)
人口因素								
年龄（15—17周岁为参照组）		28.088***	0.000			8.222*	0.042	
6—8周岁	0.096	0.133	0.716	1.101	20.115	0	0.996	5.44
9—11周岁	-0.866***	11.195	0.001	0.421	3.055**	7.425	0.006	21.222
12—14周岁	-0.991***	14.048	0.000	0.371	1.012a	2.604	0.107	2.752
智力残疾[①]	0.859***	15.936	0.000	2.360	1.297**	7.913	0.005	3.658
精神残疾	1.187***	29.734	0.000	3.277	1.660a	2.177	0.140	5.260
言语残疾					1.675***	12.096	0.001	5.337
肢体残疾	0.335a	2.056	0.152	1.398				
自身能力因素								
生活自理能力（不能自理为参照组）						21.241***	0.000	
非 16—17 周岁跳过					-1.928*	4.487	0.034	0.145
能自理					-3.679***	17.158	0.000	0.025

① 本表双组别因素的参照系均为该因素的第一组别。

续表

因素	回归模型一:参照在读				回归模型二:参照毕业未升学			
	B	Wald	显著性	Exp(B)	B	Wald	显著性	Exp(B)
家庭因素								
监护人(非亲属为参照组)		12.670*	0.027					
父母	-2.060**	8.119	0.004	0.127				
父亲	-1.649*	4.521	0.033	0.192				
母亲	-1.612*	3.861	0.049	0.200				
(外)祖父母	-1.421[a]	3.240	0.072	0.242				
其他亲属	-2.206*	4.406	0.036	0.110				
监护人受教育程度(高中及以上为参照组)		21.480***	0.000			6.379[a]	0.095	
未上学	1.216**	8.816	0.003	3.374	1.770*	5.080	0.024	5.873
小学	-0.202	0.355	0.551	0.817	-0.201	0.178	0.674	0.818
初中	0.035	0.011	0.916	1.036	-0.101	0.015	0.903	0.903
社区服务因素								
社区文化生活(从不参加为参照组)		68.273***	0.000			3.500[a]	0.174	
经常参加	-2.604***	20.305	0.000	0.074	-1.648[a]	1.631	0.202	0.192
很少参加	-1.712***	56.064	0.000	0.180	-0.873[a]	2.583	0.108	0.418
社会保障因素								
是否领救济	-0.355[a]	2.113	0.146	0.701	-0.878[a]	2.659	0.103	0.416
是否领低保(以领低保为参照组)	-0.719***	11.371	0.001	0.487				
一年内被慰问(以曾被慰问为参照组)	-0.378[a]	2.796	0.094	0.686				
医疗保险	1.811***	87.164	0.000	6.116				
新农村合作医疗(未参加为参照组)						5.869[a]	0.053	
非农跳过					-3.555*	5.582	0.018	0.029
已参加新农合					-2.574[a]	3.674	0.055	0.076

因素	回归模型一:参照在读				回归模型二:参照毕业未升学			
	B	Wald	显著性	$\text{Exp}(B)$	B	Wald	显著性	$\text{Exp}(B)$
康复因素								
一年内接受康复服务	1.063***	26.093	0.000	2.894	0.656[a]	2.031	0.154	1.928
用何听力辅具(用助听器为参照组)		5.041[a]	0.080					
跳过不填	1.125[a]	2.020	0.155	3.079				
人工耳蜗	3.286*	4.905	0.027	26.736				
未进行会话原因(其他原因为参照组)		15.179**	0.004					
非言残跳过	-1.466**	7.126	0.008	0.231				
不知道言康渠道	1.403[a]	1.645	0.200	4.067				
自感不需要言康	-1.556[a]	3.428	0.064	0.211				
需要但经济上无力承担言康	19.799	0	0.999	3.97E+08				
常数	-0.502				4.406			
-2 对数概似值	800.482				158.131			
Hosmer – Lemeshow 检验 x^2	8.573				1.520			
df	8				8			
显著性	0.380				0.992			
Nagelkerke R^2	0.508				0.649			
预测准确率	85.6%				89.9%			

注:两组模型 $n = 1161$、346。*** 表示 $p \leqslant 0.001$;** 表示 $p \leqslant 0.01$;* 表示 $p < 0.05$;[a] 表示 $p \approx 0.2$。预测因素凡带入模型的均呈现数值。

1. 人口因素

两个回归模型皆显示:年龄、残疾类型等人口因素是残疾儿童从未上学现象的影响因素。在此对年龄因素进行解读。以毕业未升学为参照的回归模型显示,较之 15—17 周岁组别,12—14 周岁组别尤其是 9—11 周岁组别失学残疾儿童从未上学的可能性较高。列联表显示这两个低龄组别失学者当中从未上学的比例分别达 63.7%、82.2%。以在读为参照的回归模型当中,这两个低龄组别的 OR 值小于 1,残疾儿童从未上学的可能性在四个年龄组上看似呈"U"形分布,15—17 岁组别从未上学的可能性看似反弹,实际是由于 15—17 岁高龄段残疾儿童在读人数减少,抬升了该组别残疾儿童从未上学的相对比例。从未上学在 15—17 岁组别失学者中的占比(36.8%)相对于其他年龄组是较低的。可见,鉴于残疾儿童从未上学的状况与影响因素的复杂性,不仅需要以残疾儿童在读为参照加以分析,也有必要以毕业未升学这一不完全失学类型作为参照加以分析,才能更全面准确地解读数据信息。

2. 生活自理能力因素

在回归模型二中,以 16—17 岁残疾儿童生活不能自理者为参照组,同龄生活能够自理者从未入学的可能性小得多,OR 值为 0.025。列联表显示,生活自理能力维度两个组别从未上学的比例分别为 73.2%、21.9%,可见残疾青少年的生活自理能力对于完全失学的预防作用显著。以上两个组别坚持到小学或初中毕业的比例分别为 38.6%、4.9%。值得注意的是,残疾儿童是否具备生活自理能力并不像人们一般认为的那样单纯关涉主体的自身能力,而与学校、社会落实我国《残疾人保障法》及我国签署的联合国人权公约的情况有密切关联。高亲健型校园的无障碍环境建设水平和相关法规差距较大,对残疾儿童的生活自理能力实际上提出了更高的要求,很有可能将生活自理能力稍弱的残疾儿童排斥于校园之外,使之无从在学校生活中进一步提升生活自理能力。瑞默(Rimmer)等学者的研究印证了公共设施的可及性能够增加残疾人在社会生活中的参与度和可见度。[①] 我国 2014 年以来已制订实施两期《特殊教育提升计划》;党的十九大报告更是首次提出"弱有所扶"社会政策。各级

---

① J. Rimmer,B. Riley,E. Wang,et al.,"Accessibility of Health Clubs for People with Mobility Disabilities and Visual Impairments",*American Journal of Public Health*,Vol. 95,No. 11(2001),pp. 2022-2028.

学校作为"立德树人"的机构,必须全面依法办学,认真落实国家相关法律法规和融合教育政策。这亦是教育现代化的迫切要求,以教育公平的理论探索和实践推进来弥合各类差距,是实现"人的现代化"的必由之路①。

3. 家庭因素

值得注意的是,两个回归模型皆显示:监护人未曾上学组别中残疾儿童从未上学的可能性显著较高。由此折射出一些残疾儿童面临知识贫困代际遗传问题,亟待教育部门实施制度化的社会支持加以干预。"家庭背景不同,为孩子提供的经济资本、文化资本和社会资本不同,从而影响孩子的教育获得。而随着国家对教育公平问题的关注,公立学校之间的差距越来越小,家庭背景的影响则越来越强。美国20世纪60年代的科尔曼调查报告显示,影响学生学业成功的最重要的因素是学生的智能和家庭背景,而不是学校资源差异。"②吉利根·金(King)等学者的研究表明,残疾儿童的家庭背景、财力状况以及社会因素对其参与教育活动构成影响③。残疾儿童的无学历、低学历监护人可能经历过接受学校教育方面的习得性无助,长期处于知识和经济的双重相对贫困甚至绝对贫困之中,学校教育经历的缺失容易导致其关于儿童平等受教育权等法律意识淡薄并对于法律救济渠道茫然不知。这些都可能增大受其监护的残疾儿童从未上学的风险。2017年,我国教育财政家庭调查数据显示,"我国中小学生的校外培训总体参与率为48.3%,参与者的生均培训支出为5616元"④。无学历、低学历监护人一般缺乏相应的文化资本和经济资本为受其监护的残疾孩子提供直接或间接的学业支持。这容易使这些残疾儿童

---

① 程天君、陈南:《中国教育现代化的百年书写》,《教育研究》2020年第41期。

② 余秀兰:《关注质量与结果:我国教育公平的新追求》,《南京师大学报(社会科学版)》2019年第1期。

③ G. King, M. Law, P. Hurley, et al., "A Developmental Comparison of the Out-of-school Recreation and Leisure Activity Participation of Boys and Girls with and without Physical Disabilities", *International Journal of Disability, Development & Education*, Vol.57, No.1(2010), pp.77-107.

④ 张东:《教育新业态折射家庭教育焦虑》,《中国教育报》2018年8月16日。

与其他儿童在学业成绩、向上社会流动可能性方面拉大差距。而避免学业与身心的双重劣势对残疾儿童的实际学校生活质量和能否享受基本的实质教育公平具有重要作用,这可防止一些残疾儿童的共同生活者产生"反正学不好,不如别去上学受罪"的想法。此外,回归模型一显示,较之受非亲属监护的组别,受父母监护的残疾儿童从未上学的可能性较小。这说明,家庭关系的疏离以及来自父母和其他近亲属支持力度的下降,可能增大残疾儿童实际受教育权利的贫困。对于此类残疾儿童,需要由当地的学校或志愿者组织重点对接,在一定程度上承担起"替代父母"的功能,从空间活动能力、学业支持等方面给予必要扶助,使其免于失学。

4. 其他因素:社区文化生活、社会保障、康复因素

(1)在回归模型中,较之从不参加社区文化生活的残疾儿童,经常参加社区文化生活者从未上学的可能性较低。58.1%的残疾儿童从不参加社区文化生活,这与残疾儿童自身的身心特点有关,同时折射出社区文化公共服务的质与量以及对于残疾儿童的吸引力有待提升。(2)两套回归模型皆显示,领救济的残疾儿童从未上学的可能性较高。这提示我们,应充分估计义务教育阶段"两免一补"之外的其他费用给较贫困家庭带来的压力以及由此加剧的残疾儿童从未上学的风险。对较贫困家庭的残疾儿童提供类似"教育券"的定向教育补助,有望减少此风险。此外,回归模型一显示,无论户籍和年龄,未参加医疗保险的残疾儿童从未上学的可能性都较高。(3)康复状况是与残疾儿童自身残障程度及其康复权利保障有关的一项指标。两个回归模型皆表明,近一年内接受过机构康复服务的6—17周岁残疾儿童从未上学的可能性较高。已达学龄的残疾儿童仍需进行机构康复,这往往是早期康复不够充分遗留下来的任务,有些是由于残疾程度较重。与之形成印证的是,回归模型一显示,较之使用助听器的残疾儿童,使用人工耳蜗以补偿重度听力损伤的残疾儿童更有可能从未上学。

三、结论与对策研究

（一）结论

本研究首次基于 2013 年 CDPF 残疾儿童状况监测数据，分别以残疾儿童在读、毕业未升学为参照，对残疾儿童从未上学的影响因素进行二元 logistic 回归分析。结果显示：低龄残疾儿童、缺乏生活自理能力、监护人不曾接受学校教育、由非亲属监护、领救济、未参加医疗保险、从不参加社区文化生活、近一年仍需机构康复服务的残疾儿童从未上学的可能性较高。毋庸讳言，残疾儿童从未上学现象的背后有着经济发展水平等宏观原因，然而充分关注实证研究揭示的相关因素并精准施策，有望在很大程度上预测并降低残疾儿童从未上学的风险，使更多残疾儿童至少能完成法定义务教育，减少成年后的致贫可能性。

本研究对 2013 年 CDPF 残疾儿童状况监测数据的分析亦显示，女性残疾儿童失学者多于男性残疾儿童。虽然这种性别未显示为残疾儿童失学的影响因素，但这种现象以及研究中查得的有些资料是值得注意的。笔者对残疾人及其亲属以及残疾工作者的访谈提示了女性残疾儿童失学人数多于男性的一些可能原因。重男轻女的性别不平等意识、对残疾孩子的低成功期望值、就学难度大只是其中的部分原因。另一个较常见却容易被忽视的原因是：父母感到相较于儿子，女儿是弱者，残疾的女儿更需要父母保护。一位优秀的残疾人朋友告诉我，她"儿时认识一个年龄相仿、家庭条件相当、残疾程度相似的女孩子，那个女孩子几乎不敢见人，因为那个女孩很受父母的疼爱，父母唯恐她出去读书受人白眼，心灵受到伤害，所以藏在家里养着，导致那个女孩极其敏感脆弱，终其一生也没能充分实现社会化，没有能够走出来"[1]。有学者对健全女童失学问题的研究结果与此可互为印证。"撤点并校在客观上减少了学

---

① 侯晶晶：《中国残疾人文化权利保障研究》，北京师范大学出版社 2016 年版，第 144 页。

校的数量和分布,在地理上使女童上学的距离远了,教育资源可及程度降低了,使得在闭塞社区的许多家长不放心让女孩子离家很远去上学;并且,学校缺乏女性教师也使父母不放心女孩子寄宿读书,在贫困地区,乡村女教师严重缺乏,女童多因寄宿缺乏安全感而放弃求学。因而,更多的女性儿童实际上面临不利的教育境遇。在本质上,这是一种扩大性别差异的教育发展趋势。通过分析第五次人口普查数据发现,在未工作的人口中,15 岁到 19 岁之间的女性既未工作也未上学而在家料理家务的比例达 4.12%,男性该比例仅为 1.02%。这说明有将近 100 万的'大龄女童'由于家庭的因素没有接受义务教育或者中止了学业。这部分'大龄女童'将构成本世纪中国妇女文盲的主体。基础教育的性别平等不仅仅是指男女入学机会的平等,而是指无论男女儿童,都不受其年龄、种族、家庭社会地位、经济条件的限制,社会和家庭都应为其提供'人生起点上'的平等入学机会并保证其完成基础教育;在教育过程中,不仅使男女儿童有平等的机会享有教育资源,而且以平等的态度对待男女儿童,还要在教育内容上体现性别平等;在教育结果方面,男女受教育者获得相对于其自身特点的同等发展程度,即让男女儿童都能得到公平的发展机会。"[1]知晓这些原因,有助于明确努力方向从而预防残、健女童失学。

(二)对策研究

以下紧扣本研究得出的失学影响因素进行对策研究,以期有利于预防、减少两性残疾儿童失学,为教育反贫困提供充分的前提。

1. 康教协同着重干预 9—11 周岁残疾儿童高比例的从未上学问题

9—11 周岁从未上学的残疾儿童已过了"早康复"最佳时期,残疾状况已基本稳定,然而此年龄段失学者中从未上学率却高达 82.2%。对此干预不到位导致的另一问题是 12—14 周岁组别失学残疾儿童的从未上学比例仍高达

---

① 　宋月萍、谭琳:《论我国基础教育的性别公平》,《妇女研究论丛》2004 年第 2 期。

近2/3。残疾儿童的从未上学现象如不能得到及时干预,即便他们终有一日能够入学,也会面临入学过晚、年龄过大的重重困境,容易引起同学对其学业表现等的高期待和残疾儿童的高压力体验,增加残健同学融合的难度、加剧其失学风险。这方面的干预策略主要包括创造条件采用康教同步、医教同步模式。斯科尔(Scoll)等学者的研究表明,公共机构运营者的积极态度有助于促进残健融合①。这提示我们,教育机构管理者的积极态度对于精准定位、精准帮扶本学区内从未上学高风险残疾儿童很重要。

2. 制度化地"弱有所扶"以防止生活自理能力缺失残疾儿童从未上学

本研究结果首次显示,生活自理能力是残疾儿童从未上学的影响因素之一,这印证了埃里克森的论断:学会自主、自立是儿童发展的需要。为此,必须厘清并纠正一些普遍存在的错误认识,避免在残疾等级与失能程度、生活自理能力丧失程度之间简单地、被动地画等号,避免因关心不足或过度保护而抑制残疾儿童生活自理能力建构。监护人应尽早鼓励、帮助残疾儿童培养代偿功能,勇于挖潜,提升生活自理能力。通过科学康复和刻苦训练,同类型一级残疾者的生活自理能力有可能达到甚至超过三级残疾者,从而降低重度残疾儿童从未上学的风险。学校和家庭可以结合劳动教育培养残疾儿童的自理能力以及相关的积极道德情感,家校应重视共同引导学生体验关涉劳动的积极情感。关于劳动的直接积极情感,常见的有对劳动的好奇感、兴趣、动手动脑制作的成就感、自我效能感和耐挫的坚韧情感。这些积极情感会推动小学生在劳动中反复实践、精益求精,逐渐形成主动的劳动习惯。这样的积极道德情感可望有力地推动残疾儿童进行自理类的劳动学习,尽可能地提高自理能力,进而更充分地实现自身的受教育权利。

下肢残疾者、视力残疾者的无障碍通勤能力属于难以通过康复培养的自

---

① K. Scholl, J. Smith, A. Davison, "Agency Readiness to Provide Inclusive Recreation and After-School Services for Children with Disabilities", *Therapeutic Recreation Journal*, Vol. 39, No. 1 (2005), pp.47–62.

理能力。因此,相关的社会支持是不可替代的。无障碍设施齐备的学校环境
与总体社会环境是真正落实残疾儿童入学"零拒绝"和保证融合教育质量的
必要条件之一。扎布洛茨基等学者对美国青少年样本的回归分析表明,在无
障碍环境中,肢体残疾儿童不再属于高失学风险残疾类别。① 此类别的残疾
儿童就近入读义务教育阶段普通学校的权利如果得不到保障,即意味着很高
的从未上学风险。"十四五"期间要有效推进我国的教育改革、教育公平在深
水区的探索,必须制度化地应对上述问题。

　　党的十九大报告提出的"弱有所扶"社会政策为制度性地解决生活自理
能力不完备的残疾儿童从未上学问题提供了重要的视角和依据。笔者的观察
与访谈表明,"弱有所扶"应扶其所需,回应其合理需要,才能做到有效扶助。
就残疾儿童的教育精准扶贫而言,笔者一年多的访学调研显示,英国、美国融
合教育实践对残疾儿童的"零拒绝"取得了较为稳定和普遍的实效,其重要前
提是学校等教育机构以及社会普遍落实了所在国制定或签署的相应法律法
规,根据残疾儿童不同程度的生活自理能力和学习能力,为其提供无缺环的精
准教育服务——从提供无障碍校车帮助通勤到学校里真正日常使用的无障碍
教室、无障碍洗手间,再到个别化教学内容和必要的学业支持。这些实践样态
值得我国的教育现代化深水区改革借鉴。我国早已签署了联合国人权公约,
并于 1990 年制定了《残疾人权益保障法》,其中均有条款规定了政府部门、教
育机构、全社会有义务保障残疾人平等参与公共生活的权利、平等接受教育的
权利。在全面落实依法治国的过程中,依法治教是一个重要方面。

　　实践表明,不能完全依赖志愿者或个别学校自发帮助学区内残疾儿童解
决上下学问题,而应建立在公共财政支持下的有条件免费校车制度。笔者
2007 年受欧盟文教委员会资助在伦敦访学期间,在当地普通小学考察时遇见

---

① M. Zablocki, M. Krezmien, "Drop-Out Predictors Among Students with High-Incidence Disa-
bilities: A National Longitudinal and Transitional Study 2 Analysis", *Journal of Disability Policy Studies*,
Vol.24, No.1(2013), pp.53-64.

一名颈椎以下完全瘫痪的女生,她在该校全日制就读已四年。通过对一些残疾学生、校长的访谈,笔者获悉:英国对残疾学生的个别化教育计划中包括从门到门的无障碍校车服务制度,在不增加残疾儿童家庭负担的情况下,确保每个孩子都能全日制地上学。英国 1995 年制定的《残疾歧视法案》(*Disability Discrimination Act 1995*)以及 2010 年制定的《平等法案》(*Equality Act 2010*)都规定了公共机构有义务为残疾人在设施和服务方面提供合理的调整,以确保其平等的参与权,包括平等的受教育权利。为此,英国政府不惜在公立学校已有普通校车的制度之外,还专门实施面向行动困难的残疾学生的无障碍校车制度,为实现公平而有质量的教育提供落细、落小、落实的服务。

在借鉴英国对重度残疾儿童及青年学生的"零拒绝"融合教育模式时,应考虑两国经济发达程度之差异。完全由政府承担相关费用的模式在我国现阶段的可行性不充分。我们也应考虑提供制度化的无障碍通勤服务,确保服务对象的受教育权利平等,至于是免费、半免费抑或自费服务,可取决于学生的家庭经济状况。这样的制度扶助有利于解放残疾儿童监护人的劳动能力,减少其参与社会建设过程中对于子女教育的后顾之忧,防止其家庭因残致贫。在我国教育现代化进程中应制定相应的法律法规,为家庭较贫困的残疾学生提供半免费或全免费的无障碍校车或出租车服务。如果有相应学习能力、基本生活自理能力的残疾学生都能就近上学,公共财政的此项支出总体上要低很多。精准立法、自觉守法、严格执法,发挥法律的底线伦理作用,有助于推动教育精准扶贫。

3. 鼓励残疾儿童及其低学历监护人参与法律教育等社区文化生活

社区是公民教育文化权利实现的主要场域之一。基于 CDPF 对全国上千名残疾儿童状况的监测数据分析发现,"仅 7.3%的残疾儿童经常参与社区文化生活,34.6%很少参与,58.1%从不参与社区文化生活"①。残疾儿童的低

---

① 侯晶晶:《我国残疾儿童文化权利的社区实现之现状与影响因素》,《中国社会科学文摘》2015 年第 6 期。

学历监护人由于生活惯习、自卑心理、对残疾的负面刻板印象等原因,也较少甚至从不参加社区文化生活。科里金(Klitzing)等学者从结构、过程、结果三个维度研究了社区融合型机构为残疾人提供服务时应参照的标准,建议更多地采用结果标准,以确保融合型社区文化生活的实效性①。针对以上内因、外因有效干预,结合推进政府购买社区公共服务的项目化运作、提升社区的社会治理功能等契机,整合线上线下的优质资源,增加社区文化生活资源的靶向供给,着重向残疾儿童及其监护人普及相关的法律知识,帮助其形成积极向上的身份认同,提升残疾儿童的社区文化生活参与度,将有助于减少残疾儿童从未上学现象。索默(Sommer)等学者的实证研究结果表明,整合式地依托国家法定儿童教育支持资源以及社区成人教育资源,对弱势儿童及其低学历监护人实施"两代人"扶助计划,其反贫困效果显著优于单纯"一代人"扶助计划效果的简单叠加。② 志愿者组织可有规划地下沉至社区,精准协助受无学历者监护的残疾儿童,通过结对子、定期入户与两代人谈心等方式,传播有借鉴意义的相似案例,帮助其克服行动不便和其他生活不便,淡化自卑心理,走出家门、融入社区,提高社会可见度,逐渐扩展真实教育生活圈的半径,完成残疾儿童由家到校的重大转型,在获得受教育机会方面减少上文所分析的权利保障三重落差现象。教育结果的公平预期在一定程度上应有制度化的补偿机制托底,此亦为我国教育改革深水区必须直面并解决的一个结构化问题。

4. 推动残疾儿童康复服务的身心并重和城乡均衡

有些学龄残疾儿童需要机构康复服务,这往往说明他们此前未能进行充分、有效的早康复。康复权利保障缺失、低效、滞后,都不利于保障残疾儿童的受教育权利。另外值得注意的是,我国残疾儿童康复具有重生理而轻心理的

---

① S. Klitzing, C. Wachter, "Benchmarks for the Delivery of Inclusive Community Recreation Services for People with Disabilities", *Therapeutic Recreation Journal*, Vol.39, No.1(2005), pp.63-77.

② T. Sommer, T. Sabol, E. Chor, et al., "A Two-Generation Human Capital Approach to Anti-poverty Policy", *Journal of the Social Science*, Vol.4, No.3(2018), pp.118-143.

特点。本研究显示,1350 位残疾儿童中仅 16.2%接受过心理康复服务;其中,469 名失学残疾儿童中仅 15.6%接受过心理康复服务。残疾给儿童造成的困扰不仅局限于生理层面,还有心理层面的。家庭、社区以及有关专业机构应重视残疾儿童积极心理品质的培养,为残疾儿童的心理康复提供机会,以便提升残疾儿童在精神生活方面的自理自助能力,包括遭受直接、间接歧视时的心理自愈能力。这有助于残疾儿童降低从未上学的风险、融入学校环境、获取社会支持、延长有质量的在学时间。此外,本研究显示,残疾儿童的康复权利保障具有城乡落差。对1350 个样本的列联表分析表明,农村残疾儿童未接受过康复服务的比例为 44.0%,高于同年龄段的非农业户口与户口待定残疾儿童的同类比例(32.7%、33.3%),具有显著差异($x^2 = 9.014, df = 2, p = 0.011$)。有必要着力推动残疾康复中的城乡平等,降低城乡残疾儿童的从未上学风险。

5. 依托人口大数据和源头维权服务助力残疾儿童入学

随着教育现代化改革向深水区推进以及《第二期特殊教育提升计划》的实施,教育部和中国残联在全国推广"一人一案"失学残疾儿童教育安置办法,起到了一定实效。据教育部网站公布的数据,全国中小学残疾儿童在校生2017 年度为 57.88 万人;2018 年度为 66.59 万人,比上年增长 15.05%[①]。笔者基于相关调研和全国残疾儿童监测数据,分析残疾儿童接受义务教育尚存的发展空间,提出发展性建议。

首先,需要解决一些学龄残疾儿童从未入学或入学过晚的问题,这是"公平而有质量的教育"所强调的教育公平的题中应有之义。对从未上学的问题上文已讨论过,过晚入学的残疾儿童面临与健全同学年龄差距大、不便融合等问题。教育部发布的数据显示:2018 年度全国残疾青少年含随班就读、特殊学校、送教上门等在内共有在校生 66.59 万人。不排除各地存在未上报的残疾中小学生。要实现《第二期特殊教育提升计划》提出的"残疾儿童95%以上

---

① 《2017 年全国教育事业发展统计公报》《2018 年全国教育事业发展统计公报》,ht-tp://www.moe.gov.cn//jyb_sjzl/sjzl_fztjgb/。

的义务教育入学率"尚需不断努力。为了保障残疾儿童入学的平等权利,各地中小学不能坐等甚至拒收本学区符合入学条件的残疾儿童上门求学,而须遵照新时代教育现代化的要求,提升融合教育意识,主动作为,注重源头维权,落实有效举措,对学龄残疾儿童应收尽收。对有学习能力的重度残疾儿童,同样应做到零拒绝、零排斥。学校和残联教育部门应进行跨部门的数据共享与挖掘,精准定位失学高风险亚群体。针对残疾儿童的晚入学问题,县(区)教育主管部门应和户籍管理部门对接,利用人口大数据和全覆盖信息平台,提前一年至少每季度向学区所有学龄儿童监护人推送公益短信、微信,告知《中华人民共和国义务教育法》第十一条的规定,即"凡年满六周岁的儿童,其父母或者其他法定监护人应当送其入学接受并完成义务教育……适龄儿童、少年因身体状况需要延缓入学或者休学的,其父母或其他监护人应提出申请,由当地乡镇人民政府或者县级人民政府教育行政部门批准"。鉴于残疾儿童的监护人未必充分知晓孩子的教育与康复法定权利,公益信息中应为其提供相关资源链接以及教育管理机构的咨询电话、相关融合教育问责机构的投诉电话,从而形成告知、服务、维权的完整链条,共同监督各级学校用人民赋予的权力和公共资源服务全体学龄儿童,给予残健儿童非选择性的教育关怀。特别值得注意的是,笔者的研究显示,监护人从未上学的残疾儿童失学风险高。因此,公益信息在文字内容之外还应包括相关法规、政策宣讲的音频或视频信息链接,才能保障这部分弱势群体的信息可及性,实现有效告知,助力监护人及早做好残疾儿童按时入学的身心康复准备。做到依法治教是依法治国不可或缺的重要部分。保障弱势群体的法定权利是"弱有所扶"的底线,也是行之有效的长效机制、根本举措。

其次,要解决残疾儿童以送教上门形式入学比例过大以及质量有待提升的问题。2018年我国特殊教育数据显示,全国残疾儿童在校生66.59万人中含送教上门11.64万人,占17.48%,远高于国际教育中的同类比例。笔者经访谈研究发现,送教上门这一边缘化入学形式在实践中存在送课师资不足、送教上门次数过少,教学因缺乏连续性及系统性而易陷入困顿,教学时长不足、内容取舍随意性较强等问题。张峰等学者的研究亦发现"送教入户政策落实不理想"①。本研究认为,送教上门如果能落到实处,能够较为有效地传授知识技能,但是,残疾儿童要真正融入集体和回归社会,便需要全面生成核心素养,那么至少需要实现半就学。中小学仍需落实教育部《关于进一步加快特殊教育事业发展的意见》,"做好对重度残疾儿童、多重残疾儿童的义务教育工作",避免其名义在读而实质失学的空挂学籍现象。为残疾儿童提供的送教上门服务应提升比例,提高质量。其中,借助教育信息化发展提高质量是一种可行路径。高质量教育发展赋予特殊教育信息化以新的内涵与特征,有望助推特殊教育在学习空间、教学模式与组织管理上的变革②。另外,在"十四五"及更长时期内,"要构建优质均等的基本公共特殊教育服务体系,建议拓展国家基本公共特殊教育服务范围和标准,优化区域特殊教育服务供给质量,完善特殊教育督导评价和特殊儿童评估鉴定制度,加强特殊教育教师培养培训,完善特殊教育经费保障机制,多部门协同推进特殊儿童健康发展"③。

综上所析,"一人一案"失学残疾儿童教育安置举措近年来收到一定实效,然而存在一些结构性问题亟待解决。减少学龄残疾儿童入学过晚与从未入学问题,避免"送教上门"背后可能存在的名义在读而实质失学的空挂学籍现象,防控残疾学生的辍学风险,是新时代进一步追寻教育公平、教育质量的题中应有之义。为此,应依托人口大数据和源头维权服务助力残疾儿童入学,借助人性化教育管理方式和 MOOC 资源防控残疾学生失学风险。

---

① 许晓霞、张峰、薄晓春:《山西省特殊教育的现状与对策》,《教育理论与实践》2018 年第8 期。
② 邓猛、张玲、张瑶:《高质量教育发展背景下我国特殊教育信息化建设的内涵、特征与方向》,《中国特殊教育》2022 年第 8 期。
③ 陈如平、安雪慧、张琨:《构建优质均等的基本公共特殊教育服务体系》,《中国特殊教育》2022 年第 5 期。

第二节　以教育关怀消解排斥：
融合教育的伦理内核

上节研究的失学之实质是失去法律赋予的平等受教育机会，意味着多因素互动下的教育排斥，后期可行能力生成不足而易导致贫困以及与之紧密相连的社会排斥。贫困在第一章中已论述。"排斥"指某个人或某件事而遭到另一个人或另一件事的拒绝，即被超出自己控制能力的决定所排斥。社会排斥则是指"个体可能被切断全面参与更广泛的社会的过程"。社会排斥除了缺乏资源和收入（传统意义上的贫困），还包括劳动力市场排斥、服务排斥和社会关系排斥。① 布迪厄和帕瑟隆指出："制度化的知识和文凭的重要性并不在于技术或人本主义的进步，而在于社会排斥。借由制度化的知识和文凭，阶级社会得以合法化，并实现了再生产。一种表面上更民主的货币取代了真实货币，成为现代社会中的社会仲裁员。"② 这里的"更民主的货币"即文化资本，意指在对语言和数字的象征性操纵中的知识和技能。我们在实现中国式现代化和共同富裕的过程中，有必要警惕资本主义社会常见的基于文化资本的制度化社会排斥。消解教育排斥以及次生社会排斥与贫困的有效路径是蕴含教育关怀的融合教育。

一、温和稳健的融合教育是当代残疾人教育的主流形式

残疾人教育从无到有，从隔离走向融合，是社会发展到一定阶段的产物③；融合教育又以独特的方式作用于经济、社会的发展进步。"融合教育"强

---

① [英]安东尼·吉登斯：《社会学（第五版）》，李康译，北京大学出版社 2010 年版，第292—293 页。

② [英]保罗·威利斯：《学做工——工人阶级子弟为何继承父业》，秘舒、凌旻华译，译林出版社 2022 年版，第 168 页。

③ 侯晶晶：《论人性观的嬗变对特殊教育的影响》，《现代特殊教育》2004 年第 1 期。

调尽可能在普通班里为残障儿童提供有质量的教育服务,使特殊教育和普通教育融为一体,这是国际教育的发展趋势。融合教育的核心是保障有质量的教育公平①,是国内外残疾儿童受教育权利保障的一种主要形式。融合教育是我国"以特殊学校为骨干,以随班就读为主体"的特殊教育体系的"主体"部分,在我国目前主要采取随班就读的方式,融合教育与随班就读既有差异、更有联系。我国的随班就读"处于起步阶段,还比较简单、粗糙,是解决我国残疾儿童教育问题的一个切实可行的具体实施办法,并不像融合教育那样是完备的教育目标、方法体系"②。尽管如此,鉴于特殊儿童部分或全部学习时间被安置于普通教室的教育都可视作融合教育,随班就读就其本质而言属于融合教育的范畴。

融合教育具有"完全融合教育"(full inclusive education)与"部分融合教育"(partial inclusive education)两种取向,其区分标准在于特殊儿童是全部时间还是部分时间被安置于普通教室接受教育。③ 完全融合教育的支持者主张将所有儿童完全容纳进普通教室;部分融合教育的支持者则认为需要考虑实际的教学效果,以比较缓和的方式有选择地融合。④ 我国教育政策主张适宜融合,即对效果负责的部分融合。"学习者的身体状况、智力水平、心理特质、所处社会阶层、家庭经济文化状况以及监护人的教育期望等,都是实际在起作用的变量。选择的多样性源于所有变量的合力,强求结果平等或曰结果的等同,反而会在强制的过程中实施实际上的不平等。温和稳健的融合教育充分尊重各个方面的合理要求,给予残疾学生充分选择的余地和自由。"⑤联合国

① 周满生:《关于"融合教育"的几点思考》,《教育研究》2014年第2期。
② 邓猛、朱志勇:《随班就读与融合教育——中西方特殊教育模式的比较》,《华中师范大学学报(人文社会科学版)》2007年第4期。
③ 邓猛、朱志勇:《随班就读与融合教育——中西方特殊教育模式的比较》,《华中师范大学学报(人文社会科学版)》2007年第4期。
④ 邓猛:《融合教育与随班就读:理想与现实之间》,华中师范大学出版社2009年版,第55—58页。
⑤ 侯晶晶:《中国残疾人文化权利保障研究》,北京师范大学出版社2016年版,第158页。

教科文组织 1994 年颁布的《特殊需要教育行动纲领》体现出的即是温和稳健的融合教育主张,对于融合教育成功的条件性、渐进性做了较充分的估计,同时明确地呈现了融合教育的基本原则——尽最大可能地实现融合。稳健的融合教育对于"随班混读"持有高度警觉,强调融合教育发挥理想效果的前提是持续性地回应残疾儿童的需要。只有这样,才能从物理上的混合走向心理、社会意义上的融合。

对于极特殊的情况,《特殊需要教育行动纲领》指出:"将儿童安排进特殊学校或普通学校中固定设立的特殊班级,应该是种例外。只有在如下不多见的情况下,即普通班级明显表明不能满足儿童的教育需要或社会需要,或为了特殊需要儿童的福利或其他儿童的福利需要这样做时,才可建议有这种例外。"①不过,即便这部分学生,也可以受益于融合教育的发展。因为借助普通学校和特殊学校的部分资源共享等方式,也可使在特殊学校或特殊班级接受教育的残疾儿童有机会与更广阔的社会、与健全青少年进行交流与融合。笔者在伦敦访学时在幼儿园和中学都观察到重度残疾学生跨校交流、共享普通学校教育资源的实例。

融合教育理想的应然状态前文已析,其在各国的表现形式是多样化的,既有共性,也各具特色。朴永馨教授曾分析我国的随班就读与美国的"回归主流"在教育安置形式、学生平等受教育的权利、体现残疾学生与社会融合以及普特融合的思想、个别辅导方面的相似之处,也指出了它们在出发点、目标、法律依据、对象、教育体系、班级人数、教师及指导方式等方面的差别。② 我国随班就读执行的是"先量后质"的特殊教育方针,这是"从上到下的理想型模式,……理想的政策目标与现实的执行之间总存在着难以逾越的鸿沟"。③

我国目前融合教育的质量状况很大程度上决定着众多特殊需要儿童受教

---

①　赵中建主编:《教育的使命》,教育科学出版社 2000 年版,第 136—137 页。

②　朴永馨:《融合与随班就读》,《教育研究与实验》2004 年第 4 期。

③　邓猛:《特殊教育管理者眼中的全纳教育》,《教育研究与实验》2004 年第 4 期。

育权利保障的有效性。笔者通过访谈获悉,很多残疾青少年具有相似的受教育经历:怀着逐渐融入社会的期待随班就读,但在学校里因缺少视力残障儿童所需教材、无人辅助学习、受健全同辈群体疏离等原因,在小学毕业前后不得不转入特殊学校,到初中毕业时仍为融入社会的路径忧心忡忡,重回问题的原点。与此形成印证的是本成果关于我国残疾儿童接受融合教育的量化研究。该研究表明,残疾儿童在普通小学、初中、高中接受融合教育的比例逐级锐减。这从一个角度说明,我国残疾人融合取向的受教育权利有待得到更加充分的保障。

我国目前实施的融合教育总体上有待进一步提升质量。《特殊需要教育行动纲领》强调:融合教育追求能"成功地教育"包括重残儿童在内的"所有儿童",并"帮助改变歧视性态度"。① 融合教育专家托尼·布思曾断言:"education for all 和 inclusion of all 是两个概念范畴"②,"囊括所有儿童的教育"确实不同于"融合所有儿童的教育"。前文曾提及,inclusive education 在我国有两种译法——"全纳教育"和"融合教育"。两者含义的一个重要差异在于:"全纳教育"就其字面意义而言不易区分"囊括所有儿童的教育"和"融合所有儿童的教育";"融合教育"则明确地包含着质与量双重要求以及伦理精神的追求。融合教育的"inclusion"是与"exclusion"相对的概念,既不能简单体现为数字化的成果,也绝不能简单地把特殊需要儿童与健全儿童进行物理的混合。"融合教育"要求教育场域尽可能取消各种排斥,有效地促进所有学龄儿童的发展。由此可见,对融合教育的界定主要不是形式上的或数量上的,而是内容上的和实质上的。在现有经济条件下如何开展让残障儿童满意的融合教育,从关怀伦理视角来看,教育关怀可能为此打开一扇新视窗。

---

① 赵中建主编:《教育的使命》,教育科学出版社 2000 年版,第 136 页。
② 黄志成:《全纳教育之研究——访英国全纳教育专家托尼·布思教授》,《全球教育展望》2001 年第 2 期。

二、教育关怀作用于融合教育的理论分析

此处论述的教育关怀源自关怀伦理学及相关的关怀教育理论。伦理学被亚里士多德称为"实践哲学",关怀伦理学尤以注重实践为鲜明特色,20世纪末在美国初现端倪,现已发展出较成熟的关怀理论体系与实践方法。"女性主义伦理学形成的主要标志之一是吉利根教授的《不同的声音——心理学理论与妇女发展》的出版。此后,女性主义伦理学渗透到社会的各个领域,如政治伦理、生态伦理、生命伦理、性伦理等领域,形成不同的交叉学科。作为女性主义伦理学主要组成部分的关怀伦理学,一直备受女性主义伦理学家的关注。"①美国教育哲学学会前主席内尔·诺丁斯是关怀伦理学的另一位主要研究者。其核心思想是:"基于关怀伦理的教育理论质疑唯科学主义、唯认知主义和精英主义的教育模式,转而强调对学生生命的尊重、对学生体验和感受的重视、教师的榜样作用和教育的道德实践性特征。完整的教育关怀是关系性的,是关系中的一方(如教师、同学)做出自己力所能及的努力,合理满足另一方(如特殊需要学生、其他同学)的需要并得到其承认的过程。教育关怀应该充分体现于教学、评价、管理等教育的每一过程和方面。教育关怀的过程应该有利于被关怀者实现最佳发展的可能性。包含适当教育关怀的教育实践重视个体性、具体性和学生的真实感受,有利于培养学生健康的人格、责任感、关怀意识和关怀能力。"②关怀教育理论摒弃自以为是、居高临下的"关怀"概念;它认为被关怀者的真实感受才是确定"关怀"行为性质与效果的最终标准。诺丁斯曾提出一个公式:"(1)A关怀B;(2)A由此做出相应的行动;(3)B承

---

① 李桂梅、陈俐:《西方女性主义伦理学研究综述》,《伦理学研究》2012年第4期。

② 侯晶晶、朱小蔓:《诺丁斯关怀道德教育理论及其对我国教育的启示》,《教育研究》2004年第3期;侯晶晶:《教育关怀:优质全纳教育的内核》,《华中师范大学学报(人文社会科学版)》2007年第4期。

认 A 关怀 B"①。这相应地要求教育关怀以被关怀者为重心,同时强调教育关怀关系的相互性,即形成关怀关系的双方皆对关怀关系负有责任,被关怀者应学会真诚合作、积极回应。强调效果与质量的关怀教育理念能从心理健康、学校管理、师生关系、教育方法及同辈群体的关系等方面,为实现优质融合教育提供助力。

亚里士多德曾提出"身体—情感—理性"的教育三阶段论。多数残疾儿童的某些生理功能已然受到损伤,在某些身体素质方面显得比较落后,而身体素质在生命早期恰恰又尤其重要。因此,残疾儿童很需要借助情感、理性的良好发展来弥补身体的不足,进而构建良好的心态、确立积极的自我意识与健康人格。但是,在当前学校教育生活中,残疾儿童的这一压倒性需要却往往得不到满足。随班就读的许多残疾学生由于缺乏相应的教育关怀,而承受着自己难以应对的心理压力与学业压力。沉重的自卑感成为一种长期稳定的、严厉的惩罚。其内心常常体验着焦虑感、不安全感和恐惧。教育机会实际上是中性的概念,其具体性质取决于其内涵。赫尔巴特早已指出,教学应该具有教育性。真正意义上的教育是指向学生发展的。教育机会对于每个学生而言的性质主要取决于它带来的占主导地位的体验。

教育研究表明青少年时期是一个人成长的关键期,而教育关怀对青少年的身心成长具有不可替代的作用。艾里克森提出了心理社会性发展八阶段论,论证了其各自的积极与消极特征。在八阶段中,6—11 岁为第四阶段,它的发展性特征是"勤奋对自卑"。此阶段的儿童很在意掌握社会的与身体的技能,以便不弱于同伴。如果一个儿童常常能相当出色地完成一些事情,并受到关注和肯定,便会养成勤奋感。如果一个儿童常在尝试中遭受挫折,或者所做之事常受指责或冷遇,便会感到自己能力差,以后会避免接受新任务或消极

---

① N. Noddings, *Starting at Home : Caring and Social Policy* , Berkeley : University of California Press, 2002, p.19.

地对待工作,以免在付出努力之后仍然面对失败。富于勤奋感的孩子学习认真、有热情,为完成任务感到自豪。成年人对待工作的习惯可追溯到此阶段。① 显然,残疾儿童如果学业屡屡失败,他/她在学校生活中就会常常体验到无奈、无助,处处低人一等,无法掌控自身的生活与命运。相反,残疾儿童如果能够得到较充分的教育关怀,其获得学业成功的可能性也随之增加,其自我期待、自信心、自我效能感会显著提升,进入成长的良性循环。

　　教育关怀亦可渗透在教育管理机制中,增进接受融合教育的残疾儿童的正向体验。我国大部分开展随班就读的学校没有财力设置专职岗位为特殊需要学生提供专门的辅导、帮助或咨询。在封闭的校园围墙外,在家庭、社区及其他机构中,有很多潜在的志愿者愿意进入校园帮助残疾儿童。《特殊需要教育行动纲领》明确指出:"尽管融合性学校为实现平等机会和全面参与提供了有利的环境,但其成功需要的不仅是教师和学校其他人员的努力,还包括同伴、家长、家庭和志愿者的共同努力。……全纳学校必须认识到学生的不同需要并对此做出反应,并通过适当的课程、组织安排、教学策略、资源使用以及与社区的合作,来满足学生不同的学习风格和学习速度,并确保每个人受到高质量的教育。"②关怀取向的学校教育制度注重整合学校内外的教育资源。残疾学生的学业生命线很可能由于缺乏必不可少的外援而处于风雨飘摇的状态。海伦·凯勒的命运转机即来自始终相伴的外在的眼睛——其启蒙教师兼陪读者莎利文女士。若无此外援,海伦·凯勒的最佳自我完全不可能外显为令人感佩的现实。作为一种开放的教育,融合教育必须整合对于特殊需要儿童的多种支持因素。作为关系性的品质,教育关怀强调积极的师生关系对促进儿童成长的重要作用。残疾学生的受教育质量与生活状态在相当大的程度上取决于师生关系。在中小学教室里,教师是唯一的成人。学生与教师的联系在直接交往频度、时间长度、无可选择性、教师的权威性与学生的易感性方面,均

---

① 顾明远主编:《教育大辞典》第5卷,上海教育出版社1992年版,第216页。

② 赵中建主编:《教育的使命》,教育科学出版社2000年版,第13页。

是家庭及其他教育机构中的儿童与成人关系所无法比拟的。

关怀教育理论认为,教育关怀应体现于教育的所有维度与过程,关怀教育理论倡导教师尊重每个学生具体的发展需要与生命体验。关怀每个学生,并不是像阳光平均地洒在每个人身上,而是重视回应被关怀者的具体感受,以便帮助其实现最佳发展可能性。即使每个人都实现了最佳自我,人与人的差异仍然存在。因此,关怀教育理论倡导"非选择性关怀",鼓励教师认可多元、悦纳差异,避免特殊需要儿童产生"厌师及学"的心理。极个别学校或教师把学困生人为鉴定为"智力水平低下",强迫其转学,以提升自己学校的升学率。这种违背非选择性教育关怀的做法,是无法用"经济欠发达"等任何外在理由加以搪塞的。

教育关怀还有助于解决教师关爱残健学生之间的"矛盾"。在一些开展随班就读的学校里,有些健全学生及其父母抱怨残疾学生占据了老师很多的注意力,额外占用了教学时间,担心这不利于健全学生的发展。其实,儿童的最佳发展具有统整性,并不局限于认知能力、知识水平的发展。从小培养健康的道德人格,关系着一个人终生的幸福。我国两所知名高校分别有健全学生做出了伤熊、虐猫之事,这从一个维度表明,仅仅关注知识积累的教育是偏颇的、不完整的。这一轮课程改革要求学校重视学生"情感、态度、价值观维度"的发展,很有必要。学会与残疾同学和谐共处,为他们提供力所能及的帮助,正是健全学生在心智等方面健康发展所需要的一种实践。因此,教育关怀对于所有残健学生都具有积极意义。适当地运用关怀教育理念,可将表层的"矛盾"转化为深层的和谐。

这里略论一个案例。南京某高中多年来努力将关怀实践制度化、具体化、经常化。该校曾要求非毕业班的学生与本市聋校、盲校的学生结对子交朋友,每个月都为这位朋友做一两件好事。该校的一位优秀学生便与一位盲童诗人作为好友相处数载。他们一起论时事、谈文学、分享最新的计算机软件。健残和谐共进的案例在该校还有很多。该校鼓励健全青少年主动关心残疾学生,这丝毫没有妨碍健全学生的学业成就,反而因为该校注重教育的道德性,而更加赢得了学生家长的信赖与尊重。①

来自师生的评价是残疾儿童自我意识的重要影响源之一,而合理认可是关怀教育的一种基本方法。关怀式教育倡导教师赋予学生具有现实性的最佳自我形象——既不是强加于学生某种遥不可及的幻想,也不是提出过于主观的"期望",而是"找到学生现有的最好的可能性。这样,学生便产生出力量感,于是变得更好"。给予学生这样的认可,是理想与现实的最佳结合点。②"自我意识是对自己作为一个独特存在的个体的认识,是作为主体的我对于自己以及自己与周围事物的关系,尤其是人我关系的意识,包括自我观察、自我评价、自我体验、自我监控等形式。"③人的自我兼有被建构和自主建构的成分。残疾儿童作为弱势群体,具有功能补偿的客观需要与获得外界认可的强烈意愿,所以其自我中被建构的成分总体上可能多于健全同辈群体。例如,某位残疾青少年曾在全国残运会上获得一枚银牌,但所在全纳学校没给其任何形式的认可。这位残障少年在深感失落之余,在网上发帖表示不满,而后又向笔者倾诉苦闷。

三、教育关怀效能作用于融合教育质量的条件

残疾儿童的受教育权利受到平等而充分的保障,需要融合教育中的教育关怀的支持。这又需要学校教育的制度关怀、教师的关怀意识以及来自同学的同伴支持等。

学校教育应从"量"和"质"两个方面落实我国"先量后质"的特殊教育方针,从追求效率的、数量形式平等走向彰显关怀的实质平等,同时在初级关怀和充分关怀两个维度上构建优质的融合教育。初级关怀以普遍性为特征,重

---

① 该案例源于笔者对该校陈景和副校长的访谈。

② N. Noddings, *Caring: A Feminine Approach to Ethics & Moral Education*, California: University of California Press, 1986, p.179.

③ 顾明远主编:《教育大辞典》第 5 卷,上海教育出版社 1992 年版,第 385 页。

在保障每个残健学生都能有学上,这是残疾儿童失学实证研究旨在破解的问题;充分关怀以具体性为特征,强调警惕融合教育中的操作暗礁,力求使每位学生都能在教育中体验关怀、收获幸福、感受成长,充分地保障其受教育权。初级关怀如果不以充分关怀为取向与指引,很容易流于形式。作为与教育关怀、教育公平密切相关的事业,融合教育有一个不断发展的过程。所有学校在融合教育方面都具有继续发展的空间。融合教育应渗透教育关怀,后者是一种不可或缺、不可替代的教育资源。无论从理论抑或实践上看,以教育关怀为内核,都有助于构建优质融合教育,保障教育反贫困的效果。

另需指出的是,融合教育的内涵比传统意义上的特殊教育更丰富。融合教育的研究对象不仅是残疾学生,而且是包括任何学生的合理共性需要和特殊需要。马斯洛关于共性需要的论述是众所周知的,此处不予赘述。特殊需要则有程度之别、显隐之分,不应顾此失彼地以急迫的显性需要遮蔽长期的隐性需要。除残疾学生外,还有一些学生情绪易变、心理脆弱,其心态常徘徊于自卑、自傲的两极,对外界负面信息具有很高的场依存性。这样的青少年处于心理亚健康状态,在现实生活中一旦遭遇挫折,往往更加退缩到封闭的自我中,或逃遁于幻想性的虚拟世界。此类学生也需要教师给予特别关注和智慧引导。

实现优质融合教育除了需要制度关怀,还有赖于教育工作者的关怀意识与能力,有赖于教师通过交往全方位地理解学生,合理引导其明示需要和可推断需要,给予智慧的关怀。如果无视学生的特点与需要,一厢情愿给予"伪关怀",往往会为学生的发展增加难度、使问题复杂化。教育工作者应警惕以关怀之初衷造成伤害之实效。在学校生活尤其在师生交往中,无意的伤害比有意的伤害发生频率高得多,保证关怀效能、避免无意伤害,需要职业习惯式的反思与在实践中臻于成熟的教育机智。如同关怀伦理学指出的那样,每个人实际上都是关系性的自我,而非纯粹自主建构或者预成的自我。自我生成于和他人的很多相遇中,即"$A_t = \{(A_1, B), (A_2, C), (A_3, D), \cdots(A_4, e), (A_5, f)\cdots\}$。其中,A 代表对先于时间 t 的自我的种种描述,大写字母(B、C 等)代表他人,小写字母(e、f 等)表示事物、思想及其他除人以外的因素"①。优质融合教育当中的相遇经历,对于师生双方都有益,它教化学生生成理想自我,同时促进教师获得职场成长,通过自身的职场超越与学生发展呈现出的积极反馈,获得富含底蕴的成就感和幸福感。

《特殊需要教育行动纲领》指出:"尽管全纳学校为实现平等机会和全面参与提供了有利的环境,但其成功需要的不仅是教师和学校其他人员的努力,还包括同伴、家长、家庭和志愿者的共同努力。社会制度的改革不仅仅是一种技术性任务,它首先依赖于组成社会的每个人的**信念**、**承诺和善意**。"(笔者用黑体表示重点)②随班就读环境中的同伴支持可能是双向的、多向的,它既可能发生在特殊需要同学内部、健全同学内部,也可以发生在残健同学之间。发生在残健同学之间的同伴支持,有些是健全同学帮助残疾同学,有些是残疾同学帮助健全同学。出于本研究的需要,在此专论健全同学对残疾同学的关心支持以及特殊需要同学之间的关心支持。

总之,许多未贴教育标签的关怀依然是教育;富含关怀的融合教育对于残疾儿童而言则是意蕴更丰富、更体现教育性的融合教育。③ 融合教育对于残疾儿童的生命力具有不可替代的提升功能。健残共建和谐校园的关怀氛围,有助于唤醒、孕育、强化被关怀者的主体性力量,增强反贫困的信心。

第三节　教育关怀面临的挑战
——被阻滞的关心及其成因

融合教育中的教育关怀一种重要表现形式是来自同学的关心。这在思辨

---

① [美]内尔·诺丁斯:《始于家庭:关怀与社会政策》,侯晶晶译,教育科学出版社 2006 年版,第 101 页。

② 赵中建主编:《教育的使命》,教育科学出版社 2000 年版,第 136 页。

③ 侯晶晶:《教育关怀:优质全纳教育的内核》,《华中师范大学学报(人文社会科学版)》2007 年第 4 期。

研究和正反典型案例中都得以印证。笔者访谈过"长江学者"、院士候选人南京工业大学陆小华教授。陆老师的肢体运动功能自幼受小儿麻痹症的影响，虽然品学兼优，却受到一些同学的言语欺凌，自尊心严重受到伤害，上小学不久就惧怕学校，萌生了"不想上学"的念头。幸亏母亲很智慧地化解了难题，陆老师才免于在小小年纪辍学。母亲强压心痛，平时在家对孩子便以同学所用的欺凌性、排斥性的惯用语相称。就其实质而言，这是苏联文论家巴赫金所论的"陌生化"的反向妙用。所谓"陌生化"，指的是使人们所熟知之物与人们显得陌生起来，以延宕理解并增强读者新异感的文学技法。而在此案例中，这位母亲是通过这种称谓的反复日常运用，使原本熟悉的话语更加熟悉化，由此使得接受者对之见怪不怪，从而对不当的外在界定产生一种免疫力，降低同学欺凌的伤害冲击。①

从随班就读残疾学生的辍学率以及有关同伴支持的研究情况来看，学校中的同伴支持有待加强。有些学校中非但同伴支持不足，还存在类似上述案例中健全学生对残疾学生冷漠的现象，例如模仿、取笑残障学生的生理特点，针对性地取绰号、叫绰号，等等。我国学生在学会关心方面，面临着一些结构性的阻碍因素。目前关于同伴支持的文献，大多论及同伴如何看待残疾同学，这是个体层面的分析。有必要分析现象背后深层次的制约因素。

学会关心他人，是德育目标和公民核心素养之一。特殊需要学生是青少年在学校有交集的"他人"之一，也是应该关心的他人之一。青少年关心他人、给予同伴支持的条件复杂，关怀伦理强调的童年被关心体验仅是必要条件之一。教育学界、伦理学界对"关心"的研究一般着眼于他人（主要是成人）关心青少年，而青少年关心他人、同学支持的研究非常少见。接受关心和给予关心都对关心关系有所贡献，但它们之间的差异仍是根本的。青少年给予他人关心这一重要课题目前处于间接和演绎式研究状态，这不利于发挥理论研究

---

① 侯晶晶:《关怀德育论》，人民教育出版社 2005 年版，第 251 页。

对实践的指导作用,不利于提升关心德育实践的自觉性、有效性。青少年关心他人的条件是复杂的,关怀伦理学所强调的获得被关心体验只是必要条件之一。关于青少年关心他人的条件,目前仅有少量支持因素的思辨分析,国内外学术界似未见阻碍因素的实证分析。本书主要基于对 J 省 547 名中小学生的问卷调查以及对 137 名学生的访谈,针对上述前提性的问题进行系统研究。研究发现青少年关心他人在动机生成、能量投注(关心行为)、效果反馈反思①三个环节面临身份、时间、空间、关系、风险、道德文化心理等方面的结构性阻滞。

一、青少年生成关心动机的阻滞因素

(一)关系前提被压抑

关心他人是关系性的道德行为,关心者是一种关系性的身份,没有"被关心者"就不存在所谓"关心者"。一般而言,被关心者表达被关心的需要是他人产生关心动机的前提。但是,被关心者被倭化的身份,弱化个人权利和环境支持的"自强"文化、对"偏异"的低宽容度,均挤压了潜在被关心者的表达渠道,减少了青少年产生关心动机的可能性。

人们通常把关心的对象限定为"老、弱、病、残"。"学会关心他人"的有些教育实验研究者也单纯地强调"关心弱者"。所谓关心弱者,广义地说就是从只关心自己的圈子里跳出来去关心一切比自己弱的人,即在学习、生活、能力等方面比自己差的人都属所关心的对象。减少一个弱者,学校就减少一分困扰,家庭就减少一分忧愁,社会就多一分稳定。② 这种论述显示出"被关心

---

① ［美］内尔·诺丁斯:《始于家庭:关怀与社会政策》,侯晶晶译,教育科学出版社 2006 年版,第 18 页。笔者调研发现,我国青少年被关心者的反馈受道德文化因素制约可能失真,因此在关心他人的第三环节增加关心者的反思作为必要补充。

② 张晔均:《浅谈学会关心弱者》,载贾莉莉主编:《"学会关心"研究》,上海教育出版社 2001 年版,第 42—43 页。

者＝弱者＝制造困扰、忧愁和不稳定的偏异者"的观念，折射出对被关心者污名化的理解、对弱者的歧视。实际上，任何人都有需要关心之时之处。例如，无论学习成绩怎样，青少年都有生涯规划、生成智慧等被关心需要。

自强是非常可贵的个人品质。然而，几乎每位中国青少年每天都在承受不当的"自强"要求。《国务院关于职工工作时间的规定》第三条规定"职工每日工作 8 小时、每周工作 40 小时"。比照成年职工的工作时间上限，我国几乎所有中小学生都处于长年过度劳作状态，权利被严重侵犯。但在"刻苦"等德目下，这反而成为彰显美德的条件。辩证法指出，真理往前多迈一步就是谬误。相应的社会支持、权利赋予使青少年能在真正有必要、有价值的事情上自强，使自强产生更大的个体与社会价值。

在对"偏异"持有低宽容度的学校氛围中，中小学生轻易不敢表达有"偏异"嫌疑的被关心需要，有事尽量自己扛，挨一时算一时，以免"示弱"被划入"弱者"的可耻行列。一些大学生也未能经过反思改变此惯习。北京大学的研究者发现有些身处多重困境的北京大学学生不申请减免学费、不向他人求助、对真实的困难还细加掩饰，因为"想与一般人是一样的"，"不想被当作特别需要照顾的人"，[1]但自己实在无力独自应对，最后因 60% 以上主科不及格沦为"试读生"。有人试读仍不达标，只能中断学业。前述种种原因导致潜在的被关心者耻于或不敢表达被关心需要，使生成关心动机折损了明示的起点。

（二）青少年的"关心者"身份遭遇贬抑

在纷繁复杂的生活世界中，哪些人、事在情感上、价值观上对自己具有意义，会进入自己的视野、激发自己的关注，还涉及我他关系中的"我"以及自我的身份认同。查尔斯·泰勒从伦理学角度指出，身份认同由我们看作普遍有效的承诺构成，为人们的生活指明方向，而基本的道德方向感对人具有本体论

---

① 董德刚:《"我"的试读》，载陈向明主编:《在行动中学作质的研究》，教育科学出版社 2009 年版，第 306 页。

的意义。① 青少年的身份认同是青少年在文化语境尤其教育情境中对于生活图景、个人经历、社会角色的界定、阐释、建构的动态过程。身份的建构具有主动和被动的双重特点。镜中自我、重要他人、强势评价等机制加重了青少年身份的被建构基调。我国宏观教育政策文本强调青少年作为"关心者"这重身份,但在家庭中独生子女常被视为单向度的"被关怀者",学校教育的强势话语又往往强加给青少年单子式竞争者的身份,遮蔽了关心者的身份。

有些学校向青少年灌输"只有埋头学习,才能昂头做人""吃得苦中苦,方为人上人"。无论是"埋头"还是"昂头",核心都是强调个人的利益;"人上人"的等级关系和"我与你"的关心关系存在内在紧张。青少年一旦形成对成功的饥渴、上瘾、依赖以及试图垄断成功的心态,就会拒斥平等交往和团结合作。研究者调查发现,80%的中小学生认为同学们之间"竞争非常激烈"(37.00%)或"比较激烈"(43.00%)。竞争者已成为广大青少年的首要身份。实际上,外在竞争的结果仍以内在竞争、内在超越为条件。冗余竞争不仅挑战中等生及暂时落后者的幸福感,也使"优等生"难以形成应对不同境况下身份变迁的耐挫力,难以养成"己欲立而立人"的胸襟。而学会关心他人是自身全面发展的题中应有之义。

(三)时间被剥夺

时间和空间既是人存在的基本方式,也是行为发生的基本条件。关心他人的动机产生于相遇。不同于"擦肩而过",相遇是对人产生意义的经历。从视到见,再到判断、体悟人与事的性质、状态及其与自己的关联,无一不需要时间。对于道德敏感性尚在养成初期的青少年而言,许多生活图景、他人境遇的意义并非一视即明、一见便知的,有待他们花更多的时间、以细致的态度和从

---

① [英]查尔斯·泰勒:《自我的根源:现代认同的形成》,韩健等译,译林出版社 2001 年版,第 37、39 页。

容的心境,才能明察、体验,并在相关情境中产生关心他人的动机。

目前存在的问题是,以实用知识技能学习至上的价值观给关心他人等道德学习贴上低价值标签。有些班级里,德育课时间被兼教德育课的主课老师挤占挪用,完全背离了德育作为养成教育的真谛。"实用"型知识技能的过度学习已然收获了反实用的效果,造成我国青少年近视率畸高等问题,对青少年的身心造成伤害。研究者发现,只有 17.5% 的被试睡眠时间"很充足",睡眠时间随年级上升呈显著递减趋势。其"睡眠时间充足程度"与"生活幸福感"呈极其显著正相关($r=0.424$,$p<0.001$)。用于知识技能学习的时间过多,使青少年感到身心俱疲、自顾不暇,减少他向性的关心可能。

二、青少年实施关心行为的阻滞因素

(一)空间的区隔与组织的低有机化

在相同的物理空间中存在着复杂多样的心理空间;人们通过谈话(等方式)"接近"另一个体实现社会位移,这是心理学上真正的位移;关系变化是心理环境和个体结构中最为重要的变化。① 我国青少年关心他人在物理空间和心理空间上均面临挑战。

在社会中、社区里,快节奏的现代生活,对陌生人的信任缺失,某种程度的诚信危机,公共活动场域的缺乏、商业化、空壳化,都使得人与人处于疏离状态。研究者对中小学生用里克特四点计分法调研显示:他们和邻居之间尤其和陌生人之间的双向关心比较少。青少年关心帮助邻居的均值是 2.79,介于"不太关心"(2 分)和"比较关心"(3 分)之间。这与滕尼斯所言的邻里作为三大共同体之一的社会组织极不相称。青少年关心陌生人的均值是 2.42。两个均值皆低于关心五类他人的均值(3.08)。青少年对"得到陌生人关心"

---

① [德]库尔特·勒温:《拓扑心理学原理》,竺培梁译,浙江教育出版社 1999 年版,第 64、47、84 页。

的回答均值是 1.67,显著低于"社会上人们彼此关心"的均值(2.96),甚至比"得到邻居关心"的均值 2.68 还低整整一个等级。

学校和班级中的人际板结状态也不利于创造青少年关心他人的实践机会。我国中小学生一般服从于整个学期的固定座位制,偶以组为单位在空间上循环变换组别,但组内结构并无调整,使学生主要只熟悉身边的 3—5 名同学。笔者参与了刘次林教授长达六年的班组串换教育实验,该实验发现①:每月一次的异质重组能打破小组僵化状态,使每位学生理解班级的全貌、学会对同学的普遍关心。流体班级组织能强化班级作为公共领域的特征,使得青少年不局限于封闭小圈子内的私人友谊,而学会关心次熟悉同学的福祉,关心"落后学生"的命运,关心班级乃至学校的公共生活氛围。

组织的低有机化在学校里还表现为青少年身份的区隔。青少年的学业成绩往往被不加掩饰地身份化,成为青少年身份的压倒性维度。研究者调研发现,中小学生的学习成绩与在校生活幸福感呈显著相关($r=0.210,p<0.05$)。根据学业成绩,学生被分为好、中、差三等。"差生"一般被安置在后排就座,以空间区隔明确标示出身份等级,有些老师还与家长合谋干涉学业异质青少年之间已然罕见的自主交往,制造出制度化的身份区隔。优劣隔离的效力能深入学生的意识结构、形成思想殖民。空间分布的区隔导致青少年的两极化,不利于潜在关心者"对被关心者的接受",而接受正是引发关心的重要前提。受限于自由支配时间,同学们之间不可能有多少超越地缘的自主交往,关心互助一般发生于地缘上的内圈。同质相近相亲的空间区隔增加了"好学生"对于学业困难者的不可及性,强化了"圈子"的封闭性,而学业帮助正是青少年之间的主要关心方式。很多同学在"同"一片天花板下"学"习几年,毕业时仍然只是相识的陌生人。尽管我国班级人数众多,但并没有像波沙利以人数预言交往频率的家庭互

---

① 胡国良、刘次林:《"班组串换"德育模式的理论建构》,《教育探索》2002 年第 2 期;侯晶晶:《班组串换制实验提升道德教—学实效性的十项机制分析》,《教育研究与实验》2005 年第 3 期。

动法则①指出的那样,使得班级的互动和人数成正比,进而促进关心型的互动。

组织细胞之间关联度低、能量交流少,使得肌体缺乏活力,容易诱发"不是不人道,而是不知道;不是不理解,而是不了解"的人际冷漠现象。正如涂尔干指出的那样,合理对待异质性,便可由此产生分工和关心的必要与可能;人与人之间的关心、分工合作、相互依赖是整个组织有机团结的基础,具有正向的道德功能。"总而言之,分工不仅成为社会团结的主要源泉,同时也成了道德秩序的基础。"②在这里,涂尔干所言的"社会团结"即相对于机械团结的"有机团结"。有机团结式的关心尊重个体差异性,有利于青少年超越差序格局、提升对公共福祉的敏感性与责任感,成长为公共领域的关心者。

(二)理念上的反赋能与窄化

在很多人的理念中,"被关心者=弱者",而未成年人自身又被视为"弱者",只能关心比自己更弱的人或"强者"的薄弱方面,关心他人的实践机会受到很大局限。青少年关心他人应该包括关心同学、老师、父母等。但我国成人尤其师长比较权威化,这加剧了青少年关心师长类成人的行为窄化。研究者发现,受访青少年自述"关心父母等家人的情景"90%关涉父母身体不适,即从权威变为弱者。有的青少年更是明言:"我的父母和亲戚没有什么大事(主要指生病)。如果有,我也帮不上忙,我能做的就只是些家务。"关心窄化现象在青少年中相当普遍。那么,他们又做多少家务呢? 全国青少年被试中,每周一到周五做家务"少于半小时"或"从来不做"的共占 66.6%。③ 消极理念极

---

① 美国社会学家波沙利的家庭互动法则,用家庭人口数计算家庭成员互动次数,公式为 R=$(N^2-N) \div 2$。其中,R 为家庭成员的互动次数,N 为家庭人口数。在该公式中,家庭人口数与互动次数为正相关。详见顾明远主编:《教育大辞典》第 6 卷,上海教育出版社 1992 年版,第 471 页。

② [法]埃米尔·涂尔干:《社会分工论》,渠东译,生活·读书·新知三联书店 2000 年版,第 359 页。

③ 全国妇联儿童工作部主编:《全国家庭教育调查报告》,社会科学文献出版社 2011 年版,第 64 页。

大地限制了青少年关心家人的行为。

在知识加速更新、教育渠道多元化的当代,亲子、师生需要共同成长。师长在精神、心理、文化等多个方面具有被关心的需要,孩子有可能进行一定的回应。在笔者访谈的学生中,有极少数已能积极、主动、全面地关心父母,超出了经典关怀伦理学者论及的青少年关心师长的方式①。"爸爸心情不好,我提出一起去公园。爸爸的心情好转了。"有的孩子帮助父母做 PPT 或在网上查找资料。有的青少年帮助父母走出关系困境。"有一次爸爸妈妈吵架了,我给他们各写了一张纸条,指出各自的缺点并让他们相互道歉。爸爸妈妈看着纸条笑了,立刻相互道歉、和好了。"此类罕见案例基本来自父母文化水平较高的家庭,平等的家庭关系、具有反思力的家庭教育帮助孩子超越了窄化的关心理念,增强了其关心能力。

关于青少年关心老师,受访学生所谈案例只是帮着收发作业、泡茶、临时管理班级之类,尚无人敢在老师讲课出错或管理失当时纠正老师。在教师的多重角色中,学生们一般不敢在教师作为知识权威的角色方面给予关心帮助。即便对宽容民主的那些老师,学生也不敢在老师就确定性问题出错时给予提醒。他们自幼领教过许多老师的"三百杀威棒",加之"天地君师亲"极高位阶尊师文化的思想塑形以及"为尊者讳""勿好为人师"等古训,使学生们学会了在作为权威的老师面前"安分守己"。青少年关心老师,窄化为关心作为非权威角色的老师,具有职业脱域的特点。

(三)风险超过道德勇气的承受阈限

笔者注意到,中小学生的被关心需要有些源自老师或强势同学的伤害。"MXL 同学被老师骂哭了,下了课我安慰她说,老师也是为她好,我也被老师很严厉地当堂批评过。她慢慢停止了哭泣。"该少年识别了同学的被关心需

---

① 侯晶晶、朱小蔓:《诺丁斯以关怀为核心的道德教育理论及其启示》,《教育研究》2004 年第 3 期。

要,但由于自己处于低权威的关系身份,实施积极关心行为的风险较大、道德勇气的门槛很高,不便"明目张胆"地对被伤害的同学给予积极关心,于是通过把老师的伤害行为合理化、普遍化来安慰被伤害者,给予消极的关心。笔者多年来只接触到一例正面指出老师管理失当、从而积极关心同学的青少年。那是班组串换制实验学校里的一名串班生。她从主班串换到客班已20天即将返回原班,欢送会接近尾声时,再不说出心里话,不复有机会。这名即将离场的同学鼓足勇气"突然站起来"说,"老师,如果您能像关心我们这样关心XZY同学,你会发现其实她有许多优点"。一言既出,同学们纷纷附和①。"本土"学生们更多地目睹了老师伤害同学的案例,有很强烈的动机想要给予积极的关心,但始终保持沉默。直到一个"局内—局外人"无须顾忌后果地勇敢破冰,他们才敢亮明自己的立场,捍卫同学的尊严,参与建构班级的正义与关怀氛围。这说明这些同学并非没有关怀之心,而是低权威身份与具名关心要求很高的道德勇气,妨碍关心动机见诸行动。

(四)智慧不完备导致策略失当

智慧的重要性尤其体现在危机关心的情境中。对全国中小学生的调研表明,"感到危险"时,城乡的中小学生们有14.7%和10.9%会首先去找自己的"同学朋友"帮忙,排名仅次于"父亲"和"母亲"。② 多达10%以上的城乡中小学生在遇到危机会首先求助"同学朋友",这需要后者具有相应的关心能力和智慧,才不至于事与愿违,甚至对关心关系的双方造成伤害。

危机关心至少有两种基本的智慧策略。其一,青少年应了解自己关心能力的阈限,有时单凭良好动机、一己之力直接关心,可能延误时机或造成伤人伤己

① 胡国良、刘次林:《"班组串换"德育模式的理论建构》,《教育探索》2002年第2期;侯晶晶:《班组串换制实验提升道德教—学实效性的十项机制分析》,《教育研究与实验》2005年第3期。

② 全国妇联儿童工作部主编:《全国家庭教育调查报告》,社会科学文献出版社2011年版,第42页。

的结果。有些人误以为,付出的成本越高,关心的层次也越高。对于"挺身而出"的"身",往往理解为"只身"。实际上,青少年关心青少年,关心者既可以是单数,也可以是复数,或青少年—成人跨年龄关心团队的一部分。面对危急复杂的情况,青少年要学会审时度势,在必要时可以转介关心,善用强大成熟的社会支持体系。其二,预防式的关心远比事后关心的代价要小。例如,多位青少年去水库边游戏,预防式的关心是事先讨论安全问题和注意事项。事后关心是有同学不幸落入深水区后,(不会游泳的)青少年直接施救,结果往往令人惋惜。

青少年关心智慧的养成有待超越教科书和课堂,得到学校教育更有效的引导。在智慧的视角下可见,关心不只包括针对一时一事的平面化助他行为,更有促进人之生成、帮助青少年实现自身卓越的深层次关心。学校教育应逐步培养一种机智,使对学生的关心能伴随其一生,培养其养成文明、智慧的生活方式,改造自身生活、完善环境。就前述积极关心预示的风险而言,可以智慧地借助制度设计进行对冲。例如,设置带锁的班级信箱,允许学生们具名或匿名、手写或打印来信,定期当众打开信箱讨论有价值的议题。创造具有现实意义的关心实践机会,有利于青少年的关心能量顺畅地发散,积少成多地建构民主的学校生活、优化关心的氛围。在教科书的封闭内容之外,圈层叙事能发掘出青少年的智慧火花、富于道德意蕴的生命故事,使之照亮彼此的心灵。

三、青少年对关心效果之反馈和反思的阻滞因素

(一)对感恩的错误认识导致反馈失真

关怀伦理学把效果反馈作为独立的环节,提示动机与效果之别,强调关心者应重视被关心者的感受,杜绝关心者单方面宣称的关心。笔者在调研中发现,仅仅强调倾听被关心者的反馈尚不完备,因为被关心者的评价可能失真扭曲、具有虚假性,使其有效性显著衰减。

笔者在访谈六年级某班时,多位同学提到自己给曾经生病住院的同学

ZYM 写过信或打过电话。"老师说 ZYM 住院一定很想念同学们,老师让我们每个人都写信或打电话对 ZYM 表示关心。"每位提及此事的被访者都表示自己关心该同学"效果很好"。笔者却发现,ZYM 在问卷上对"同学/家长/老师关心你的适当程度"三道题目全部选择了"关心过多"。被关心者虽然在外显反馈中感谢了众关心者,但内心真实的声音却是关心效果不佳,冗余关心难免打扰她治病休养、造成心理负担。此外,亚当·斯密论述过感恩、无从报答会引起负债感,以及善行亦应有节制[①],印证了关心并非多多益善。

ZYM 同学毕竟在问卷中流露出了真实的感受。笔者发现,多达近十分之一的问卷被试将"同学/家长/老师关心你的适当程度"由"过多"或"不足"改为"适当"。被试所选学习成绩状况符合正态分布等情况表明,他们是在如实填写答卷。被试完成问卷并无成人过问,问卷说明也已承诺"所有信息如用于研究都将匿名"。在没有任何可见的外界控制、干扰或风险的情况下,是什么已内化的力量使这么多被试不约而同地自加监督?问及有些更正者,得到的答复是相似的:"我应该感谢老师、家长,还有关心我的同学。"

这些更正者用以代替真实反馈的是一种应然的、标准化的反馈——感恩。对全国城乡 3012 名家长的问卷调查显示,88.8%的家长认为"教育孩子对师长心怀感恩"非常重要(55.4%)或比较重要(33.4%)。[②]"滴水之恩,涌泉相报"等古训加上各种未经慎思的感恩教育,赋予被关心者以形式化的"感恩"道德义务,限定了合法反馈方式,遏制了对不当关心进行如实反馈的话语权。当关心者是师长时,另有其他因素强化着青少年不当的感恩。"古代中国人在长期的封建专制和小农经济条件下形成的权威思维"[③],在当代仍以强大的惯性妨碍青少年培养批判性思维。"感恩"在东西方文化中都是美德,问题在

①　[英]亚当·斯密:《道德情操论》,蒋自强等译,商务印书馆 2002 年版,第 83、88 页。
②　全国妇联儿童工作部主编:《全国家庭教育调查报告》,社会科学文献出版社 2011 年版,第 251 页。
③　汪凤炎、郑红:《中国文化心理学(第三版)》,暨南大学出版社 2009 年版,第 470 页。

于其位阶以及和其他美德的相生相克关系。感恩不应与愚忠、盲从相辅相生，不应与诚实、审慎相反相克。

一旦内化了被关怀者线性、当下的感恩义务，青少年不仅作为被关心者会身体力行，也会这样要求被自己关心的对象。于是，从两个维度造成对真实反馈的封堵，对青少年作为关心者和被关心者都有负面效果。关心关系双方的互动性、反馈对提升关心能力的作用，都决定了学会被关心是对关心者的间接关心，有利于师长等关心者的角色成长。在全国调研中，许多青少年都表示知道我国《未成年人保护法》关于儿童权利的基本规定。但在同一批被试中，多达 35.5% 的农村中小学生和 24.3% 的城镇中小学生认为"家长打孩子是为了孩子好"。[1] 当父母（或老师）的行为违背法律规定时，个体的权威本应低于法律的权威，但许多孩子还是选择维护师长的权威，不能不说是对"感恩"的错误认识在起作用。

青少年作为被关心者践行当下的盲从式感恩，实际上只是短视的、形式化的"感恩"。对未成年人的真正关心指向其发展，真实反馈的缺失不利于实现发展型关心目标。从当下看，青少年实现优质自我，正是父母、教师关心之事；从长远来看，发展自身亦是在生成关心他人的能力基础。因此，青少年对关心效果给予真实反馈，从当下和长远看都是对关心者更为根本的回报。在与同学的关心关系中，青少年的真实反馈有助于青少年关心者真正地学会关心、学会反思，这也是更有效的感恩。积极的"感恩"超越了韩信和漂母之间那种封闭式的知恩图报，而是关心的薪火相传、圈层拓展、发展自我、传递关心。

（二）施恩—感恩关系对关心关系的侵蚀以及对关心者反思能力的解构

"感恩"从语言哲学的角度看属于关系词汇。"感恩"这一道德义务范畴

---

[1]　全国妇联儿童工作部主编：《全国家庭教育调查报告》，社会科学文献出版社 2011 年版，第 69 页。

暗示着其原因词"受恩"及其关系词"施恩",使关心关系附着了不平等的印记。梅耶、索洛维等学者亦论述过感恩可能带有不平等关系和负债感。[1] 语言和文化具有交互建构的作用。语言是文化的一个子系统,反过来参与塑造其他符号产品以及人们的思想观念。笔者访谈发现,在许多青少年的观念中,"施恩—感恩"关系已被嵌入"关心—被关心"关系,这种不平等的关系能超然于学业成绩等其他身份维度的位阶关系。受访者 LMT 自述"学业成绩处于班级下等",其同学的访谈内容也印证了这一点。在关于关心同学的案例中,LMT 写道:"有一次我值日,ZF 地扫得不好,我亲自帮他扫。"他用了"亲自"一词,是因为在此事件中他和同学的关系不是日常被标定的"差生"和"非差生",而是"关心者"和"被关心者",折射出施恩式关心者具有上位身份的某种集体无意识。

"关心者=施恩者"的前见不利于青少年提高关心的反思力。反思体现于事中和事后两个时间维度。即便偶有被关心者心口如一地说出建设性的反馈,也未必能促进关心者的反思、完善。关心者很可能感到受到冒犯,愤而对被关心者采取漠然的态度,中断关心关系。鉴于"施恩—感恩"关系对关心关系的侵蚀,青少年关心者应鼓励被关心者说真话,并自觉反思关心的策略、效果以及施恩心态的前见。

公民式的关心、有质量的同伴支持,并非不学而会的。青少年给予特殊需要同学关心支持,不仅需要前者做出学会关心的努力,还需要学校、社会、家庭协助其消弭结构性的阻滞因素,拓展平等、尊重、信任的人际关系,鼓励身心条件各异的青少年进行交往,使青少年能更加自觉、更加有效地关心他人,乐于给予特殊需要同学力所能及的支持帮助,使融合教育中的同伴支持充分地落到实处,更好地保障残疾儿童的受教育权利。除了同学间的同伴支持,还有教育体制等一些宏观因素会左右融合教育的质量。

---

① M. E. McCullough, S. D. Kilpatrick, et al., "Is Gratitude a Moral Affect?", *Psychological Bulletin*, Vol.127, No.2(2001), p.254.

第四节　以优质陌生人伦理教育
促进关心与融合

就残疾人教育研究残疾人教育,无疑是非常必要和重要的。本成果的量化研究和思辨研究都有直接研究残疾人教育的内容。此外,也需要从更大的语境和背景去考察之、推进之。社会学中有 master status 这个概念,意指"通常优于其他的社会地位指标并且决定个体在社会总体地位中的一个或几个地位"①。与主要地位相对应的身份即是主要身份。实际上,status 一词既可指地位,也可指身份。主要地位可以有"一个或几个",主要身份相应地也可以有"一个或几个"。残疾人的另一层主要身份还没有引起足够的重视,那便是作为"陌生人"的身份。陌生人是在物理空间上很近,而在社会空间上很远的人;"是在物理范围内的异类,在社会范围之外的邻居"②。在社会学、教育学、伦理学的视角下,"陌生人"这层身份有时更有力量。笔者基于残疾人的这一上位身份概念,从陌生人伦理视角考察融合教育和残疾人受教育权利保障问题,以便观照更广域的影响因素。广义的融合教育观照的对象已超出了残疾儿童的范畴,还包括流动儿童、交流有障碍的外语生以及严重学困生,等等。陌生人伦理视角的思考也符合广义上的融合教育研究旨趣。

"陌生人是指物理空间接近而社会属性殊异的人。残健兼收的学校如果缺乏融合教育的价值追求,残疾青少年很容易在其中成为'游走在边缘的陌生人'。"③在更大的社会场域中,公交车上年轻乘客、健全乘客往往较少主动为老

---

① [英]安东尼·吉登斯:《社会学(第 4 版)》,赵旭东等译,北京大学出版社 2003 年版,第664 页。

② [英]齐格蒙特·鲍曼:《后现代伦理学》,张成岗译,江苏人民出版社 2003 年版,第181 页。

③ 本节改写自笔者发表于《教育研究》的独著论文《美国公立基础学校生活化的陌生人伦理教育》。

年乘客、残疾乘客让座。有研究者对杭州中学生进行抽样调查,发现近三成中学生从不让座。① 这种社会现象加剧了残疾人的社会可见度低、出行不易、融入社会难、脱贫致富资源可及性低等问题,不仅体现出对残疾人法定无障碍权利的漠视,也体现出大众的陌生人伦理水平有待提升②。要有效解决此问题,需要基于融合教育与融合社会的双向互动关系,从建构良序陌生人社会的更广域视角加以思考。

促进青少年的社会性发展是学校教育应然的重要目标。随着社会流动性的增强,我国社会正由熟人社会向陌生人社会转型。在此背景下,学会如何道德地对待"陌生人"成为学生社会性发展的重要课题,而我国此类研究尚且相当匮乏,相关的教育实践总体处于自发、低效的状态。在学校里,残疾青少年以及来自农村的流动儿童有时成为"游走在边缘的陌生人"③,对他们来说,相处数载的众多同学貌似熟悉,实则依然隔膜。

实际上,冷漠、怀疑、疏离并不必然地成为陌生人之间的主要关系样态;当然,健全人也并不必然地这样对待残疾人。内尔·诺丁斯教授基于社会中陌生人守望相助的大量案例,运用关怀现象学研究方法将关心帮助陌生人归纳为一种"时常发生的自然关怀"④。针对"关心陌生人的潜在善意如何转化为普遍的道德事实""教育可以为优化陌生人伦理做出哪些有益的努力"这些问题,笔者结合访学研究发现,富含陌生人伦理教育元素的基础学校生活教育有助于为良序陌生人社会提供必要的精神支撑。

一、平等地尊重残疾学生等"陌生人"的异质性

对于那些容易"游走在边缘的陌生"学生,学校不可将生活史距离与心理

---

① 赵志毅、尹黎:《城市中小学生公民责任意识的缺失及其对策——基于杭州部分学校的抽样调查》,《全球教育展望》2012 年第 5 期。

② 侯晶晶:《国外立法保障残疾人乘用公交车权益的考察与思考——发挥法律的底线伦理功能破解道德痼疾》,《残疾人研究》2014 年第 2 期。

③ 庄曦:《流动儿童与城市社会融合问题及路径探析》,《江苏社会科学》2013 年第 5 期。

④ N. Noddings, *Starting at Home: Caring and Social Policy*, California: The University of California Press, 2002, p.177.

距离、道德距离混为一谈,而要以无差别平等与补偿性的平等原则①对待他们。这是陌生人伦理教育的重要方面,至少包括平等地尊重特殊学习需要和经济异质性。

基础学校可以采取很多举措来落实补偿性的平等。"特殊需要学生"对于健全儿童而言是某种"陌生人"。教师不只应关注这些学生的知识学习,还应重视其在学校中的实际生活质量以及学校的融合品质。残疾学生如果偶尔受到健全同学的排斥或欺凌,教师应耐心温和地调节他们之间的关系,为他们平等交流创设条件。学校应保证在均衡分配教育资源时能兼顾补偿原则,帮助残疾学生融入课堂,消除陌生感。学校教育对人格的普遍尊重使得青少年能在耳濡目染中学习超越功利地尊重每一个人的生命价值,善待残疾同学等"陌生人"。

陌生人伦理研究专家奎迈·安东尼·阿皮亚分析指出,对陌生人责任感的一个基本表现方式是"分享公民资格"②。根据马歇尔的"三维度公民权利观",受教育权是与公民资格相对应的公民的基本社会权利。带有补偿性地平等对待处境不利残疾学生的受教育权,有助于使其实现与自身潜质及努力更为匹配的获致身份。确保一些经济条件不佳的残疾学生能够平等、均衡地获得教育资源,可使人们清晰地感受到学校悦纳处境不佳的儿童,社会在意其发展、尊严与幸福感。对于青少年在家庭经济背景、身心条件等方面的先天不平等,学校教育尽力避免人为造成马太效应。

二、重视关心陌生人的多域实践

学校应鼓励青少年以同学、社区居民、成长中的世界公民等身份去关心学校内外的陌生人。这种重视实践的陌生人伦理教育体现着世界主义的价值观

---

① J. Rawls, *A Theory of Justice.* Cambridge, M.A.: Harvard University Press, 1971, p.60.

② K. A. Appiah, *Cosmopolitanism: Ethics in a World of Strangers*, New York: W. W. Norton & Company, 2010, p.59.

立场——"普遍性加上差异性"①。其中,人与人的普遍性、共性是第一位的,差异性是第二位的。正如公元前 2 世纪的剧作家特伦斯表述的那样,"我是一个人:人类的一切于我都不陌生"②。"普遍性"是人们无论熟悉程度皆可情意互通的人性基础,而差异则是人们需要理解和交流之处。不过分强调差异、陌生的维度,一般而言就不会人为扩大陌生人之间的疏离,即可为关心陌生人提供良好氛围。

(一)作为同学的面对面非选择性关心

对于有特殊需要的学生,无论该生成绩高下以及身体有无残障,教师都宜动员同学们协助该生尽快融入环境。教师可以适当接受关于关心陌生人教育的校本培训,在教育理念上将帮助学生克服陌生感视为己任,熟练掌握团队分享的相关教育技巧,善于在学生间创造"我们感"。同学之间偶然发生冲突,如不涉及道德问题,教师鼓励学生自行协商解决;如是欺凌残疾同学的道德僭越问题,教师应第一时间处理此事,因为就像一位受访的小学教师所言,"儿童社会性发展的重要性绝不亚于知识学习。这件事不仅涉及两个孩子,也关系到全班同学的社会性发展"。发生在身边的真实案例会引发学生们更深刻的思考与感悟,促使他们在生活中善待他人、关心陌生人,建立异质相融相亲的班级文化。残健同学在这样的学校道德氛围中,会经历从"纯陌生人"到"去陌生化"的关系转化,体验到班级的关心,感到生活产生交集时同学们彼此开放、坦诚相待。

学校可以通过控制竞争、强化共同体元素来关心陌生学生。与少数学业优胜者利益挂钩的过度竞争会在学生中造成圈层区隔,强化青少年与他人的

① K. A. Appiah, *Cosmopolitanism: Ethics in a World of Strangers*, New York: W. W. Norton & Company, 2010, p.151.

② K. A. Appiah, *Cosmopolitanism: Ethics in a World of Strangers*, New York: W. W. Norton & Company, 2010, p.111.

疏离、嫉妒、怨恨、冷漠,使潜在被关心者表达需要的渠道不畅。① 因此,学校应慎用竞争,避免过多带有选拔性的评优,不给学生贴优劣标签,尽量使每个学生的努力都获得及时回报和正强化。校内竞争应尽量不妨碍班级的共同体意识,因为基础学校教育的理念原点不应该是"学术精英儿童本位",而应强调学习共同体的元素,以"融入感"和"我们感"增进同学之间的有机团结。

(二)作为社区居民的近距离关心

"不与陌生人说话",这种拒斥陌生人的取向不利于青少年拓展道德自我和发展公民道德。学校可以有意识地帮助学生了解陌生人的真实多样性,倡导学生们为社区中或更广域的社会中有受助需要的陌生人自愿捐赠,所有捐赠不摊派、不计名。

不摊派的做法有助于强化、纯化青少年对于他人的善良意志和志愿精神,有助于青少年拓展善良意志的实践范围,作为道德主体将陌生人纳入自身善良意志与道德责任感的实践对象范畴中,将陌生人转化为陌生的他我,主动与之建立道德关联,缩短青少年与陌生人尤其是弱势陌生人之间的道德距离。"培养青少年的道德自律与主体性,才能强化其善良意志,并有可能将这种道德义务感拓展至只能远程关心的陌生人。"②志愿者精神可以扩大自然关怀在关心陌生人行为中所占的比重,而发展良好的善良意志则可以提供对陌生人的伦理关怀所需要的道德努力。两者协同发挥作用有益于保障关心行为成为陌生人关系中的常态行为。

---

① 侯晶晶:《被阻滞的关心——青少年道德学习面临的挑战》,《人大复印资料·中小学教育》2011 年第 11 期。

② J. Varelius,"Autonomy and Duties to Distant Strangers",*A Journal of the Humanities & Social Sciences*,Vol.11,No.4(2007),pp.419-431.

三、以交往增进对陌生人的知情信任

责任感是相遇他者的前提,情景或事件中介着与他者的相遇。① 学校可创设多种条件,促使青少年与学校内外的陌生人交往融合,以去陌生化的学校和社区为良序陌生人社会奠基。

(一)校内交往

与陌生人交往的风险实际上分为三类:想象性的风险、符号化的风险、真实的风险。我们应该警惕,污名化的陌生人符号与泛化的想象性风险可能过度放大真实的风险。青少年如果缺乏与陌生人交往的真实机会,很容易在不自觉中陷入想象性和符号化的风险,进一步失去与陌生人交往的愿望和勇气,从而陷入误识的更深的自我循环。丰富的相遇能帮助青少年理性地看待对陌生人的恐惧。交往能有效地拉近陌生人之间的物理距离和心理距离,有助于一点一滴地构建友善互信的陌生人社会基础。

青少年与陌生人的交往具有深刻的社会意义。陌生人往往是个体生活史和群体样本两重意义上的陌生人。第一重身份上的陌生人是指此人以前不是"我"的同学、邻居、同乡、亲戚,而是一个与"我"的个人生活史毫无交集的人。陌生人的第二重身份则具有更重要的社会意义。作为群体样本的陌生人可能来自发达程度不同的地区及残健程度不同的群体,抑或来自其他国家或不同文化背景。当陌生人得到了教育制度以及他我群体的良好对待时,这个陌生人便减少了不安全感、戒备感,更倾向于敞开心灵、融入环境,会比较积极地建立与他人、与社会的良好关系。此时,陌生人个体对于促进群体的理解与融合便有所贡献,有助于扩大群体相融的社会基础。通过与具体陌生个体的相处,青少年亦能够窥见陌生人群体的特点,感知、理解、认同其他群体人性的良善

---

① 江马益:《列维纳斯的"道德他者"思想试析》,《中国人民大学学报》2010 年第 2 期。

与美好,穿透原先浅层次的差异,直接诉诸人性的共同需要,例如对于生命价值的渴望、对于真善美的追求。

(二)校外交往

学校还可以鼓励学生在校外更大的社会场域里学习以安全的方式与陌生人相处,以知情信任应对潜在风险。其方式不局限于我们相对熟悉的个别化社区服务学习,还包括全员卷入的与陌生人交往的活动。学校事先应告知学生与(准)陌生人交往时怎样恰如其分地对待陌生人交往的风险,例如,在光线充足的邻里之间活动,不要进入陌生人家里或汽车内,具有前瞻性地教儿童如何在第一时间识别风险、化解风险、控制风险的危害;相反,如果将与陌生人的交往简单化或者妖魔化,会强化风险焦虑,加剧青少年对陌生人的疏离感、恐惧感。

信任陌生人的态度投射给陌生人正向的情感、价值和行为期待。皮格马利翁效应明确地揭示了这一点:交往对象的期待在很大程度上具有自我实现的功能。关怀伦理学揭示了人际关系的相互性,即双方都对微观人际关系负有责任。信任陌生人的态度投射出自我对他人的尊重,这样自我就对与陌生人的正向关系作出贡献;对于对方的态度和行为亦具有积极的强化作用,即同时引导对方担当道德关系的责任。此外,对陌生人的信任与尊重还可以减少愤恨。"当合理的权利诉求没有得到正常对待时,便会产生愤恨这种特殊的正义感。"[1]基础学校良好的陌生人伦理教育会在青少年富于吸收力的心灵中印刻下与陌生人交往的愉悦感受,增强青少年与陌生人交往的准备性和乐意程度,增强青少年对人类总体善良的信任。

四、讨论与启示

基础学校普遍重视陌生人伦理教育,将平等、关心与信任这些互嵌价值观

---

① 鞠玉翠:《试论公民正义感的培育》,《教育研究》2013 年第 11 期。

生活化，使每一个学生浸润其中。其教育体现出较充分的社会学想象力，教育者明确理解"与陌生人熟悉起来"对于青少年"自我意识的成熟""探讨爱他人与爱自己的边界"以及社会建构具有重要意义。"在这个电子时代里，人们需要格外重视移情的发展与人际关联感。"①每个个体都蕴含着人类的各种丰富可能性。青少年对陌生人的陌生，其实一定程度上是对自己作为人类个体的多种可能性的陌生。在逐渐熟悉、理解陌生人的过程中，青少年亦可丰富自我、理解人性，为融合社会的建构尽力。

学校不固化或放大陌生人关系与熟人关系间的区别，而是明确地促进陌生关系向熟悉关系和融合关系转化。追根溯源，包括亲子关系在内的熟悉关系最初都从陌生关系演化而来。熟悉关系也未必就是亲密或友善关系，"杀熟""仇亲""弑亲"等现象便是负面熟悉关系的典型。学会道德地对待陌生人，关乎个体幸福与社会和谐。今天的青少年就是明日社会的中流砥柱，就是关涉"陌生人"的各种社会制度的制定者与实施者。"学生群体中的'较不利者'的产生与学校制度生活有着根源性的联系，因此诉诸制度生活的公正本意是十分必要的。"②

（一）平等地尊重包括残疾人在内的"陌生人"

为陌生的非主流学生比较平等地提供教育资源，有着深刻的道德教育意义。在学校教育言行一致的正派（decency）、学校物质环境的体面（decency）与儿童品格的正派（decency）之间，存在某种一致性。学校物质环境的体面渗透着教育诚信与社会诚信。如果学生自幼浸润在尊重人的道德生活中，便会习惯于此，便更有可能学会有道德地维持自尊并尊重他人，对于伤害或冷漠对待陌生人等道德上不正派（indecent）的现象便难以熟视无睹，很可能努力匡正

---

① J. N. Apps, "Making Strangers Familiar", *Ethics and Behavior*, No.20 (2010).

② 傅淳华、杜时忠：《关注"较不利者"——学校制度生活中的利益补偿实践初探》，《教育发展研究》2013年第24期。

之;相反,如果青少年在学校经常体验到关涉陌生人的低规格道德生活,偶尔看到尊重关心陌生人的现象时,他们会倾向于认为这是小概率的、与己无关的道德高标而不思仿效。

我们可以倡导所有公立义务教育学校逐渐统一基本硬件资源,提升教育资源的分配正义,并积极建构良好的道德氛围;更加扎实地促进每一个学生在知识、技能、社会性方面的优质发展;以对残疾学生、陌生转学者高度负责的态度体现出超越功利的教育伦理精神,使我们的教育实践与教育伦理价值取向高度相符。

我国学校教育应该警惕以过度竞争制造强傲弱卑、等级森严的班级,避免青少年受此影响将他人首先视为工具价值的载体。拥有优势自致身份、给定身份的人对于他人的福祉和群体利益应该更有担当,透过"无知之幕"看待人际关系,以自己的聪明才智与良好道德增益人类的幸福总量,而不是将自身幸福建立在处境不利的陌生人的尊严之上。善待陌生人的基础教育能减少处境不利者对社会和他人的怨恨,通过培养亲社会的、有融合素养的个体,促成社会自下而上的有机和谐。

(二)拓展青少年关心陌生人的空间

我们需要深思校园中熟悉的陌生人现象。校园应避免以杜绝安全隐患为由"圈养"学生,处境不利者在缺乏相应教育资源的情境中"随班混读"、多数学生为少数学生陪读,这些现象折射出我国有些学校的教育近乎单维度地承认智育成就的价值,容易使很多儿童沦为单子式的知识学习者,逐渐失去杜威确认的儿童相互交往的普遍兴趣。学校应该鼓励青少年与自己竞争、自我超越,同时包容他人、悦纳他人。我国有学校在刘次林教授指导下进行过班组串换实验等道德教育探索。① 由于合乎教育规律和儿童的发展心理,有效地促

---

① 胡国良、刘次林:《"班组串换"德育模式的理论建构》,《教育探索》2002 年第 2 期;侯晶晶:《班组串换制实验提升道德教—学实效性的十项机制分析》,《教育研究与实验》2005 年第 3 期。

进了学生对于公共利益的正义感和对他人的关切感,减少了对他人的陌生感,很大程度上化解了校园里熟悉的陌生人现象。此外,我们可以更加注重培养责任公民、世界公民,创设情境促使学生在学校内外关心陌生人,在此过程中感受到自己助他的价值与幸福感,强化善良意志。这样的生活化德育能有效地拓展学生道德责任感中"有效他人"的概念,把原本在道德心理上排斥的陌生人转化为情意互通的他我,对其合理需要葆有敏感性,在力所能及的范围内乐于给予回应与关心。"陌生"是关系性的人际状态,A 与 B 互为陌生人。A如果做一个有道德素养的陌生人,同时,也就为陌生人 B 表现人性的良善提供了良好的关系条件,并为残障者与环境的深度融合提供了支持条件。

(三)在交往中培育对外圈的信任

对陌生人的信任很大程度上来自和陌生人的交往,而这种信任对于人们在内圈关怀与外圈关怀之间保持平衡①是一个必要条件。学校对陌生人不宜报以普遍性善论之盲目乐观,而要帮助青少年理解陌生人及其多样化生活状态,客观评估与陌生人交往的潜在风险,教会青少年具体的应对方法。零风险的信任是不存在的,夸大风险只会使不信任陌生人的现象泛化与"合理化"。明智的知情信任有益于使风险最小化、善意最大化,最终优化陌生人共同生活的社会环境。

我国很多学生在应试教育的重负下,较少置身于和陌生人真实交往的情境中。他们对于陌生人的了解主要来自媒体等间接渠道,而有些媒体为了追求宣传的轰动效应往往凸显一些负面事件,可能泛化陌生人的污名现象。学校应该提升学生的媒体素养,使其学会理性地看待关于陌生人的舆论宣传,对于大多数人的善良抱有信心;同时,借助社区服务学习等渠道增加青少年与陌生人的交往,在真实的共同生活中建立信任。

---

① M. Slote, "Caring in the Balance", in *Norms and Values*, J. G. Haber & S. Mark (eds.), Halfon Lanham, Maryland: Rowman & Littlefield, 1998, pp.27–36.

在借鉴他国教育中合理成分的同时,我们还应发掘我国传统文化中有助于培养良好陌生人伦理的文化资源,扩大对于儒家"泛爱众而亲仁"等博爱思想资源的关注,使之更有力地为现代的伦理文化建设服务。正如樊浩教授指出的,要避免不懂传统反传统①。这样,我们的学校教育就能更好地发挥其应有的未来性的功能,为融合的陌生人社会建构发挥应有的积极的反作用力。

实施良好的陌生人伦理教育,可使青少年作为关系的一方置身于常态化的良好陌生人关系中,体验此关系的合理性,敏感地察知并克服群体性自私的偏好,认同人们普遍的尊严与权利,而不以关系的陌生与熟悉为转移。这有利于培养青少年"心行一致"②的陌生人道德素养,易于使青少年将业已习惯的良好陌生人关系迁移到更多的社会角色和社会情境中。良好的陌生人伦理教育能以平等尊重安顿陌生人渴求尊严的心灵,以关心弥合陌生人之间的道德距离,以对人类总体善良的知情信任来应对与陌生人交往的潜在风险。良好的陌生人伦理教育能够拓展青少年的社会学想象力,既是为良序陌生人社会奠定道德基础的必要前提,也是优质融合教育必不可少的伦理学基础。融合教育以及其中的陌生人伦理教育与融合社会具有相互推动的作用。融合社会一定是一个具有良好陌生人伦理氛围的社会,而融合社会反过来又能为名实相符的融合教育、为残疾人教育反贫困功能的充分发挥提供坚实基础。较之陌生人伦理中蕴含的价值观,我国社会主义核心价值观层次更丰富、内容更系统,下一章在适当之处将结合社会主义核心价值观探讨如何优化融合教育。

综上,基于 CDPF 的数据分析显示,从未上学是我国残疾儿童权利贫困程度最深、占比最高、经济致贫风险最大的失学亚类。破解残疾儿童从未上学问题,对于深化残疾儿童失学研究、充分保障残疾儿童的平等受教育权利、推动我国教育改革、预防贫困具有不可替代的价值。鉴于对全国残疾儿童的调研难度甚大、耗资甚多,本研究借助 CDPF 全国调研数据对残疾儿童从未上学问

---

① 《樊浩自选集》,凤凰出版社 2010 年版,第 449 页。
② 刘次林:《公德及其教育》,《教育研究》2008 年第 11 期。

题进行实证研究,多维度分析了我国 6—17 周岁残疾儿童从未上学的样本状况;通过实证研究明确了残疾儿童从未上学的六类影响因素,探明生活自理能力、监护人未曾上学、领救济对于残疾儿童从未上学是具有特异性的影响因素,在此前一体化的失学研究中这些影响因素并未显现。由失学研究深入到其破解难度最大的亚类从未上学的研究,"弱有所扶"政策、"公平而有质量的教育"的提出为该瓶颈问题的解决提供了新的空间与可能。笔者随之拓展进行有针对性、可行性的智库研究,结合我国最新政策导向以及"零拒绝"国际教育的先进经验,运用实证研究等方法提出新的对策建议,为有效解决残疾儿童从未上学问题提供科学依据,以期有助于进一步消弭残疾儿童受教育权保障与儿童总体受教育权保障之间的落差。

基于定量研究的结论和典型案例分析,本章通过思辨研究指出:教育关怀是优质融合教育的核心。教育关怀的充分渗透可以从化解残疾学生的伦理恐惧、培养积极心态与健康人格、改善学校管理、构建良好师生关系、促进同辈群体和谐共处、善用教育方法等多方面提升我国融合教育的效能,帮助残障学生融入学校生活。来自同学的关心也是防止残障学生失学的重要社会支持因素。学会关心他人是青少年道德学习的重要目标,然而青少年在动机生成、关心行为和效果反馈反思三个环节上均面临结构性的阻滞。潜在被关心者表达需要的渠道不畅、关心者身份遭遇贬抑、知识学习的时间过度膨胀,均阻碍青少年生成关心动机;组织的低有机化、圈层区隔强化青少年与他人的疏离、被关心者身份受到倭化、实施积极关心行为预示风险、智慧缺失导致策略失当,均对关心行为的广度与适切性构成挑战;对感恩的错误认识导致关心效果反馈失真、侵蚀关心关系并解构关心者的反思能力。厘清这些阻滞因素及其原因,有利于促进青少年学会有质量地关心包括残障同学在内的他人。此症结的一个破解之道在于学校生活化的陌生人伦理教育。尤其是在我国社会向陌生人社会转型的背景下,在人的二重性视角下追寻"共同富裕"的征程中,青少年学会道德地对待陌生人具有重要的教育意义与社会意义。学校应强调平等地尊重陌生人的异质性,包括平等地尊重特殊学习需要;重视关心陌生人的多域实践,尤其是作为同学的面对面非选择性关心;创设多种条件促使青少年与学校内外的陌生人交往融合,以交往增进对陌生人的知情信任。平等、关心和信任这些互嵌价值观有助于缩小陌生人的心理距离与道德距离,以此为特征的陌生人伦理教育对于丰富学校德育、构建良序陌生人社会、促进群体融合,从根本上防控残障儿童失学,促使许多目前仍在接受"送教上门"服务的残障学生转而充分地接受学校教育,都具有借鉴价值。

以上基于两个量化研究,从关怀伦理视角分析了优质融合教育应有的伦理内核,继而论述我国融合教育在同伴关心支持方面面临的一些挑战,最后基于陌生人伦理探讨了融合教育的学校伦理道德氛围建构。本章关注的从未上学问题关涉起点公平研究,后面将研究过程公平与结果公平。根据学段的时间逻辑,下一章研究义务教育阶段的残疾人教育反贫困问题。

第三章　残疾人基础教育反贫困

　　党的十九大报告提出"努力让每个孩子都能享有公平而有质量的教育""弱有所扶"，二十大报告强调"办好人民满意的教育""强化特殊教育普惠发展"。这对残疾儿童受教育权利保障提出了新时代的要求，也为教育反贫困提供了新的政策支持。公平而有质量的教育之实质是以人为核心评估域的内涵式新教育公平观①，是办好人民满意的教育的关键。普惠发展，指的是"特殊教育发展要普遍惠及全体特殊儿童，确保一个都不能少"②。

　　保证残疾儿童的入学率和在学率，对于我国教育改革现代化深水区的探索，对于提升我国人口素质，预防生成知识贫困、经济贫困人口，具有重要的战略意义。保障弱势群体的法定权利既是弱有所扶的底线，也是行之有效的根本举措。做到依法治教是依法治国不可或缺的重要组成部分。循此脉络，本章从公平和质量双维度研究残疾人基础教育③反贫困。

---

　　①　程天君：《以人为核心评估域：新教育公平理论的基石——兼论新时期教育公平的转型》，《华东师范大学学报（教育科学版）》2019年第1期。
　　②　丁勇：《强化特殊教育普惠发展：新时代我国特殊教育的使命和任务》，《现代特殊教育》2022年第21期。
　　③　基础教育有广义和狭义之分。狭义的基础教育就是义务教育；广义的基础教育包括学前教育、义务教育、高中阶段，换言之，高等教育之前的教育均可视为基础教育。本章使用的是广义的基础教育概念。

第一节　我国残疾儿童通过融合教育
实现教育反贫困的研究[①]

　　扩大普通学校随班就读规模,推进融合教育,是《特殊教育提升计划(2014—2016年)》提出的重要方略,《"十四五"特殊教育发展提升行动计划》进一步要求"融合教育全面推进",对于基础教育反贫困具有重要作用。从广义而言,"把特殊需要儿童部分或全部学习时间安置于普通教室的努力都视作融合教育"[②]。"融合教育的核心是保障有质量的教育公平"[③]。彻底地追寻教育公平、实现教育应有的伦理精神、实施完整的公民教育,最大化地促进残疾儿童的发展,有效地构建融合社会,都必须重视残疾儿童的融合教育。

　　从教育哲学角度而论,融合教育不像特殊教育史中的"一体化"和"回归主流"运动那样强调残疾儿童改变自身以适应主流环境,转而强调残疾儿童的受教育权利以及普通学校接受残疾儿童的义务。就其理想型而言,在融合教育环境中,残疾儿童被残、健同伴以及环境中的其他人所接受,残疾儿童受到尊重、具有归属感,其特殊需要得到满足。[④] 融合教育不仅是现代残疾人教育的趋势,也因其有利于残疾儿童的社会融合与生存发展机会的获得而成为教育反贫困的重要力量。

　　融合教育目前在我国主要采取随班就读的方式。"随班就读处于起步

---

　　① 本节改写自笔者发表于《教育研究与实验》的独著论文《我国残疾儿童随班就读的影响因素研究》。

　　② 邓猛、朱志勇:《随班就读与融合教育——中西方特殊教育模式的比较》,《华中师范大学学报(人文社会科学版)》2007年第4期。

　　③ 周满生:《关于"融合教育"的几点思考》,《教育研究》2014年第2期。

　　④ E. K. Allen, G. E. Cowdery, *The Exceptional Child: Inclusion in Early Childhood Education*, Boston, M. A.: Cengage Learning, 2014, p.5.

阶段,还比较简单、粗糙……随班就读只是解决我国残疾儿童教育问题的一个切实可行的具体实施办法……我国以随班就读为主体的发展格局较简单、层次较少"。不过,随班就读就其本质而言属于融合教育的范畴。① 在我国"以特殊学校为骨干,以随班就读为主体"的特殊教育体系中,融合教育是"主体"部分。融合教育是当代国际特殊教育的主流,也是国内外残疾儿童受教育权利保障的一种主要形式。《"十四五"特殊教育发展提升行动计划》强调"适宜融合",提出到2025年高质量特殊教育体系初步建立的主要目标。并提出如下目标:普及程度显著提高,适龄残疾儿童义务教育入学率达到97%;教育质量全面提升,课程教材体系进一步完善,教育模式更加多样,课程教学改革不断深化,融合教育全面推进;保障机制进一步完善,特殊教育经费保障水平逐步提高,教师队伍建设不断加强,专业水平、待遇保障进一步提升②。

"中国现在的特殊教育形式已经由单纯的以特教学校培养向随班就读为主体多种办学形式发展。1996年至2008年,普通学校随班就读学生占总在校残疾学生七成以上,特教学校以及特教班就读占总在校残疾学生的比例仅为两成左右。2008年的比例为71%和29%。"③随班就读是融合教育的初级形式,也是我国目前融合教育的基本形式。以上方略契合于《"十四五"特殊教育发展提升行动计划》提出的"融合教育全面推进"。尤其对于视力、听力、智力三类之外的其他残疾类别适龄儿童,随班就读是解决其失学问题的几乎唯一可行路径,也符合当代残疾人教育的发展趋势。

关于融合教育的研究成果较多从趋势演进、普特协作、教育关怀、师资培

---

① 邓猛、朱志勇:《随班就读与融合教育——中西方特殊教育模式的比较》,《华中师范大学学报(人文社会科学版)》2007年第4期。

② 《〈"十四五"特殊教育发展提升行动计划〉启动实施》,2022年1月15日,http://www.moe.gov.cn/jyb_xwfb/gzdt_gzdt/s5987/202201/t20220125_596278.html。

③ 陈云凡:《中国特殊教育发展报告》,载郑功成、杨立雄主编:《中国残疾人事业发展报告》,人民出版社2011年版,第71页。

养、同伴合作、社会支持、国际比较等视角进行过程性的诊断与分析。① 如何"将那些还没有进入学校的特殊儿童招收进来",以达到残疾人教育的"量标"②,此类前提性的研究目前尚且相当稀缺,至今尚未见实证研究揭示哪些因素影响残疾儿童接受融合教育。如果不着力解决"扩大普通学校随班就读规模"的这一前提问题,前述过程研究的成果便无法惠及更多残疾儿童,《"十四五"特殊教育发展提升行动计划》提出的"融合教育全面推进"目标便可能落空。鉴于此,本章首先对残疾儿童融合教育就学状况及影响因素进行实证研究。

一、研究对象与研究方法

本研究的对象为我国中小学义务教育和高中教育阶段在读的 6—17 岁残疾儿童。研究资料来源为 CDPF 全国残疾人状况监测数据。6—17 岁残疾儿童有效样本当中,剔除学校类型中"残疾人中等职业技术学校""普通学校特教班"少量样本和"领救济"项错填的 1 个样本,最终得到小学、初中及高中教育阶段全国 875 个在学的 6—17 岁残疾儿童样本,男生 543 人,女生 332 人。

---

① 可参见雷江华:《全纳教育之论争》,《教育研究与实验》2004 年第 4 期;邓猛:《普通小学随班就读教师对全纳教育态度的城乡比较研究》,《教育研究与实验》2004 年第 1 期;彭兴蓬:《融合教育的价值追求及社会支持系统的建立》,《教育研究与实验》2014 年第 3 期;侯晶晶:《教育关怀:优质全纳教育的内核》,《华中师范大学学报(人文社会科学版)》2007 年第 4 期;石晓辉:《融合教育中的同伴作用策略》,《中国特殊教育》2007 年第 8 期;朱楠、王雁:《融合教育背景下特殊教育学校职能的转变》,《中国特殊教育》2011 年第 12 期;梁斌言:《智力残疾儿童随班就读的理论与实践》,天津教育出版社 2010 年版,第 11 页;J. Seale, M. Nind, S. Parsons, "Inclusive Research in Education:Contributions to Method and Debate", *International Journal of Research & Method in Education*, Vol.37, No.4 (2014), pp.347-356; J. Kraska, C. Boyle, "Attitudes of Preschool and Primary School Pre-service Teachers towards Inclusive Education", *Asia-Pacific Journal of Teacher Education*, Vol.42, No.3 (2014), pp.228-246; M. Mackey, "Inclusive Education in the United States:Middle School General Education Teachers' Approaches to Inclusion", *International Journal of Instruction*, Vol.7, No.2(2014), pp.5-20。

② 邓猛、潘剑芳:《关于全纳教育思想的几点理论回顾及其对我们的启示》,《中国特殊教育》2003 年第 4 期;雷江华:《我国特殊教育质量标准的历史回顾与剖析》,《中国特殊教育》2002 年第 4 期。

本研究运用 SPSS 软件作为分析工具,首先通过列联表分析和独立性 χ^2 检验,验证残疾儿童随班就读在哪些因素上存在显著差异,然后将具有显著差异的自变量纳入回归分析模型,用多元 logistic 回归分析法来分析这些自变量对于残疾儿童随班就读的影响作用,得出残疾儿童接受融合教育的影响因素。

二、研究结果

(一)残疾儿童接受融合教育状况描述

我国 875 个在学的 6—17 岁残疾儿童样本中,在普通小学、普通初中、普通高中、普通中职接受融合教育的比例分别为 59.8%、24.9%、4.1%、2.3%,其余残疾儿童在特殊教育学校接受教育。我国残疾儿童接受融合教育的比例随学段升高而逐级锐减。

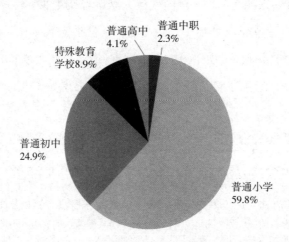

图 3-1　在学残疾儿童就读学校的类型分布

(二)我国残疾儿童融合教育状况的自变量赋值与样本状况

残疾儿童融合教育状况具有显著差异的自变量维度如表 3-1 和 3-2 所示。性别和地区维度的差异虽未达显著水平,但是它们对于探讨随班融合教育的性别平等、地区平衡问题具有不可替代的意义,故而保留在表中。

在年龄方面,6—8岁残疾儿童91.4%就读于普通小学,0.8%就读于普通初中,7.8%就读于特殊学校;9—11岁残疾儿童仍有92.4%就读于普通小学,就读于普通初中的仅有1.1%,在特殊学校就读的为6.5%;12—14岁残疾儿童就读普通小学的比例仍高达48.6%,39.7%就读普通初中,就读普通高中的比例仅为0.3%,在特殊学校就读的比例增至11.4%;15—17岁残疾儿童仍有6.0%在普通小学读书,多达54.4%在普通初中读书,就读于普通高中和普通中职的分别仅有19.2%、11.0%,在特殊学校就读的比例为9.3%。残疾儿童就读学校类型分布在年龄维度上具有极其显著的差异。

男性残疾儿童在普通小学、初中、高中、中职接受融合教育的比例分别为59.3%、24.5%、4.8%、2.4%,有9.0%的男性残疾儿童在特殊学校就读。女性残疾儿童在上述四类普通学校接受融合教育的比例分别为60.5%、25.6%、3.0%和2.1%,就读于特殊学校的比例为8.7%。男性残疾儿童就读于普通高中和普通中职的比例略高于女性残疾儿童。残疾儿童的就读学校类型分布在性别维度上没有显著差异。

在SPSS软件的"频率"描述界面中,设定6个"相等组"以生成自动分割点,形成以上六个组别。残疾儿童家庭文教年支出较低的三个组别内(0—200元,201—400元,401—672元),残疾儿童就读普通小学的比例均在70%左右,就读普通初中的比例在20%左右。家庭文教年支出较高的三个组别内(673—1200元,1201—2400元,2400元以上),残疾儿童就读于普通小学的比例从59.2%逐级下降至38.7%,就读于普通初中的比例在30%左右,而就读于普通高中的比例从3.6%逐级上升至12%,就读于普通中职的比例从0.6%逐级上升至7.7%。家庭文教年支出从低到高六个组别的残疾儿童在特殊学校就读的比例分别为7.8%、10.5%、5.4%、5.9%、8.7%、15.5%。残疾儿童接受教育的学校类型分布在家庭文教年支出维度上具有极其显著的差异。

残疾儿童监护人的受教育程度从低到高包括七个组别是未上学、小学、初中、高中、中专、专科、本科或以上。在这七个组别中,残疾儿童就读于普通小学的比例介于46.2%(监护人受教育程度为中专)和67.2%(监护人受教育程度为小学)之间。关于残疾儿童就读普通初中的比例,除了监护人受教育程度为"中专"组别和"本科或以上"组别的残疾儿童在10%以下(比例分别为7.7%和0%),其他组别残疾儿童就读普通初中的比例均在20%—30%。残疾儿童就读于普通高中的比例总体上随着监护人受教育程度的提高逐级上升,从"监护人受教育程度为小学"组别的2.5%逐级上升至"本科或以上"组别的11.1%。除了监护人受教育程度为"小学"和"专科"的组别,残疾儿童就读普通中职的比例总体上随着监护人受教育程度的提升逐级上升,从"监护人受教育程度为未上学"组别的1.9%上升至"本科或以上"组别的11.1%。六个组别的残疾儿童就读于特殊学校的比例分别为15.4%、7.4%、6.7%、17.0%、30.8%、25.0%、22.2%。残疾儿童接受教育的学校类型分布在其监护人受教育程度维度上具有较显著差异。

关于残疾儿童所在地区,就读于普通小学的残疾儿童比例从高到低为东部62.4%、中部59.6%、西部57.7%;就读于普通初中的比例从高到低为西部27.4%、中部24.3%、东部22.4%;就读于普通高中的比例从高到低为西部5.4%、中部4.3%、东部2.4%;就读于普通中职的比例从高到低为东部3.1%、中部2.2%、西部1.7%。另外,残疾儿童就读于特殊学校的比例从高到低为东部9.8%、中部9.6%、西部7.7%。西部地区残疾儿童就读于普通初中和普通高中的比例最高。残疾儿童就读学校类型在地区分布上没有显著差异。

残疾儿童使用家庭电脑上网的能力维度分为"没有家庭电脑""会使用家庭电脑上网""不会使用家庭电脑上网"三个组别。这三个组别的残疾儿童就读于普通小学的比例分别为61.2%、45.8%、55.4%。残疾儿童就读于普通初中、普通高中和普通中职比例最高的均为"会使用家庭电脑上网"组别,其比例分别为30.5%、13.6%、5.1%;就读于特殊学校的最低比例5.1%也在这一组别。就读于普通初中、普通高中和普通中职的最低比例均出现在"不会使用家庭电脑上网"组别,比例分别为17.9%、0%、0%;残疾儿童就读于特殊学校的最高比例 26.8% 也出现在该组别。残疾儿童就读学校类型在其信息技能维度上具有极其显著的差异。

领低保残疾儿童在普通小学、初中、高中、中职接受融合教育的比例分别为 51.3%、22.8%、5.7%、4.4%，不领低保的残疾儿童的同类比例分别为 61.6%、25.45%、3.8%、1.8%。领低保的残疾儿童就读于特殊学校的比例（15.8%）高于不领低保的残疾儿童的同类比例（7.4%）。残疾儿童的就读学校类型在其是否领低保维度上具有较显著的差异。

领救济①的残疾儿童就读于普通小学、初中、高中、中职的比例分别为 53.9%、24.0%、3.7%、1.8%，不领救济的残疾儿童的同类比例分别为 61.7%、25.2%、4.3%、2.4%。领救济的残疾儿童就读于特殊学校的比例（16.6%）高于不领救济残疾儿童的同类比例（6.4%）。残疾儿童的就读学校类型在其是否领救济的维度上具有极其显著的差异。

关于残疾儿童是否已参加新型农村合作医疗（简称"新农合"），共有三个组别：非农村残疾儿童跳过、农村残疾儿童已参加新农合、农村残疾儿童未参加新农合。非农村残疾儿童就读于普通初中、普通高中的比例（29.2%、8.8%）在三个组别中是最高的；其就读于特殊学校的比例（13.9%）在三个组别中亦最高。在农村残疾儿童中，未参加新农合者就读于普通小学以及普通中职的比例（73.0%、10.8%）高于参加新农合者的同类比例（61.8%、1.9%）。未参加新农合的农村残疾儿童就读于普通高中的比例（8.1%）高于已参加新农合者的同类比例（3.0%）。监测数据显示，未参加新农合的农村残疾儿童多数参加了其他保险。残疾儿童的就读学校分布在其是否参加新农合的维度上具有极其显著的差异。

近一年接受过康复的听力残疾儿童就读于普通小学和特殊学校的比例

---

① 社会救济是指国家和社会对由于各种原因无法维持最低生活水平的公民给予无偿救助的一项社会保障制度。见中国残疾人联合会主编：《残疾人工作基本知识读本》，华夏出版社 2009 年版，第 135 页。

（40.6%、40.6%）高于未接受康复的听力残疾儿童的同类比例（37.3%、29.4%）。未接受康复的听力残疾儿童就读于普通初中、普通高中、普通中职的比例（23.5%、3.9%、5.9%）高于接受过康复的听力残疾儿童的同类比例（12.5%、3.1%、3.1%）。听力残疾儿童就读于特殊学校的比例远远高于其他类残疾儿童的同类比例（6.3%）。残疾儿童就读学校类型分布在是否接受听力康复的维度上具有极其显著的差异。

近一年未使用辅助器具的肢体类残疾儿童在普通初中、高中、中职接受融合教育的比例（29.2%、9.9%、5.3%）均高于使用辅助器具的肢体残疾儿童的同类比例（27.8%、5.6%，0%）。前者就读于普通小学和特殊学校的比例（53.2%、2.3%）分别低于后者的同类比例（61.1%、5.6%）。部分肢体残疾儿童具有多重残疾。肢体残疾儿童就读于特殊学校的比例低于其他类别残疾儿童的同类比例（10.6%）。残疾儿童的就读学校分布在是否使用肢体辅具维度上具有极其显著的差异。

近一年未进行康复的智力残疾儿童在普通小学、初中、高中、中职接受融合教育的比例（70.9%、21.8%、0.7%、1.1%）均高于接受康复的智力残疾儿童的同类比例（68.6%、14.5%、0%、0.6%）。前者就读于特殊学校的比例（5.6%）低于后者的同类比例（16.3%）。前者的残疾程度往往比后者轻。残疾儿童的就读学校分布在智力残疾儿童近一年内是否进行过智力康复维度上具有极其显著的差异。

近一年在社区接受过法律知识宣传的残疾儿童除了就读于普通小学的比例（48.8%）低于未接受法律宣传的残疾儿童的同类比例（67.6%），前者在普通初中、高中、中职接受融合教育的比例（31.0%、6.3、3.3%）均高于后者的同类比例（20.6%、2.5%、1.6%）。另外，前者在特殊学校接受教育的比例（10.7%）也高于后者（7.6%）。残疾儿童的就读学校分布在是否接受过法律知识宣传的维度上具有极其显著的差异。

已领取第二代残疾证的残疾儿童除了在普通小学随班就读的比例

(52.0%)低于未领证残疾儿童的同类比例(69.6%);前者在普通初中、高中、中职接受融合教育的比例(25.1%、4.7%、3.1%)均高于后者的同类比例(24.7%、3.4%、1.3%)。另外,前者就读于特殊学校的比例(15.1%)也高于后者的同类比例(1.0%)。残疾儿童的就读学校分布在其是否已领取第二代残疾证的维度上具有极其显著的差异。

(三)残疾儿童接受融合教育的影响因素

多元 logistic 回归模型的似然比 χ^2 检验结果(χ^2 = 998.399, df = 128, p<0.001)说明模型有意义;Nagelkerke R^2 值的大小表示模型的解释能力与拟合优度,本模型的 Nagelkerke R^2 值达 0.768,表明本模型的解释能力与拟合优度较为理想。本模型对于残疾儿童接受融合教育的预测准确率达 76.7%,说明本模式的自变量对于残疾儿童的融合教育具有很好的预测准确性。回归分析显示,人口特征、地区、家庭、儿童自身能力、社会保障、康复、社区服务等因素对于我国残疾儿童接受融合教育具有影响作用。

1. 人口特征因素

(1)男性残疾儿童在普通高中接受融合教育的可能性大于女性残疾儿童,OR 值①达显著水平。(2)以 15—17 岁组残疾儿童为参照组,12—14 岁残疾儿童在小学随班就读的可能性仍然大得多,OR 值高达 9.960,并达显著水平,折射出小学随班就读残疾儿童普遍入学较晚。

2. 家庭与地区因素

(1)以家庭文教年支出最高组作为参照组,所有较低支出组的残疾儿童在小学接受融合教育的可能性较高,OR 值达显著水平;第 4 组就读普通初中的 OR 值大于 1,达较显著水平。这说明,"两免一补"政策使得普通义务教育阶段的残疾儿童家庭教育支出负担不重。然而,教育支出较低组别的残疾儿

---

①　OR 值全称为 Odds Ratio,是指某事件和其参照组的发生风险比,表示自变量每增加一个单位带来的发生风险比的变化。

童就读于普通高中和普通中职的 OR 值仅在 0.019—0.456,半数 OR 值达显著水平。特别值得注意的是,在毗邻的第 6 组和第 5 组之间,家庭文教支出对于残疾儿童在普通高中尤其普通中职接受融合教育的影响作用亦相当显著。由此推断,对于残疾儿童就读普通高中、中职而言,家庭年度文化教育支出2400 元可能是临界点。本研究表明,残疾儿童在普通高中和中职随班就读的年度教育支出均值为每年 3931 元,经济压力之大让很多领低保等贫困家庭难以承受,因而降低残疾儿童在此学段随班就读的可能性。(2)以残疾儿童监护人具有小学教育水平作为参照组,在监护人具有初中教育水平的组别中,残疾儿童在普通小学、初中、高中接受融合教育的 OR 值均大于 1,就读普通高中的 OR 值达显著水平。(3)以中部地区为参照组,西部地区残疾儿童在初中和高中随班就读的 OR 值分别为 1.532、1.432。国家关于发展西部地区的政策扶持促进了残疾人教育事业。东部残疾儿童义务教育随班就读的可能性与中部地区基本持平,OR 值分别为 0.964、1.057;但是,东部地区残疾儿童就读普通高中的 OR 值仅为中部地区的 0.590 倍。东部地区特殊学校教育的传统优势,[①]在一定程度上抑制了残疾儿童在普通高中随班就读的可能性。东部地区残疾儿童就读普通中职的 OR 值为 3.662。残疾中职学生未来通过高考的几率远远小于就读普通高中者。

3. 自身能力因素

以不会使用家庭电脑上网的残疾儿童为参照组,家中无电脑以及会使用家庭电脑上网两个组别的残疾儿童在普通小学和初中接受融合教育的 OR 值介于 3.23—20.81,均达显著水平。残疾儿童借助电脑与网络可以提升获取信息、自主学习的能力,增加与外界的交流,促进自身的社会性发展。鉴于会使用家庭电脑上网的残疾儿童总体上更有可能随班就读,学校应扎实有效地对残疾儿童进行信息技术课教学,指导他们学会上网技能。二手电脑捐赠与

---

① 东部特殊学校教育的优势在上海和恩施的比较中可见一斑。参见刘荣:《武陵山民族地区特殊教育事业发展的问题及对策研究》,《教育研究与实验》2014 年第 3 期。

上网流量费减免可为残疾儿童提升网络信息素养提供硬件和经济便利条件。

4. 社会保障因素

（1）以不领低保的残疾儿童作为参照组，领低保的残疾儿童就读普通小学、初中、高中的 OR 值仅为 0.636、0.399、0.270，呈现学段越高随班就读可能性越低的态势，就读普通初中和高中的 OR 值达显著水平。其就读普通中职的 OR 值为 1.805，未达显著水平。家庭经济条件的劣势使得残疾儿童更可能接受就业取向的中等职业教育，窄化其未来的升学与就业选择。（2）相对于不领救济的参照组，领救济的残疾儿童就读于四类普通学校的 OR 值均小于1，分别为 0.364、0.447、0.728、0.263，小学和初中的随班就读 OR 值达显著水平，家庭经济劣势对融合教育的起点不平等具有显著影响。（3）在保险因素方面，值得注意的是，以农村未参加新农合的残疾儿童作为参照系，农村参加新农合的残疾儿童在普通小学、高中、中职随班就读的 OR 值分别为 0.334、0.126、0.006，参加新农合对于就读普通中职的负向预测作用显著。列联表分析显示，未参加新农合的农村残疾儿童有 81.1% 参加了其他医疗保险。因此，这里涉及的实际上主要是参加新农合与参加其他医疗险种之于残疾儿童随班就读的影响作用之比较。从问卷的其他项目看，新农合报销项目几乎未涵盖残疾儿童康复项目，因此基本无助于改善康复状况，也基本无助于促进随班就读。

5. 康复因素

（1）以近一年内未接受听力康复服务的听障儿童作为参照组，近一年内接受过听力康复训练者就读普通小学的 OR 值为 1.264；但其就读于普通初中、高中、中职的 OR 值却小于1，就读普通初中的 OR 值仅为 0.188，负向预测作用显著。另外值得注意的是，非听力类残疾儿童就读于普通小学、初中、高中的 OR 值均很高，前两个 OR 值达显著水平。由此可见聋儿早康复对于保障其随班就读权益的重要性，也印证了残疾程度以及普特隔离对于听力障碍学生在中学随班就读的影响。（2）以未使用辅具的肢残儿童为参照组，使用肢体辅具者就读普通小学、初中、高中的 OR 值均小于 1,负向预测作用未达显著水平。未用辅具的肢残儿童有 66.08% 是由于"不需要使用",残疾程度较轻;而使用肢体辅具者大多是使用轮椅和矫形器,残疾程度较重,近一半使用者认为肢体辅具效果"一般"。与未用辅具的肢残儿童相比,使用辅具的肢残儿童就读普通高中的 OR 值仅为 0.322。(3)以未接受康复训练的智力残疾儿童作为参照组,接受智力康复训练者在小学和初中随班就读的 OR 值均小于 1,负向预测作用显著。进行过智力康复训练者中 68.60% 接受的是"生活自理能力"康复训练,残疾程度较重,近一半(47.09%)认为康复效果"一般"。应利用国内外智力康复最新研究成果,提高康复训练效果;并注重预防智力类残疾。未接受康复训练的智力残疾儿童有 40.70% 是因为"不需要",其残疾程度较轻;出于"其他"原因的占 25.26%。接受过康复训练的智力残疾儿童就读普通高中和中职者人数为 0 和 1,其 OR 值忽略不论。相对于未接受过康复训练的智力残疾儿童,其他类别残疾儿童在普通初中、高中、中职随班就读的可能性高得多,OR 值达显著水平。"重点康复、社区康复和康复理论研究是实现'残疾人人人享有康复服务目标'的核心要素"[1],应该更加自觉、彻底地将"残疾人基本康复服务均等化"的思路落实在残疾儿童康复工作中[2]。这对于残疾儿童"人人享有康复服务"进而更好地实现自身受教育权,具有重要意义。

6. 社区服务因素

(1)以残疾儿童在社区未参加过法律知识宣传学习为参照组,参加过法律学习的残疾儿童在普通初中、高中、中职接受融合教育的 OR 值分别为 1.763、2.413、7.283,在普通初中和中职接受融合教育的 OR 值达显著水平。我国法律法规对残疾儿童随班就读权利做出了明确规定。社区法律宣传对于

---

① 罗志坤、吕军、虞慧炯:《上海市残疾人康复事业创新实践》,复旦大学出版社 2008 年版,第 27 页。

② 曹跃进、孟晓:《残疾人基本康复服务均等化研究》,《残疾人研究》2011 年第 2 期。

行动不便的残疾儿童具有较强的可及性,有助于其知晓和主张自己随班就读等受教育权利以及法律救济的渠道。(2)以未领第二代残疾证的残疾儿童为参照组,领证儿童在四类普通学校接受融合教育的 *OR* 值仅为 0.062、0.057、0.034、0.024,均达极其显著水平。部分轻度残疾儿童尚处康复过程中,将来或可"去残疾化",这是其未领证的原因之一。而轻度残疾儿童比中度、重度残疾儿童更有可能接受融合教育。另有一部分未领残疾证的残疾儿童及其监护人担心确认残疾身份会进一步加大被普通学校接纳的难度。

三、基于结论的对策思考

扩大普通学校随班就读规模这种融合教育形式,是《第二期特殊教育提升计划》提出的重要方略。为了探究此方略实施的必要前提,本研究首次基于 CDPF 全国 6—17 岁残疾儿童的监测数据分析其接受融合教育的状况与影响因素。在全国 875 个在学的 6—17 岁残疾儿童样本中,在普通小学、普通初中、普通高中、普通中职接受融合教育的比例分别为 59.8%、24.9%、4.1%、2.3%,其接受融合教育的比例随学段升高逐级锐减。回归分析结果表明:影响残疾儿童接受融合教育的重要因素包括其性别、年龄等人口特征指标;残疾儿童的网络信息能力、家庭文教年支出、所在生活地区、监护人的受教育水平也显著影响其随班就读;领低保、领救济、参加新农合等社会保障因素以及听力、肢体、智力三类康复对于随班就读的影响作用显著;社区的法律知识宣传和领取残疾证亦影响随班就读。应综合考虑上述因素,促进我国残疾儿童随班就读、走向融合、远离贫困。

本研究揭示的绝大多数因素的状况可以通过制定政策和积极实施某些措施加以改进,以下致思于其主要方面。

(一)积极应对残疾儿童随班就读年龄偏晚与性别不均衡问题

首先,针对小学随班就读残疾儿童入学晚的问题,建议有关部门和机构灵活应用先康后教、康教同步、医教同步等多种模式,加快发展融合式学前教育并做好融合式的幼小衔接。关于我国学前特殊教育起步较晚、发展尚不充分的状况,2004年卢德平曾指出,在我国的特殊教育中,学前教育和高中阶段教育基本上是空白的,义务教育处于数量上的超负荷粗放阶段。在普及与提高相结合的特殊教育方针的引导下,中国的特殊教育一是过分忽视残疾儿童学前阶段的教育,二是过分忽视义务教育阶段之后的高中和高等教育,从而在根本上制约了残疾人素质的提高。[①] 15年后,李天顺指出,新中国成立70年来,我国特殊教育取得了举世瞩目的成就,普及程度稳步提高,同时也应清楚地认识到,当前我国学前特殊教育与中央普及普惠安全优质的要求还有相当大的差距,残疾儿童义务教育普及攻坚和质量提升的任务依然繁重,残疾人高中教育的瓶颈问题急需有效解决,特殊高等教育改革发展步伐需进一步加快。未来我国特殊教育应在普及、普惠、质量提升上持之以恒地努力。[②] 笔者在前文对我国残疾儿童失学现象做了量化研究,上述现象与数据也折射出我国学前、小学、初中等阶段的融合教育公平与质量还有待提升。

关于性别不均衡,本研究显示,性别因素对女性残疾儿童在高中接受融合教育具有负向影响。鉴于此,教育等部门可对残疾女童及其监护人加强"男女平等"国策教育;引导残疾女生强化自主学习能力和科学高效的学习方法;做好初中毕业班残疾女生的学业咨询规划辅导,增加残疾女生在普通高中接受融合教育乃至将来接受高等教育的可能。

(二)通过经济与文化扶持改善家庭因素

本研究发现,对于残疾儿童能否就读普通高中、普通中职,家庭年度文化

---

① 卢德平:《中国残疾青少年特殊教育问题评估报告》,《中国青年政治学院学报》2004年第5期。

② 李天顺:《新中国特殊教育70年》,《中国特殊教育》2019年第10期。

教育支出 2400 元很可能是个临界点。建议相关部门为后义务教育阶段的贫困家庭残疾儿童提供每年大约 2400 元的专项教育补贴，以使补贴既产生实效又不至于超出财政的承受能力。这可视为义务教育阶段"两免一补"政策向高中的延伸。残疾高中生教育补贴金额可体现地区差异，依据当地的经济发展水平，补贴可由基层财政、省级财政、国家财政按一定比例承担。江苏的实践探索已印证了此建议的可行性。"目前，江苏省高中阶段的残疾学生有 4900 多名，全部实行免费教育，全年财政支出 833 万元。"①财政扶持有助于提升残疾儿童接受高中阶段融合教育的机会。这体现了由"生存型"残疾人保障向"发展型"福利转变的积极福利理念，有助于将残疾人社会福利体系与残疾人教育权利保障由"事后型""补救型""消极型"转变为"事先型""预防型""积极型"②。关于文化扶持，虽然残疾儿童监护人的受教育水平无法在短期内得到改变，但是可利用全国和地方妇联的"网上家长学校"，系统开发关涉残疾儿童发展的法律、教育、心理讲座资源，以加强残疾儿童的亲职教育，增加残疾儿童接受融合教育的机会。

（三）依法推进校园无障碍改造以减少残疾儿童内部权利落差

单纯的肢体残疾儿童在视听感官和智力上均无障碍，学习能力基本无异于普通儿童，但是肢体残疾儿童的失学情况却最严重。"全国调查并已实名统一录入中国残疾人事业统计管理系统的 2013 年未入学适龄残疾儿童少年有 78174 名，其中肢体残疾 25402 名，智力残疾 25299 名，多重残疾 12255 名，言语残疾 4313 名，听力残疾 4239 名，视力残疾 3684 名，精神残疾 2982 名。"③

---

① 江苏省残疾人联合会：《江苏省第二次全国残疾人抽样调查数据分析与当前重点工作对策研究》，载江苏省残疾人联合会主编：《江苏残疾人状况分析和事业发展研究》，河海大学出版社 2009 年版，第 33 页。

② 周沛：《积极福利视角下残疾人社会福利政策研究》，《东岳论丛》2014 年第 5 期。

③ 参见中国残联办公厅、教育部办公厅《关于 2013 年全国未入学适龄残疾儿童少年情况通报》（残联厅〔2014〕39 号）。

我国的特殊教育学校主要为盲、聋、培智三类残疾学生设置,肢体残疾儿童没有特殊学校作为第二选择,如果不能随班就读即基本意味着失学。笔者从初中一年级开始即因此失学多年。肢体残疾儿童至今仍有一部分由于康复指导及无障碍条件的缺乏而无法随班就读。为了使轮椅作为辅具发挥应有作用,保障残疾儿童当中使用轮椅者的受教育权,应认真落实我国《残疾人保障法》的相关要求,通过教育主管部门、残联、城乡住建部等的联席工作,有计划有步骤地推动校园无障碍改造。《北京市中小学融合教育行动计划》关于校园无障碍改造的措施可资借鉴。校园无障碍对于切实保障肢体残疾儿童的受教育权具有不可替代的作用。

(四)借助法律知识普及教育促进理念现代化

虽然我国有关残疾人受教育权利保障的相关法律顶层设计与约束力还在进一步完善,目前的法律知识宣传已显示出对于促进随班就读具有正向预测作用。鉴于此,学校、媒体等可以向教育管理者、广大师生、家长尤其是残疾儿童及其监护人普及我国《残疾人保障法》等法律法规中的相关重点内容。这种致力于推进群体融合、教育公平、社会和谐的公民教育可以改变一些民众——包括部分残疾儿童自身——对残疾人身份的消极刻板印象,多维度地为融合教育发展赋权增能。

(五)完善社会保障制度以加强残疾儿童的融合教育权利保障

我国民政部官员曾分析指出,"目前我国残疾人社会保障面比较窄,尚未形成制度化、普惠型保障体系"。[①] 本研究显示的新农合未能有效帮助残疾儿童享有融合教育权利的问题,从一个维度印证了上述论断。新农合是社会保险的一种,而社会保险是社会保障的一个组成部分。"社会保障是国家依法

---

① 胡仲明等:《"消除障碍·促进融合"国际论坛观点综述》,《残疾人研究》2012 年第 3 期。

强制建立的、具有经济福利性的国民生活保障和社会稳定系统;在中国,社会保障应该是各种社会保险、社会救助、社会福利、军人保障、医疗保健、福利服务以及各种政府或企业补助、社会互助保障等社会措施的总称。"①新农合等社会保险有待涵盖残疾儿童的主要康复项目,以促进落实残疾儿童接受融合教育的权利。

（六）借助人性化教育管理方式和 MOOC 资源防控残疾学生辍学风险

解决残疾儿童辍学问题,与"公平而有质量的教育"所强调的教育质量关系密切。笔者的其他调研显示,残疾儿童辍学的影响因素包括教学内容、评价体系、学业成绩、性格特征、班级氛围等。以下分学段探讨残疾学生辍学问题的主因与对策。

四年级是残疾小学生面临的第一个分水岭,很多人在学业难度抬升过程中被向下分化,在测试中频频遭受挫折感。如无外力相助,无法渡过难关,容易陷入"随班混读""墙角生存"状态,辍学风险显著增加。笔者对 2017 年我国特殊教育数据分析发现,残疾儿童四年级在学人数比三年级锐减 7.88%,六年级比五年级再锐减 5.32%。由此看来,小学的中高年级是残疾儿童辍学的高发时期。中国教育学会发布的报告显示:"一线城市参加课外辅导的中小学生约占在校生总数的 70%。对上海小学、初中家长的问卷调查发现,84.15% 的孩子参加课外辅导班,其中 92.75% 的学生选择校外培训机构的辅导班。"②残疾儿童家庭因残致贫的可能性较大,而且残疾儿童由于行动不便或信息接收渠道受阻,总体不便接受校外培训。影子学校的畸形壮大容易加剧残健学生的教育不平等效应。由于抗击新冠疫情的需要,各地各级学校在

①　郑功成:《社会保障学》,商务印书馆 2000 年版,第 11 页。
②　陆道坤、王超、丁春云:《论校外培训机构对基础教育的侵越与干扰》,《中国教育学刊》2019 年第 1 期。

停课期间开通了线上课程。这些网上教学资源往往由学科骨干精心打造,如果仅限于特殊时期向学生展示,或仅为教师备课服务,受益面较窄。在尊重授课人知识产权的前提下,平时亦可以 MOOC 形式普惠学生,向有需要的学生提供移动终端辅助教学。这样也能帮助众多残疾儿童跟上课程,开发学业潜能,从而起到教育扶智和反贫困作用①。

笔者对教育部发布的数据分析显示:"近年来我国残疾儿童入读小学与初中的人数比基本稳定在 2.88∶1。如无辍学现象,小学与初中的在学人数之比应该大约为 2∶1,而实际比例折射出入读小学的残疾儿童大约 4 成未能升入初中或在初中辍学。初中残疾学生遇到的主要问题是科目门数骤增,且理科学习难度抬升较快,这又使一部分残疾学生被分化下去。高质量的教育并非越难越好或内容越多越好,而是最有利于儿童发展的教育。很多残疾学生必须每天坚持康复训练,相对处于时间贫困状态;身体的残障又不利于他们充分进行体育锻炼,因此体能较弱。如果说作业过多、考试过难的教育状况对于健全学生而言容易增加其近视率,那么对于随班就读的残疾儿童而言,还很可能增加其辍学率。较之国际教育,我国的初中必修课科目多、难度大。这对许多残疾儿童的实际受教育权利形成了结构性挑战,因此亟待学校落实国际融合教育中常见的个别化教育,因材施教,实施弹性作业制度。笔者儿时首次被医院误诊双腿瘫痪后,经短暂康复后返校学习,得到数学老师授权自行跳过重复性的基础题,弹性作业并未妨碍笔者在期末数学考试中获得满分。可见,弹性作业制度未必会降低学习质量。"②

---

① 侯晶晶:《构建公平有质量基础教育 保障残疾儿童受教育权利》,《中国社会科学报》2020 年 8 月 31 日。

② 侯晶晶:《构建公平有质量基础教育 保障残疾儿童受教育权利》,《中国社会科学报》2020 年 8 月 31 日。

表 3-1 残疾儿童随班就读因变量及自变量的赋值、解释与样本状况

变量类型	变量名称	变量赋值与解释	*n*	%
因变量				
	就读学校类型	普通小学=1	523	59.8
		普通初中=2	218	24.9
		特殊教育学校=3	78	8.9
		普通高中=4	36	4.1
		普通中职=5	20	2.3
自变量				
人口特征	性别	男=1	543	62.1
		女=2	332	37.9
	年龄分组	6—8 岁=1	128	14.6
		9—11 岁=2	275	31.4
		12—14 岁=3	290	33.1
		15—17 岁=4	182	20.8
家庭与地区	家庭文教年支出	0—200 元=1	166	19.0
		201—400 元=2	143	16.3
		401—672 元=3	129	14.7
		673—1200 元=4	169	19.3
		1201—2400 元=5	126	14.4
		2400 元以上=6	142	16.2
	监护人受教育程度	未上学=1	52	5.9
		小学=8(由 2 手动改为 8,以作参照组)	366	41.8
		初中=3	372	42.5
		高中=4	47	5.4
		中专=5	13	1.5
		专科=6	16	1.8
		本科以上=7	9	1.0
	地区	东部(北京、天津、河北、辽宁、上海、江苏、浙江、福建、山东、广东、海南)=1	295	33.7

续表

变量类型	变量名称	变量赋值与解释	*n*	*%*
		西部(四川、贵州、云南、西藏、陕西、甘肃、青海、宁夏、新疆、广西、重庆)=2	350	40.0
		中部(山西、内蒙古、吉林、黑龙江、安徽、江西、河南、湖北、湖南)=3	230	26.3
信息技能	会使用家庭电脑上网	家庭无电脑=-1	760	86.9
		残疾儿童会用家庭电脑上网=1	59	6.7
		残疾儿童不会用家庭电脑上网=2	56	6.4
社会保障	领低保	是=1	158	18.1
		否=2	717	81.9
	领救济	是=1	217	24.8
		否=2	658	75.2
	新农合(农村儿童填写)	非农业户口=-1	137	15.7
		是=1	701	80.1
		否=2	37	4.2
康复	接受听力康复	其他类型残疾跳过不填=-1	792	90.5
		接受过=1	32	3.7
		未接受=2	51	5.8
	使用肢体辅具	其他类型残疾跳过不填=-1	686	78.4
		使用过=1	18	2.1
		未使用过=2	171	19.5
	接受智力康复	其他类型残疾跳过不填=-1	418	47.8
		接受过=1	172	19.7
		未接受=2	285	32.6
社区服务	社区法律知识宣传学习	接受过=1	365	41.7
		未接受=2	510	58.3
	领取第二代残疾证	已领取=1	490	56.0
		未领取=2	385	44.0

表 3-2　残疾儿童随班就读在自变量维度的分布状况

因素	自变量	普通小学（%）	普通初中（%）	普通高中（%）	普通中职（%）	特教学校（%）	x^2	df	p
人口特征	年龄分组								
	6—8 岁	91.4	0.8	0.0	0.0	7.8	553.337***	12	0.000
	9—11 岁	92.4	1.1	0.0	0.0	6.5			
	12—14 岁	48.6	39.7	0.3	0.0	11.4			
	15—17 岁	6.0	54.4	19.2	11.0	9.3			
	性别								
	男性	59.3	24.5	4.8	2.4	9.0	1.828	4	0.767
	女性	60.5	25.6	3.0	2.1	8.7			
家庭与地区	家庭文教年支出								
	0—200 元	69.9	20.5	1.2	0.6	7.8	106.507***	20	0.000
	201—400 元	72.7	16.1	0.0	0.7	10.5			
	401—672 元	67.4	24.0	0.8	2.3	5.4			
	673—1200 元	59.2	30.8	3.6	0.6	5.9			
	1201—2400 元	48.4	32.5	7.9	2.4	8.7			
	2401 元以上	38.7	26.1	12.0	7.7	15.5			
	监护人受教育程度								
	监护人未上学	57.7	21.2	3.8	1.9	15.4	52.058**	24	0.001
	小学	67.2	21.3	2.5	1.6	7.4			
	初中	55.1	30.6	5.1	2.4	6.7			
	高中	48.9	23.4	6.4	4.3	17.0			
	中专	46.2	7.7	7.7	7.7	30.8			
	专科	50.0	18.8	6.3	0.0	25.0			
	本科或以上	55.6	0.0	11.1	11.1	22.2			
	残疾儿童所在地区								
	东部	62.4	22.4	2.4	3.1	9.8	8.161	8	0.418
	西部	57.7	27.4	5.4	1.7	7.7			
	中部	59.6	24.3	4.3	2.2	9.6			

续表

因素	自变量	普通小学（%）	普通初中（%）	普通高中（%）	普通中职（%）	特教学校（%）	x^2	df	p
信息技能	会使用家庭电脑上网								
	家庭无电脑跳过	61.2	25.0	3.7	2.2	7.9	44.906***	8	0.000
	会上网	45.8	30.5	13.6	5.1	5.1			
	不会上网	55.4	17.9	0.0	0.0	26.8			
社会保障	领低保								
	在领低保	51.3	22.8	5.7	4.4	15.8	18.061**	4	0.001
	不领低保	61.6	25.4	3.8	1.8	7.4			
	领救济								
	在领救济	53.9	24.0	3.7	1.8	16.6	21.206***	4	0.000
	不领救济	61.7	25.2	4.3	2.4	6.4			
	新农合（农村儿童填写）								
	非农跳过	46.0	29.2	8.8	2.2	13.9	41.361***	8	0.000
	参合	61.8	25.1	3.0	1.9	8.3			
	未参合	73.0	5.4	8.1	10.8	2.7			
康复	接受听力康复								
	其他类残疾跳过	62.0	25.5	4.2	2.0	6.3	78.534***	8	0.000
	接受过	40.6	12.5	3.1	3.1	40.6			
	未接受	37.3	23.5	3.9	5.9	29.4			
	使用肢体辅具								
	其他类残疾跳过	61.4	23.8	2.6	1.6	10.6	40.402***	8	0.000
	用肢辅	61.1	27.8	5.6	0.0	5.6			
	不用肢辅	53.2	29.2	9.9	5.3	2.3			
	接受智力康复								
	其他类残疾跳过	48.6	31.3	8.1	3.8	8.1	86.639***	8	0.000
	接受	68.6	14.5	0.0	0.6	16.3			
	未接受	70.9	21.8	0.7	1.1	5.6			
社区服务	社区法律知识宣传学习								

续表

因素	自变量	普通小学(%)	普通初中(%)	普通高中(%)	普通中职(%)	特教学校(%)	x^2	df	p
	接受过	48.8	31.0	6.3	3.3	10.7	34.104 ***	4	0.000
	未接受	67.6	20.6	2.5	1.6	7.6			
	领取第二代残疾证								
	已领证	52.0	25.1	4.7	3.1	15.1	62.822 ***	4	0.000
	未领证	69.6	24.7	3.4	1.3	1.0			

注: *** 表示 $p \leqslant 0.001$, ** 表示 $p \leqslant 0.01$, * 表示 $p \leqslant 0.05$, [a]表示 $p \leqslant 0.1$;下同。特教学校作为随班就读回归分析的参照,在本表中亦保留。

表 3-3　残疾儿童随班就读的多元 logistic 回归结果

变量	参照组	学校类型							
		普通小学		普通初中		普通高中		普通中职	
		B	Exp(B)	B	Exp(B)	B	Exp(B)	B	Exp(B)
人口特征因素									
性别	女性								
男性		0.080	1.084	0.067	1.069	0.701	2.017 *	0.525	1.691
年龄分组(岁)	15—17 岁								
6—8 岁		3.395	29.812 ***	-3.790	0.023 **	-62.039	1.14E-27	-40.99	1.58E-18
9—11 岁		3.463	31.910 ***	-3.343	0.035 ***	-63.762	2.04E-28	-38.917	1.26E-17
12—14 岁		2.299	9.960 ***	-0.186	0.831	-4.786	0.008 ***	-23.367	7.11E-11
家庭与地区因素									
家庭文教年支出	2401 元以上								
0—200 元		1.472	4.357 **	0.564	1.757	-1.803	0.165 [a]	-1.711	0.181
201—400 元		0.952	2.592 [a]	-0.595	0.552	-20.477	1.28E-09	-3.974	0.019 *
401—672 元		1.930	6.891 **	0.922	2.514	-3.266	0.038 *	-1.747	0.174
673—1200 元		1.757	5.797 **	0.831	2.295 [a]	-0.785	0.456	-3.304	0.037 *

变量	参照组	学校类型							
		普通小学		普通初中		普通高中		普通中职	
1201—2400 元		1.352	3.865 *	0.693	2.000	-1.02	0.361	-2.153	0.116ᵃ
监护人学历	小学								
从未上学		-0.405	0.667	-0.354	0.702	0.816	2.26	-0.889	0.411
初中		0.126	1.134	0.545	1.725	1.115	3.050ᵃ	-0.618	0.539
高中		-1.439	0.237 *	-1.561	0.210 *	-1.631	0.196	-0.380	0.684
中专		-1.942	0.143ᵃ	-2.432	0.088ᵃ	1.520	4.572	4.781	119.252ᵃ
大专		-1.956	0.141ᵃ	-0.607	0.545	-0.397	0.673	-22.275	2.12E-10
大学以上		-1.469	0.230	-19.425	3.66E-09	45.006	3.51558E+19	27.128	6.04823E+11
地区	中部								
东部		-0.037	0.964	0.055	1.057	-0.528	0.590	1.298	3.662
西部		0.451	1.569	0.427	1.532	0.359	1.432	-1.410	0.244
自身能力因素									
网络信息技能	不会								
家庭无电脑		1.172	3.230 *	0.996	2.707 +	17.398	35947078.51	17.249	30983592.02
有电脑会上网		3.035	20.806 **	2.481	11.948 *	19.384	262010630.6	18.869	156593924.4
社会保障因素									
领低保	不领								
领取低保		-0.453	0.636	-0.918	0.399 *	-1.311	0.270ᵃ	0.591	1.805
领救济	不领								
领取救济		-1.011	0.364 **	-0.805	0.447 *	-0.317	0.728	-1.335	0.263
参加新农合	未参加								
非农户		-1.642	0.194	0.331	1.393	-1.624	0.197	-6.208	0.002 **
已参加		-1.097	0.334	0.651	1.917	-2.073	0.126	-5.196	0.006 *
康复因素									
接受过听力康复	未接受								

续表

变量	参照组	学校类型							
		普通小学		普通初中		普通高中		普通中职	
其他类残疾		2.782	16.152***	1.506	4.510*	1.198	3.312	-1.014	0.363
接受过		0.234	1.264	-1.673	0.188*	-0.052	0.949	-0.351	0.704
使用肢体辅具	未使用								
其他类残疾		-1.582	0.206*	-1.672	0.188*	-2.316	0.099**	-2.397	0.091*
使用过辅具		-0.130	0.878	-0.329	0.720	-1.134	0.322	-19.207	4.56E-09
接受智力康复	未接受								
其他类残疾		0.497	1.645	0.886	2.424ᵃ	3.368	29.021**	2.975	19.595*
一年内接受过		-0.399	0.671	-1.108	0.330*	-46.844	4.53E-21	-15.192	2.52E-07
社区服务因素									
参加法律宣传学习	未参加								
参加过		0.011	1.011	0.567	1.763ᵃ	0.881	2.413	1.986	7.283*
领第二代残疾证	未领证								
已领证		-2.779	0.062***	-2.870	0.057***	-3.385	0.034***	-3.720	0.024**
截距		0.549		2.849		-11.228		-8.294	
对数似然值		896.911							
卡方值		998.399							
自由度		128							
模型拟合度显著性		0.000							
Nagelkerke R^2		0.768							

注:以特教学校作为参照。

本节首次运用全国残疾人监测数据对我国残疾儿童接受融合教育的学校分布状况进行了实证研究,有助于保障残疾儿童随班就读的合法受教育权利,有助于为落实相关特殊教育的法律法规破解前提性的障碍,并可为教育等相关部门制定促进融合教育和特殊教育的政策措施提供科学的参考依据。以上研究了残疾人基础教育方式的开放公平程度,下一节从一个典型、适切的维度——残疾儿童网络信息基础能力,来考察残疾人基础教育的质量。

第二节　残疾儿童网络信息基础能力的
状况与影响因素研究①

　　信息技术的快速发展强有力地推动工业文明向信息文明的社会转型,使用计算机和网络的能力已成为现代人生存与发展的一项基础能力。信息贫困是贫困在当代的一种主要表现。国外研究显示,信息贫困与教育、性别、社会排斥、社会参与、经济资本等因素之间存在显著相关。信息贫困是多维度、多因素的现象。为了减少信息贫困,需要尽量减少物质贫困和社会排斥,关注教育制度,增加社会参与,改善与信息相关的基础设施,加强互联网接入,教授信息素养。②

　　智能时代要求社会全体成员必须培养信息素养,要求学校教育必须深入普及计算机教育③,由此催生了我国中小学信息技术课程的出现与发展。④鉴于"信息技术的发展及其应用对人类日常生活和科学技术的深刻影响",我国已将信息技术课设置为中小学的必修课,教育部于 2000 年颁布了《中小学信息技术课程指导纲要(试行)》,从"培养学生对信息技术的兴趣和意识"以及"掌握信息技术基本知识和技能"等方面规定了中小学信息技术课程的主要任务,强调通过信息技术课程"培养学生良好的信息素养,把信息技术作为支持终身学习和合作学习的手段,为适应信息社会的学习、工作和生活打下必要的基础"。⑤ 我国已将培养中小学生的"信息素养"明确地作为一项教学目标加以落实。党的二十大报告强调,"推进教育数字化,建设全民终身学习的

---

　　①　本节改写自笔者发表于《教育研究》的独著论文《残疾儿童网络信息基础能力的现状与影响因素研究》。

　　②　A. H. Farajpahlou, M. K. Rostami, K. Beshlideh, et al., "Information Poverty Predictors among Ahvazi Citizens", *Journal of Librarianship & Information Science*, No.4(2022), pp.678-691.

　　③　高宝立:《进一步深入普及计算机教育》,《教育研究》1994 年第 8 期。

　　④　董玉琦:《信息技术课程设计:构成要因与价值取向》,《教育研究》2005 年第 4 期。

　　⑤　《教育部关于印发〈中小学信息技术课程指导纲要(试行)〉的通知》,http://www.moe.edu.cn/s78/A06/jcys_left/zc_jyzb/201001/t20100128_82087.html,2015 年 1 月 22 日下载。

学习型社会、学习型大国"①,对身处智能教育时代、肩负共同富裕历史使命的中小学生的"信息素养"提出了更高的时代要求。

网络信息基础能力是信息素养的重要内容、有利于就业的重要技能,也是信息技术课教学的重点内容。上述课程纲要规定,小学信息技术课的两个拓展模块之一即是"网络的简单应用——学会用浏览器收集材料,学会使用电子邮件"。及至初中,它上升为"网络基础及其应用"必修模块,其学习内容包括"(1)网络的基本概念;(2)因特网及其提供的信息服务;(3)因特网上信息的搜索、浏览及下载;(4)电子邮件的使用",此外还有"网页制作"作为选学内容。

网络信息基础能力对残疾人就业以及获得稳定收入意义重大。信息技术的发展可以为残疾人赋能,打破地域、时空和残疾限制,使残疾人实现就业。②CDPF 残疾人状况监测以易于测量的"会用电脑上网"这一技能来调查 18 周岁以下残疾青少年的网络信息基础能力。在网络信息素养中,相对于"网络信息意识、信息道德、信息能力、信息心理"③,"会用电脑上网"是一种基础能力;而相对于计算机硬件控制能力、文字输入技能等,能够运用计算机上网又是一种综合应用能力。因此,使用电脑上网的能力在网络信息素养中居于重要地位。

包括网络信息基础能力在内的"信息素养"具有技术、心理、文化学等多重意蕴④,正日益成为现代人的一张生存通行证。对残疾儿童而言,网络信息素养可以帮助他们克服环境障碍,使得网络信息无障碍以及 MOOC 等日益重要的网上教学资源变得真正可及,是残疾儿童在信息时代里实现"平等·参与·共享"式生存的必要前提之一。从全面推进依法治国的视角加以观照,培养残疾儿童的网络信息素养,不仅关涉联合国《残疾人权利公约》第二十四

---

① 习近平:《高举中国特色社会主义伟大旗帜 为全面建设社会主义现代化国家而团结奋斗——在中国共产党第二十次全国代表大会上的报告》,人民出版社 2022 年版,第 34 页。

② 廖娟、满艳秋:《促进残疾人较为充分较高质量就业的联合行动——〈促进残疾人就业三年行动方案(2022—2024)〉解读》,《残疾人研究》2022 年第 3 期。

③ 张立彬、杨会良:《高校开展信息素养培育的思考》,《教育研究》2005 年第 5 期。

④ 张义兵、李艺:《"信息素养"新界说》,《教育研究》2003 年第 3 期。

条关于残疾儿童受教育权利的相关规定,即中国等缔约国应当确保"使残疾人能够学习生活和社交技能,以便他们充分、平等地参与教育和融入社区",也是我国《残疾人权益保障法》的"教育"一章第二十一条"保障残疾人享有平等接受教育的权利"的应有之义。在教育数字化时代,网络信息素养的培育质量是教育质量的重要维度。《"十四五"特殊教育发展提升行动计划》强调"全面提高特殊教育质量,促进残疾儿童青少年自尊、自信、自强、自立,实现最大限度的发展,努力使残疾儿童青少年成长为国家有用之才"[1]。要实现此目标,有质量的信息教育是不可或缺的基础。为了较彻底地保障残疾儿童的受教育权利、推进教育公平,尽量防止网络时代残健群体之间的"数字鸿沟",促进残疾儿童所受信息技术教育的实效性,最大化地改善残疾儿童在网络时代的生存与发展境况,有效地构建融合社会,都必须重视培养残疾儿童的网络信息基础能力等网络信息素养。同时,这对于提高我国人口素质以及保障残疾儿童成年后的就业权利,也具有不可替代的重要作用。

此前关于普及计算机教育以及培养青少年网络信息素养的研究具有重要的理论与现实意义,不过促进残疾青少年网络信息素养的专项研究较为罕见,已成为此论域的短板。少量研究基于对听力和智力两类残疾儿童相关学习的观察,论述过基于平板电脑的特殊教育软件和其他电脑多媒体科技,克服残疾儿童因身体缺陷产生的学习障碍,提高其信息技术等方面的学习效能[2]。需要进一步思考的问题是:是否单纯依靠狭义的教育、是否学校教育仅仅通过提高信息技术课的质量,便足以有效而充分地提升各类残疾儿童的网络信息素养?当涉及残疾儿童这一特殊群体时,纯粹狭义教育视角下的纯粹内部研究思路会不会将某些难以承受之重加诸学校教育以及学校教育工作者?在广义

---

[1] 《〈"十四五"特殊教育发展提升行动计划〉启动实施》,2022 年 1 月 15 日,http://www.moe.gov.cn/jyb_xwfb/gzdt_gzdt/s5987/202201/t20220125_596278. html。

[2] 李青、王涛:《基于平板电脑的特殊教育软件研究与应用现状述评》,《现代教育技术》2012 年第 8 期。

的教育视角下,有哪些实际上同样必不可少的教育元素如果与学校教育的诸种努力形成互动和支撑,则可以起到相得益彰的教育效果? 至今尚未见实证研究揭示哪些关涉教育的影响因素能够预测残疾儿童的网络信息基础能力;关于残疾儿童网络信息基础能力状况的实证研究亦处于空白状态。本成果通过具有智库研究意蕴的实证研究,探明残疾儿童网络信息基础能力的状况和影响因素,以期有助于保障残疾儿童在信息时代的平等受教育权利和生存发展机会,为有效干预提供科学的依据和可行的对策。

一、研究对象与研究方法

(一)研究对象与资料来源

本研究的对象为6—17周岁的残疾儿童。根据《儿童权利公约》的界定,"凡18周岁以下者均为儿童"。本研究的资料来源与本书第二章相同,亦为CDPF全国残疾人状况监测数据。此次监测的6—17周岁学龄残疾儿童有效样本共1351个。剔除"领救济"项错填的1个样本,最终得到全国1350个6—17周岁残疾儿童样本,其中拥有家庭电脑的残疾儿童样本为171个,其中男性101人,女性70人。

(二)研究方法

本研究使用SPSS软件进行统计分析,首先通过列联表分析和独立性χ^2检验,验证残疾儿童的网络信息基础能力在哪些关涉教育的因素上存在显著差异,然后将具有显著差异的自变量纳入回归分析模型[①];继而用二元logistic回归分析法来分析这些自变量对于残疾儿童网络信息基础能力的影响作用及

[①]　本研究的回归分析样本数与自变量项目数之比大于30∶1。一般而言,此比例大于10∶1即符合要求。参见 Nicola Brace, Richard Kemp, Rosemary Snelgar, *SPSS for Psychologists* (*Third Edition*), Routledge, Academic, 2006, p.230, p.277。

其方向和强度,得出影响因素。

二、研究结果

(一)学龄残疾儿童网络信息基础能力之状况

鉴于肢体、听力、言语类残疾儿童往往不便利用无障碍条件未达法定标准的公共场所学习运用电脑上网,为了排除硬件条件不平等的干扰作用,从而使所获数据更具统计学的可靠性和实证研究的潜在价值,此次监测有针对性地调查家中有电脑的残疾儿童的上网能力。1350 个城乡残疾儿童样本中有12.7%拥有家庭电脑,这些家庭电脑89.47%连接了网络。残疾儿童平均每百户电脑拥有量为 13.3 台,远低于"2012 年全国城乡居民家庭平均每百户电脑拥有量 55.9 台"[1]的水平。这可能与"因残致贫"现象以及某些社会福利、医疗保险制度有关。进一步的列联表分析表明,残疾儿童拥有家庭电脑的情况在家庭经济维度上具有差异。领取低保金[2]的残疾儿童(311 人)拥有 0—3台家庭电脑的比例分别为 92.0%、8.0%、0.0%、0.0%,不领低保的残疾儿童(1039 人)的同类比例分别为 85.9%、13.4%、0.6%、0.1%,其是否拥有家庭电脑在家庭经济水平维度上存在显著差异($x^2=8.704,df=3,p=0.033$)。

在拥有家庭电脑的 171 位残疾儿童中,仅 40.35%会使用电脑上网,59.65%不会使用电脑上网[3]。换言之,在 1350 位城乡学龄残疾儿童中,"会使用家庭电脑上网者"仅占 5.11%。这一比例远低于全社会的有关同类比例。中国互联网络信息中心(CNNIC)发布的《第 28 次中国互联网络发展状况统计报告》显示:"截至 2011 年 6 月底,中国网民数量达 4.85 亿,中国家庭

---

[1] 张新红、国家信息中心《中国数字鸿沟研究》课题组:《中国数字鸿沟报告 2013》,《信息化研究》2013 年第 9 期。

[2] 低保金为"家庭人均收入低于当地最低生活保障标准的差额"。因此,"领低保"宜作为考察家庭经济状况的指标之一。

[3] 问卷中的相关题项是:"您家里是否有能够使用的电脑? 有__台(0 台跳过下面两题。)""您家电脑是否联网了? 1. 是 2. 否""您(残疾孩子)是否会使用电脑上网?"

电脑上网网民规模达到 3.90 亿人"[1]。我国"使用家庭电脑上网者"占我国总人口的 35.45%，为我国学龄残疾儿童中同类比例的 6.94 倍。以上对比从一定的角度显示：我国残疾儿童的网络信息基础能力亟待提升。

表 3-4　残疾类别与残疾儿童网络信息基础能力状况列联表

	本类残疾人数	会上网(%)	不会上网(%)	x^2	df	p
视力残疾	12	66.7	33.3	3.713*	1	0.054
听力残疾	18	38.9	61.1	0.018	1	0.894
言语残疾	56	41.1	58.9	0.018	1	0.893
肢体残疾	53	35.8	64.2	0.647	1	0.421
智力残疾	89	24.7	75.3	18.842***	1	0.000
精神残疾	16	31.3	68.8	0.607	1	0.436

注：$N=171$，下同。*** $p < 0.001$，** $p < 0.01$，* $p \approx 0.05$。下同。以上六类残疾儿童人数简单相加大于171，因为部分样本为多重残疾。

笔者计算发现，在监测的六类残疾儿童中，视力残疾者会用电脑上网的比例高于各类残疾儿童的同类平均比例，达较显著差异；言语残疾者略高于此同类平均比例。其他四类残疾者的该比例均低于同类平均比例，其中智力残疾维度具有显著差异。这折射出我国残疾儿童网络信息基础能力具有残疾类别上的不平衡性。结果详见表 3-5。此外，男性残疾儿童会上网比例为 43.6%，较之女性同类比例 35.7% 稍高一些，其运用电脑上网能力在性别维度上无显著差异。

在年龄维度上，6—8 周岁、9—11 周岁、12—14 周岁、15—17 周岁残疾儿童会使用电脑上网的比例分别为 21.1%、39.3%、42.6%、52.9%。最高年龄段 15—17 周岁的残疾儿童不会用计算机上网的比例仍高达 47.1%，与我国

①　参见《第 32 次中国互联网络发展状况统计报告》，http://www.cnnic.net.cn/n4/2022/0401/c88-1039.html。因本节研究使用的是 2013 年 CDPF 全国残疾人状况监测数据，为与此数据在时间上匹配，故使用了 2013 年互联网发展状况数据，特此说明。

《信息技术课程纲要》所要求的小学生尤其初中生的网络信息素养要求存在较大落差。由此可见,我国残疾学龄儿童所受信息技术教育的效果有待提高。在信息时代的核心能力习得方面,我国残疾儿童目前处于劣势,这不利于全面保障其受教育权利。

(二)残疾儿童网络信息基础能力预测因素的样本状况

残疾儿童的网络信息基础能力在残疾儿童人口特征因素、学校教育因素、家庭教育因素、社区教育服务因素、无障碍社会环境因素上具有显著差异。这些因素可初步视为残疾儿童掌握网络信息基础能力的预测因素,其样本状况详见表3-5。

表3-5 残疾儿童网络信息基础能力预测因素的样本状况

自变量类型、名称及组别	n	会上网(%)	不会上网(%)	x^2	df	p
残疾儿童人口特征						
年龄				9.365*	3	0.025
6—8周岁	38	21.1	78.9			
9—11周岁	28	39.3	60.7			
12—14周岁	54	42.6	57.4			
15—17周岁	51	52.9	47.1			
学校教育因素						
是否失学				16.555***	1	0.000
在学	116	50.9	49.1			
失学	55	18.2	81.8			
失学原因①				20.872***	4	0.000
在学跳过不填	116	50.9	49.1			
学校原因	1	0.0	100.0			

---

① 关于失学原因,171位样本无人填选"家庭原因",因此表3-5略去此备选项。鉴于"失学原因"因素与"失学"因素在"在学"数据信息上有一定重叠,仅将"失学"因素作为预测因素纳入回归分析模型。同理,对于有关社区教育服务的两个因素亦作类似处理。

自变量类型、名称及组别	n	会上网(%)	不会上网(%)	x^2	df	p
自身原因	42	19.0	81.0			
附近无特校	9	0.0	100.0			
其他原因	3	66.7	33.3			
家庭教育等因素						
家庭教育者身份				8.179*	3	0.042
父母双亲	137	44.5	55.5			
单亲父/母	20	35.0	65.0			
(外)祖父母	5	20.0	80.0			
其他亲属或非亲属	9	0.0	100.0			
家庭常住人口数				14.838*	4	0.005
2人	3	33.3	66.7			
3人	40	60.0	40.0			
4人	58	39.7	60.3			
5人	28	46.4	53.6			
6人及以上	42	19.0	81.0			
社区教育服务等因素						
是否接受过社区(村)服务				6.934**	1	0.008
一年内接受过	64	53.1	46.9			
未接受	107	32.7	67.3			
所接受社区服务的类别				7.718*	2	0.021
未接受跳过不填	107	32.7	67.3			
非教育文化类社区服务	18	44.4	55.6			
教育文化类社区服务	46	56.5	43.5			
社会无障碍环境因素						
城镇公共无障碍设施				11.949**	2	0.003
农村跳过不填	101	29.7	70.3			
无此类设施	6	66.7	33.3			
有此类设施	64	54.7	45.3			

(三)残疾儿童网络信息基础能力的影响因素

二元 logistic 回归分析显示,残疾儿童的年龄、学校教育、家庭教育、社区教育、无障碍社会环境等因素对残疾儿童是否掌握网络信息基础能力具有显著影响。将以上维度的指标作为预测变量,以残疾儿童的网络信息基础能力作为因变量,建立二元 logistic 回归模型,研究这些预测变量的影响作用①。二元 logistic 回归模型拟合度的 x^2 值、sig.值均通过检验,说明模型拟合程度好。Nagelkerke R^2 值的大小表示模型的解释能力与拟合优度,模型的 NR^2 值为 0.326,表明模型的解释力和拟合优度较好。本模型对于我国残疾儿童是否具备使用电脑上网能力的预测准确率达 71.30%。

表 3-6　残疾儿童网络信息基础能力的二元 logistic 回归结果

影响因素	B	Wald	Exp(B)
年龄	−0.533	8.743	0.587 **
是否失学	1.819	15.746	6.166 ***
家庭教育者身份	0.301	1.861	1.351ᵃ
接受社区教育等服务	0.738	4.016	2.092 *
城镇无障碍设施	−0.235	6.372	0.791 *
常数	−1.897		
−2 对数概似值	181.396		
Hosmer−Lemeshow 检验 x^2	9.892		
df	8		

① 达显著水平的预测因子 $Exp(B)$ 值即 OR 值小于 1 为负向预测,反之为正向预测;$Wald$ 值表明影响因素对事物的影响程度,$Wald$ 值越大,则影响程度越大。参见 N.Brace,R.Kemp & R. Snelgar,*SPSS for Psychologists*(*Third Edition*),London:Lawrence Erlbaum Associates,2006,pp. 298-299。

影响因素	B	Wald	Exp(B)
显著性	0.273		
Nagelkerke R^2	0.326		
预测准确率	71.30%		

注:内部值 0 为会上网,1 为不会上网。[a] 表示 $p < 0.2$。

1. 残疾儿童年龄因素

高龄段残疾儿童总体来说具备网络信息基础能力的可能性较大。表 3-5 显示,"不会使用电脑上网"的比例从 6—8 岁组别的 78.9% 逐级降至 15—17 岁组别的 47.1%。值得注意的是,9—11 岁和 12—14 岁两个组别"不会使用电脑上网"的比例均高达 60% 左右,相差不足 3 个百分点。单纯的自然成熟视角远远不足以解读年龄因素数据背后的信息。鉴于残疾儿童入学总体相对偏晚,这很可能说明:小学高年级段或初中低年级段的学校教育对于残疾学生的网络信息能力培养尚不够重视,致使其相关潜能未得到充分开发。

2. 学校教育因素

较之在学残疾儿童,失学残疾儿童未掌握网络信息基础能力的可能性显著较高;而且表 3-6 的 Wald 值显示,学校教育因素在所列各因素中是影响程度最深的。这折射出接受学校教育对于培养残疾儿童网络信息基础能力的重要性。基于 CDPF 监测数据对我国残疾儿童失学问题的研究结果表明:"6—17 岁残疾儿童失学比例达 34.74%;在失学残疾儿童中,59.70%'从未上学',14.07%'小学或初中毕业后未升学',26.23%在基础教育阶段'辍学'。"[1]换言之,失学残疾儿童有 40.30% 接受过部分或全部的基础教育。如能提升基础学校教育质量,可望对这部分残疾儿童获得网络信息基础能力起到支持作

---

① 侯晶晶:《我国残疾儿童失学的现状与影响因素研究》,《中国特殊教育》2015 年第 1 期。

用。此外,努力减少残疾儿童的失学现象,通过有质量的学校教育使更多残疾儿童获得网络信息能力。

另外值得注意的是,失学残疾儿童绝大多数将"失学原因"归为"自身原因"。进一步的数据分析表明,这种现象在肢体残疾儿童失学者中尤为突出。在残疾儿童当中,肢体残疾儿童自身的学习障碍最小;但是,对1350个残疾儿童样本的分析显示,肢体残疾儿童的失学比例(38.6%)反而比非肢体类残疾儿童高5个百分点;关于"失学原因",多达84.17%的失学肢残儿童选择了所谓"自身原因"。教育学、社会学和法学界已普遍认同,残障程度实际上是生理损伤和社会环境交互作用的结果;但是,许多残疾儿童并不清楚自己在无障碍环境等方面的法定权利,容易片面地进行反身归因。Zablocki等学者对美国残疾青少年的回归分析表明,在无障碍设施齐备的社会环境中,肢体残疾儿童不再属高失学风险残疾类别。[①] 我国的普通学校如果都能根据我国法律法规的要求实现环境无障碍,应该不致继续出现如此高比例残疾儿童因"自身原因"失学的现象。其网络信息素养方面的受教育权利便能得到更好的保障。

3. 家庭教育因素

家庭教育实施者的身份对于残疾儿童掌握网络信息基础能力的影响作用达显著水平。总体而言,两者的关系越远,残疾儿童未能掌握网络信息基础能力的可能性越大。表3-5清楚地显示了这种趋势。关于不会用电脑上网的比例,家庭教育者为"父母双亲"组别的残疾儿童为55.5%,"单亲父母"组别残疾儿童的同类比例上升了9.5个百分点,"(外)祖父母"组别残疾儿童的同类比例上升了24.5个百分点,"其他亲属或非亲属"组别的残疾儿童则100%地不会用电脑上网。"(外)祖父母"往往网络信息素养缺乏或不足,无法指导

---

① M. Zablocki, M. P. Krezmien, "Drop-Out Predictors Among Students With High-Incidence Disabilities: A National Longitudinal and Transitional Study 2 Analysis", *Journal of Disability Policy Studies*, Vol.24, No.1(2013).

残疾儿童学习上网;"其他亲属"和"非亲属"则未必能像残疾儿童的父母那样细致地考虑残疾儿童学习网络信息知识技能的重要性,并为之提供支持。因此,有必要特别重视被寄养于核心家庭之外的残疾儿童的相关学习权益。此外,家庭常住人口数量可能影响残疾儿童父母用于家庭教育的时间精力,从而影响残疾儿童掌握网络信息基础能力。缪建东教授等学者以场域理论为分析框架,基于父母信念、聋校场域、家庭资本和聋生个体四维度实证研究揭示了父母对残疾儿童健康全面发展、融入社会的重要性以及父母参与的影响因素。[1]

4. 社区教育服务因素

一年内曾接受过社区(村)服务(以下简称"社区服务")的残疾儿童掌握网络信息基础能力的可能性较大,这些接受服务者71.88%接受过"教育文化类"的社区服务。一年内未接受任何社区服务、接受过非教育文化类社区服务、接受过教育文化类社区服务三个组别的残疾儿童会上网的比例分别为32.7%、44.4%和56.5%,达显著差异($x^2 = 7.718, df = 2, p = 0.021$)[2]。笔者的实地考察显示,社区教育文化服务有时关涉计算机及网络使用的知识;有些社区的文化服务站配有能上网的电脑,供人们学习和使用。残疾儿童接受社区教育类服务时,便很有可能在家庭以外接触计算机,观摩其他人如何使用计算机,并请他人为自己学习网络信息知识技能答疑解惑。

5. 无障碍社会环境因素

无障碍权利亦是残疾儿童的重要法定权利,残疾儿童所在的学校教育场域即存在设施是否在无障碍方面达标、合法的问题。关于城镇公共无障碍设

---

[1]　李响、缪建东:《聋生父母参与的影响因素探究——基于江苏省独立聋校的调查数据分析》,《南京师大学报(社会科学版)》2021年第2期。

[2]　此题项的分析基于研究者手动编码方得完成。其原始形态为:"残疾孩子接受过以下哪些社区(村)服务?(多选)1. 康复服务 2. 教育文化服务 3. 职业技能培训服务 4. 生产生活服务 5. 知识普及 6. 其他。"手动编码时将"教育文化服务""职业技能""知识普及"合并为"教育类服务"选项,将其余各类服务合并为"非教育类服务"。

施,选填"城镇没有无障碍设施"的被访者仅 6 位,在统计学上的可靠性较弱,略过不论。回答"城镇有公共无障碍设施"的残疾儿童掌握网络信息能力的比例比农村残疾儿童高出 25 个百分点。这从一定角度折射了我国城乡物质环境无障碍方面的落差,我国广大农村地区的环境无障碍任重而道远。信息无障碍由于相对成本较低,现阶段在农村具有更大的可操作性。可以通过分享优质教育资源的远程教育,来提升农村残疾儿童的网络信息基础能力培养,逐渐弥合城乡残疾儿童之间的数字鸿沟以及有关受教育权利落差。

三、结论与对策思考

(一)结论

进入 21 世纪以来,为了防止儿童成为网络时代的功能性文盲,信息技术课已成为我国义务教育的必修课。残疾儿童受教育权利的一个重要方面在于获得网络信息基础知识技能的平等机会。本节首次基于 2013 年我国残疾人状况监测数据分析发现:拥有家庭电脑的 6—17 周岁残疾儿童仅有 40.35%具有"会用电脑上网"这一网络信息基础能力,1350 位城乡学龄残疾儿童中"会用家庭电脑上网者"仅占 5.11%。二元 logistic 回归分析显示,高龄段残疾儿童掌握网络信息基础能力的可能性较高;在学校教育方面,失学的残疾儿童掌握网络信息基础能力的可能性较低;在家庭教育等因素方面,家庭教育者身份为"父母双亲"有助于提高残疾儿童掌握此能力的可能性;社区教育因素方面,近一年内接受过社区教育类服务的残疾儿童掌握此能力的可能性较高;城镇居住地附近有公共无障碍设施的残疾儿童掌握网络信息基础能力的可能性较高。

残疾儿童高比例的网络信息基础能力缺失会拉低残疾人以至全国人口的信息素养和就业能力,降低所涉个体及家庭的发展空间、人生价值和幸福感,加剧残健群体间的"数字鸿沟",进而导致网络时代残健群体生存与发展权利的深刻不平等。毋庸讳言,残疾儿童网络信息素养低下现象的背后存在经济社会发展水平以及福利制度等一些宏观原因,前文"因残致贫"等讨论对此略有触及。针对实证研究揭示的关涉教育的具体原因,综合考虑相关因素,有望直接提升残疾儿童的网络信息素养。扎实地积累微观、中观层面的进步,可为改善宏观状况提供动力、准备条件。应综合考虑相关因素,积极地改善残疾儿童的网络信息素养培养状况。

(二)对策思考

1. 提升义务教育阶段信息技术课教学的及时性与实效性

在年龄维度上,12—14 周岁和 15—17 周岁组别的残疾儿童分别只有42.6%、52.9%具备使用电脑上网的能力。这与我国信息技术教育课程的教学目标等要求相距甚远。我国信息技术课程标准将小学的网络信息模块教学内容定为选学,到初中才为必修。但是,具体到残疾儿童在信息技术方面的受教育权保障,必须考虑残疾儿童小升初失学率较高这一事实。笔者基于CDPF 监测数据计算发现,全国 1350 个 6—17 岁残疾儿童样本失学率为34.74%,在失学者中,9—11 岁和 12—14 岁残疾儿童分别占 15.6% 和24.1%。换言之,很多适龄残疾儿童只能读到小学肄业或毕业,便再无机会延续学校教育。而本书关于"失学"因素影响作用的研究结果已揭示:学校教育对于残疾儿童掌握网络信息基础能力具有近乎不可替代的影响作用。因此,要真正保障残疾儿童在义务教育阶段学习网络信息技能的平等受教育权利,一方面,必须逐步减少残疾儿童在初中起点上和过程中的失学,改变近年来残疾儿童失学比例在高位徘徊的现象;另一方面,应该考虑将小学高年级段残疾儿童的网络信息课程选学内容必修化,借助信息技术课课堂上的个别辅导或者校内电脑兴趣班等平台,确保义务教育阶段信息技术课教学对于残疾儿童的及时性,以使不得已早早失学的残疾儿童也能有机会习得这种在网络时代至关重要的知识技能,避免成为信息时代的电脑盲、网络盲。这样的微观制度安排符合"教育资源配置的差异补偿原则";该原则关注受教育者在社会经济地位等方面的差距,主张对处境不利的受教育者在教育资源配置上予以补偿,差异性地配置教育资源,以满足其充分发展的需要①。

此外,在学残疾儿童半数不会上网的状况提示我们:有必要进一步提升义务教育阶段信息技术课程的教学质量和实效性,切实保障小学高年级段和初中阶段残疾儿童获得网络信息知识技能的机会,尤其是在教师指导下的实际操作机会。特殊学校是我国残疾儿童集中就读的教育机构。曾有研究者有感于特殊学校的信息技术教育质量不高,呼吁"在全国特殊教育学校普及信息技术教育,应从四个层面推进:在特殊教育学校普及信息技术教育;普及网络的运用;大力发展现代远程教育;开发研制各类残疾学生专用的电脑等各种硬件和软件"②。研发符合残疾儿童特殊需要的硬件与软件,确实有助于听力、视力等类别的残疾儿童掌握网络信息基础能力。相关机构宜更加重视此类研究成果向产品转化,并向学龄残疾儿童推介,使更多的目标用户真正从中受益。此外,"在学校信息化建设中,关键要建设一支有着较高信息素养的教师队伍"③。对于分散随班就读的残疾儿童,学校应结合我国《信息技术课程纲要》的要求,从硬件、软件、教学交流等方面重视回应各类残疾儿童的特殊学习需要,开展覆盖所有学生的、有效的信息技术课教学,确保他们在义务教育阶段掌握网络信息基础知识技能,为其日后借助其他渠道进一步自学打下基础、提供可能。

2. 推进校园无障碍以减少残疾儿童内部的信息技术受教育机会落差

关于残疾儿童掌握网络信息能力在残疾类型上的不平衡性,值得注意的

---

① 褚宏启、杨海燕:《教育公平的原则及其政策含义》,《教育研究》2008年第1期;褚宏启:《新时代需要什么样的教育公平:研究问题域与政策工具箱》,《教育研究》2020年第2期。

② 李天顺:《加快信息技术教育工作步伐 实现特殊教育跨越式发展》,《现代特殊教育》2004年第2期。

③ 周建忠、申涤尘、徐玲:《吉林省高校教师信息素养的现状及提高对策》,《教育研究》2009年第5期。

是:肢体类残疾儿童的学习能力虽然较强,但是如表3-4所示,其掌握网络信息基础能力的比例却比残疾儿童的同类平均水平还要低4.5个百分点。由于没有相应的特殊学校托底,肢体残疾儿童几乎都随班就读;但是,很多普通学校的无障碍环境往往未达到我国《残疾人权益保障法》和《无障碍环境建设条例》的要求,而其计算机室一般又在楼上,致使无法独立上下楼梯的肢体残疾儿童极易失去计算机房上机操作的可能性,难以跟进信息技术老师的教学,从而成为电脑盲。沦为网络时代的功能性文盲,非常不利于残疾儿童的受教育权保障及其有质量、有尊严地生存与发展。鉴于此,校园无障碍等社会环境因素亟待改善。应根据我国《残疾人权益保障法》的相关要求,借助教育主管部门和城乡住建部等联席工作制度,推动并督促校园无障碍改造。2014年颁布的《北京市中小学融合教育行动计划》关于校园无障碍改造的措施可资借鉴。表3-5和表3-6关于无障碍社会环境因素的数据、前文对残疾儿童因所谓"自身原因"失学及此归因背后的原因分析,都印证了此对策的必要性和可行性。

3. 志愿者通过入户"服务学习"增援家庭教育

鉴于家庭教育因素的影响作用,教育主管部门等机构可以呼吁、鼓励高校学生等志愿者作为"替代父母",走入残疾儿童家庭,手把手地辅导残疾儿童学习网络信息基础技能。对于已掌握此技能的志愿者而言,网络信息基础能力的技术门槛并不高,相关教学、辅导的难度并不大;只是需要相关部门帮助残疾儿童与志愿者搭建有效对接的平台。中小学信息技术课程计划当中网络信息技能学习的上机操作时间一般不超过20小时。由此可推知,志愿者提供大约20小时的指导,即可帮助一名残疾儿童在网络信息能力方面脱盲,朝着解决"数字鸿沟这个我国新时代教育公平发展中必须面对和破解的难题"①迈出第一步。志愿者"服务学习"式的入户指导,对于被寄养在核心家庭之外的残疾儿童掌握网络信息技能尤为重要。

---

① 王倩、陈唤春:《跨越数字鸿沟:美、日、英三国教育信息化政策的比较分析》,《比较教育学报》2022年第4期。

4. 充分发挥社区教育服务对于残疾儿童信息素养的提升作用

回归分析表明,社区教育服务对残疾儿童掌握网络信息基础能力具有正向影响作用。但是,基于 CDPF 残疾人状况监测数据的分析显示,我国 6—17 岁残疾儿童近一年内多达 58.1%从未参与社区教育文化生活,有 34.6%很少参与,仅有 7.3%经常参与。由此可见,需要提高社区教育文化服务的供给量以及残疾儿童的社区教育文化生活参与度。教育机构以及社区应重视激发高校等社会各界尤其是教育学、社会工作等专业高校学生的教育助残活力,以便更好地发挥社区教育文化功能对残疾儿童学习网络技能的支持作用。这对于失学残疾儿童掌握网络信息基础能力具有格外重要的意义。

第三节 社会主义核心价值观进校园以 提升融合教育质量的路径研究

除了信息技术课教育质量等可测量的具体学科指标,学校价值观体系、校园道德氛围对有质量的教育更是起到领航与保障的作用。社会主义核心价值观进校园、进人心,转化为教育生活常态,对于充分发挥价值观的育人作用以及我国融合教育现代化都是必要之举。社会主义核心价值观的十二种核心价值观是一个相互支撑、紧密联系的内在整体,具有丰富的层次性,基本可分三组,涉及个体与国家、职业、他人等多维度关系。"社会主义核心价值观教育是立德树人的重要任务,关乎学生的全面发展和社会的全面进步。"①目前,学界从核心价值观学习者的性别、教材编写、具身德育、意识形态建设等维度②

---

① 靳玉军:《论社会主义核心价值观教育的实践要求》,《教育研究》2014 年第 11 期。

② 赵岑、王晓静、石寄华:《研究生活动载体对培育"敬业"价值观作用的探究——以清华大学为例》,《教育研究》2015 年第 10 期;杜时忠、曹树真:《社会主义核心价值观"进教材"的教育学探索》,《教育研究》2015 年第 9 期;孟万金:《具身德育:背景、内涵、创新——一论新时代具身德育》,《中国特殊教育》2017 年第 11 期;李晔、王涛:《以社会主义核心价值观认同推进高校主流意识形态建设》,《教育研究》2016 年第 12 期。

对社会主义核心价值观进行了很有意义的研究。本节尝试从融合教育的角度致思于每一种社会主义核心价值观如何充分地进校园,以期有助于尽力推动社会主义核心价值观更加全面地进校园,与学校日常教学生活、微观制度安排紧密结合;同时依托社会主义核心价值观的支撑,助力我国融合教育的长足发展。

一、富强、民主、文明、和谐价值观与融合教育

国家富强有赖于教育富强,即教育在量与质方面的现代化;而教育富强离不开学校教育伦理精神的丰富与强大。融合是现代学校教育伦理不可或缺的部分。在现代社会中,任何一所只收所谓"正常"学生的学校都是不正常的学校。任何学校所在地的适龄儿童一定符合基本的人口分布规律,人类个体的多样性一定有所体现,而有些条件合格的特殊需要儿童仍然不能入读学区学校。学校在必要的规范管理之外,应根据社会主义核心价值观对学校建设的期待,结合自身伦理精神传统对标补短提优,把学校价值观建设视为重要的核心工作,并且把此项工作的优先性细化于每学年、每学期、每月的工作安排,谨防出现"说起来重要,做起来次要甚至不要"的现象,杜绝学校教育的伦理精神贫困。关于社会主义核心价值观进校园,补短和提优不可偏废,在很大程度上,补短是有效提优、稳步提优的前提。

民主价值观进校园的主要路径之一是制度化地保证学生参与班级管理。教育微观制度几乎涉及每一位学生。我们要办"让人民满意的教育",就应该让尽可能多的学生满意,不能为了一小部分学业精英的利益而牺牲绝大多数人的幸福感,甚至牺牲很多弱势同学的身心健康。应该吸纳学习障碍学生及其他方面有特殊需要的学生共同参与班级管理,谨防他们在管理方面成为随班就读班级的"二等公民"。为了防止此情况发生,为了在班级管理中较好地践行民主价值观,可借鉴"班组串换制"教育实验的学生管理岗位串换的民主管理模式。"班组串换制"是指在现行班级组织形式的

基础上,在班级之间以及班级小组之间按照一定的频率进行动态串换,并进行班组干部岗位的开放式轮换①,以班级教学和管理为载体增进班级民主管理。班干部职位向所有愿意尝试者开放,因为如果进行能力选举,总有一些最需要制度关怀的弱势学生会被排除在外,其潜能将长期处于被压抑的状态。一位有轻度语言障碍的同学刚尝试担任班干部时,胆怯得不敢在大庭广众之下讲话,哪怕只是叫一声"起立"。经过数日的努力,他超越了自己,全班同学不约而同地为他鼓掌。教师应相信儿童的潜能"真的有一百",不歧视任何一个残疾儿童,不对任何学生施加陈规的上限,而应鼓励其潜能的充分生长,不在班级里制造"被压迫者",不让任何一个儿童生活在心理阴影中;否则,其精神生命甚至肉体生命会受到严峻挑战,价值观学习的主体性便无从谈起。

文明价值观进校园可以和"八礼四仪"教育活动紧密结合。关于"八礼四仪"教育的实践方略与理论研究已比较多见,这里不再重复。文明价值观进校园,同样需要从补短、提优两个方面入手,有破有立。一方面,应努力杜绝弱势学生遭遇校园欺凌的现象。休谟指出,同情是人类普遍存在的基础道德情感。而肇事学生在同情方面存在显著的道德情感贫困。教师对学生的管理也应该体现为师者应有的职业文明水准,以文明的言行对待学生,减少师源型伤害。另一方面,充分利用教材中的相关文本,有助于促进文明价值观在融合教育中落地。目前,全国通用的人民教育出版社版初中语文课本中就有史铁生、海伦·凯勒的作品。在教学中善用这些选文,有助于对情感、态度、价值观教育起到积极的推动作用,通过了解残疾人生活中、学习中的困难以及奋发努力的精神,帮助健全同学加深对残疾同学的理解、人格尊重,避免出现"不是不人道而是不知道,不是不理解而是不了解"等现象。朱小蔓先生、王平博士在

---

① 胡国良、刘次林:《"班组串换"德育模式的理论建构》,《教育探索》2002 年第 2 期;侯晶晶:《班组串换制实验提升道德教—学实效性的十项机制分析》,《教育研究与实验》2005 年第 3 期。

国内率先论述了"情感文明"①的观点,对于文明价值观进校园具有重要启示。

和谐价值观对于具有异质性的学生群体的交往至关重要。和谐既包括青少年与他人之间的和谐,也包括自身内在各个方面的和谐,还包括各个学科关系之间的和谐。无论是在残健同学之间还是教师之间、学科之间,都要避免在科技、社会变迁、生活步调三重加速的社会中②陷入过度层级化和过分竞争,从而陷入强傲弱卑的生存状态。要有意识地维护合作与竞争之间的和谐关系。过度竞争会使弱势学生身心倍受伤害,从长远看也不利于其他学生的品格养成。有的学校甚至在每次月考之后重新排座次,座位号就是这次月考的排名,以各种方式告诉每个学生自己在竞争中的位置。我们要谨防丛林化的教育生态阻滞残健青少年形成对内、对外的和谐关系。

二、自由、平等、公正、法治价值观与融合教育

自由价值观应体现在个别化教育中,保证学生一定程度上的时间自由,这是学生自主发展的前提之一。我国基础教育多年来"减负"成效不佳,有的地方甚至越减越"负"。"减负"多年成效不佳的重要原因之一是:教材容易而考试难的现象仍相当普遍,在一些地方甚至愈演愈烈,学生结合教师的课堂讲解即便吃透教材、完全掌握学校布置的家庭作业内容,也很难在考试中获得较理想的成绩。"减负"要奏效必须把考试的难度控制在合理阈限,避免以过于冷僻难题的考试压迫学生过度学习跟生活联系不太紧密的内容。应该给他们一定的时间自由,以适合自身的方式去发展优势智能。这对于国家的富强、人才的建设以及创新能力的培养而言都是必需的。而且过高的难度、冗余的作业、激烈的竞争导致学习压力过大会使学生的身心健康指标亮起红灯。过难的考

---

①　王平、朱小蔓:《建设情感文明:当代学校教育的必然担当》,《教育研究》2015 年第12 期。

②　[德]哈特穆特·罗萨:《新异化的诞生——社会加速批判理论大纲》,郑作彧译,上海人民出版社 2021 年版,第 13 页。

试往往把学生推向各种"影子"学校。培训机构领着学生"偷跑"等现象屡禁不止,各种作业几乎把学生的"课外"时间全部填满,甚至侵蚀其睡眠时间,损害其健康。造成大量学生近视的教育本身是很短视的,是在以人口素质甚至国家安全为代价追求短暂的功利泡沫。身体残障学生的日常特殊需要之一是进行康复,而康复耗时甚多。有些中学"六进六出"(清晨6点多进教室,晚上6点多出教室),外加晚自习、海量课后作业的学习日程安排,每日学习时间之长使一些残疾学生无法兼顾每日必需的康复,无法维护基本健康。这很不利于残疾学生接受完整的基础教育。教育部公布的 2016 年度我国残疾人就读小学与就读初中人数之比为 2.88∶1,其就读小学人数与就读高中人数之比则为 31.72∶1。① 目前的学校教育实践实现整体"减负"还需很长时日,在这个过程中应给予有特殊需要的学生部分家庭作业的选择权以及弹性微调在校时间的自由度。有特殊需要的学生可在学科教师指导下,在身体条件允许的时间内有质量地完成对自己最有帮助的部分作业。在教学、管理中践行自由价值观,将有助于避免残障学生在基础教育阶段辍学,获得较完整的融合教育。

平等价值观要求校园生活中的各种教育资源向每个学生平等地开放。如果不平等,应该像《正义论》提出的差异原则所言,倾斜于处境较为不利的学生,以免加剧残健发展的"马太"效应。学校应该秉持融合教育精神,确保具有特殊需要的学生获得教育起点平等、教育过程平等、教育结果的相对平等。目前,中小学生的平等价值观教育面临着压力。有的学校至今仍向学生灌输"埋头读书,方可昂首做人"。在这样的"埋头"和"昂头"之间,忽略了平视、关注他人,包括身边有困难的同学。在此教育导向下,学生会紧盯知识学习而自顾不暇。知识教育的方式有时也侵入了价值观教育。有些教师留椟弃珠,满足于让学生背诵规范条目,做应试准备,而并未将原本丰富的价值观学习内

---

① 《中国教育概况——2016 年全国教育事业发展情况》,2017 年 11 月 10 日,http://www.moe.edu.cn/jyb_sjzl/s5990/201711/t20171110_318862.html。

容与生活联系起来,启发学生践行平等的价值观。

公正价值观进校园的一个前提是准确地理解教育公正。"教育公正是指通过合理的教育制度,恰切地分配教育资源,为每个人提供与其相适宜的教育,使个体得其应得"①。为此,教育公正至少要求做到公正地对待入学资格、评优资格等。而在不少学校里,很多加分规则都明确向学优者倾斜,确保学优生在各种资源分配中享受优待,逆向使用正义论提出的差异原则。这明显违反很多学校在校门口张贴的标语的伦理精神——"为了一切学生""办好公平而有质量的教育"。"无论我们采取什么原则,都要考虑补偿的要求。它被看作是代表着我们的正义观念中的一个成分。(体现补偿的)差别原则并不要求社会去努力抹平障碍,但是,差别原则将合理分配教育方面的资源,以便改善最不利者的长远期望。"②教育微观制度应有助于正向引导、调节同学关系,帮助残健学生体验到什么是教育公正,有效地避免养成自负、自卑或自弃型的自我意识,逐渐构建充满效能感的自我意识。这能相当有效地促发学生作为主体的尊严感和价值观学习的持久激情。

法治价值观要求所有的学校依法治校、依法招生、依法办学、依法管理。笔者关于残疾儿童受教育权利保障状况③的研究折射出融合教育是我国依法治教、依法治校的短板。我国法律保障各类适龄儿童的受教育权利。法治价值观进校园要求特殊需要儿童能够依法进校园、接受有质量的教育。习近平总书记殷切地呼吁:"残疾人是一个特殊困难的群体,需要格外关心、格外关注。"④联合国教科文组织的相关文件指出,受教育权利对于现代人是至关重

---

① 冯建军:《教育学视野中的教育公正》,《陕西师范大学学报(哲学社会科学版)》2008年第2期。

② [美]约翰·罗尔斯:《正义论》,何怀宏等译,中国社会科学出版社1988年版,第490页。

③ 侯晶晶:《我国残疾儿童失学的现状与影响因素研究》,《中国特殊教育》2015年第1期;侯晶晶:《残疾儿童网络信息基础能力的现状与影响因素研究》,《教育研究》2016年第1期。

④ 《习近平书信选集》第一卷,中央文献出版社2022年版,第32页。

要的生存权利、发展权利,而特别关心特别关注残疾人,包括特别关注保障其基本权利,而有些特殊需要儿童在入学方面还或多或少存在困难。法治价值观进校园,可以借助教师培训的方式来进行。任何一种法律制度的制定者和执行者都是人,在我国的教育生态传统中,学生及其监护人是较为弱势的群体,残障学生及其父母的教育权利弱势现象尤为明显,加之外在的监督机制不足,教师以及教育管理者的自我监督具有不可替代的作用。目前,自上而下有各种层级的教师培训,应该把相关的教育法内容以及法治价值观进校园等内容融入教师培训,确保每位教师都能接收到,通过案例分享使之化为广泛的教育以及管理实践,确保法治价值观进校园的思想基础。

三、爱国、诚信、敬业、友善价值观与融合教育

爱国需要国民自幼体验对家乡的爱,对同胞的爱,对公共福祉的关切。对于有特殊需要儿童的教育,既要启发、培育其智能,也要帮助他们生成爱国、报国之志,即做到智志双扶。有特殊需要的儿童由于自幼身心面临挑战,在学校中作为弱势群体总体上遭受欺凌的风险又较大,所以不得不较多地考虑生存、自我保护等"小我"范围内的问题。学校基于对这些情况的理解,在融合教育中对于学生可以有意识地在"小我"之外培育"大我",让更多的学生产生这样的信念:像习近平总书记强调指出的那样,"残疾人是社会大家庭的平等成员,是人类文明发展的一支重要力量,是坚持和发展中国特色社会主义的一支重要力量"[①]。基础学校应重视在广大青少年的心中培养对祖国的归属感以及实现中国梦的历史责任感,而不是过多地把他们的注意力引导向下一次月考如何多考几分。过度的学业自爱会使青少年的眼界狭隘,与一己利益无关者往往都被高高挂起,遑论爱国情怀的养成。如果基础教育过度强调学业竞争,以显性、隐性的方式给学优生各种优待,可能会使得学生的身份逐渐萎缩

---

① 中共中央党史和文献研究院编:《习近平关于尊重和保障人权论述摘编》,中央文献出版社 2021 年版,第 115 页。

为"学习机器"。有些学习障碍学生会缺乏安全感，也较难对班集体、学校作为共同体成员产生归属感，更难生成家国情怀。学校制度如果能较好地满足各类学生的安全感等基本需要，那么学生会比较容易产生对学校的归属感，进而生成对社会、对国家的积极情感。如果学校教育使学生从小必须费尽心力为自身排名而优化个人表现，在"精致利己主义"的轨道上长大，那么很难期待他们在成年之后自发地、无缘由地突然摆脱此轨道，升华为一个爱国者。我们的教育极有必要重视爱国价值观在教育生活中的落地。

关于敬业价值观，习近平总书记阐述的"四有"教师是敬业教师的典范。"经师即人师"，每位教师都肩负着促进核心价值观进校园的责任；教师并非一般意义上的价值观引导者，相对于家长、同学，教师应该是学生价值观学习的首席引导者。教师如果具有察知教机的慧眼，善于履职，残健学生所受价值观教育的有效性会显著增加。所有教师都应践行《中华人民共和国教师法》第八条"教师义务"所要求的"关心、爱护全体学生"等体现敬业价值观的职业道德。由此可见，教师不仅应关爱身体健全的学生、给老师带来职业荣誉的学优生，同样应关爱有特殊需要的弱势学生。在实践中，教师对学生的关爱可分为三个层级：给予关怀、警惕冷漠、杜绝伤害。关于第一层级的案例，可参见朱小蔓先生作为博士生导师带教笔者的教育故事。笔者在南京师范大学就读硕士生和博士生的六年里，有幸接触到为数众多的"四有"教师，感受到教师的敬业可以很大程度地唤醒残疾学生的发展潜能。之所以在第二层级单独论述警惕冷漠，是因为很多身心有特殊需要的学生很渴望老师的肯定。教师对于他们的努力以及点滴进步应主动予以认可，不能有意无意地漠然处之。据笔者所知，一位残疾学生经刻苦训练在全国残运会上荣获田径项目的银牌，然而老师却没有给予他任何形式的认可，教师的冷漠相待使该生的内心非常懊恼不平。最低层级的"杜绝伤害"则主要指杜绝来自教师的有意识的伤害。例如，有位身体残障的学生品学兼优，却被老师以这样的话语隔绝在评优评先的可能性之外："优秀是要全面的优秀，'三好生'是要德智体全面发展，而某某同学没有能够为班级在体育方面争得任何荣誉,所以没有资格成为评优评先的候选人"。来自教师的这些话语久久地伤害着当事的学生,其不合理的评价方式还负向影响了其他同学和残疾同学的关系,制造并扩大了残健同学之间的疏离乃至隔离状态,让随班就读的残疾学生自幼感觉到外界社会和不断努力的残疾个体之间存在很难逾越的鸿沟。这位老师的做法显然是违反敬业价值观的。教师的因素是学校教育中具有独特功能的活的因素。从关系维度来看,较之亲子关系,师生关系的自然性较弱,而教育性和易感性较强。由于责任和关系的期待阈限不同,学生在价值观学习方面对教师的行为往往保持着较强的易感性。师生关系与同学关系相比又具有无可选择性和上位性。对于敬业价值观进校园来说,再科学的教学设想、再理想的理论框架、再成功的个别经验推广,最终都有赖于广大教师在师生的我—你关系中用言行呈现。教师的敬业不能只体现于健全学生,也应该给予残障学生以非选择性的教育关怀。

关于诚信价值观,学校及教师、学生都应该讲诚信。诚信源于传统文化中"诚"与"信"的理念,体现在修身、理政、经商、生活等各个方面。经过社会主义先进文化的发展,已成为社会主义核心价值观在公民个体层面的一条价值准则。诚信价值观的培育和践行应加强榜样示范,以青少年为重要对象,构建"学校—家庭—社会"三位一体、"教育—宣传—制度"协调促进的实践机制,渗入学校教育、人民生活等中国特色社会主义各个方面的建设之中,在全社会形成崇尚和践行"诚信"的良好风尚。① 许多学校门口挂着横幅"一切为了学生,为了一切学生,为了学生的一切"。很多学校言为心声,矢志不移地践行教育理想,然而毋庸讳言,有少数学校在经济大潮的冲击下却难以坚守初心。学校是儿童社会化过程中接触到的最重要的专业化社会机构。学校通过标语承诺的教育精神应言行一致,细致地落实到教育生活中,让学生感到自己所接受的是讲诚信的教育。价值观的教育效果永远是行胜于言。教师作为活生生的人,其价值

---

① 宫丽:《论诚信价值观的传承发展与新时代培育》,《学校党建与思想教育》2021年第23期。

观也是多元的,其需要也是多重的。然而,在面对学生的教育生活中,教师应该忠于自己的入职承诺,这是对自己、对学生、对教育事业应有的尊重和责任。

友善价值观是紧密涉及人与人之间关系的道德要求,各级各类学校都可以也应该重视这一具有基础性的价值观。我国的《公民道德建设纲要》强调公民应有的重要素质之一是学会"关心人",国家教育规划纲要也强调教育应重视培养学生"团结互助"的品质。学校教育重视"学会关心",有助于促进核心价值观进校园。在教育生活中学会关心,其完整的过程涉及知、情、意、行等多个维度,涉及道德敏感性、道德自主性和道德智慧的生成。学会关心不仅对他人有意义,也是使自己成长为一个有道德良知者的必修课。一般来说,具有关心互助氛围的学校,相对超越了应试教育对道德教育的挤压。这些学校为学生提供丰富的校园生活,使兴趣班、快乐学堂等和知识学习交相辉映,在这些活动中促进学生广泛交往。学校鼓励学生团结互助,彼此关心,相互尊重。无论残健儿童在表达自己的受助需要时,不会感到羞于启齿,在有能力帮助同学时,也不会刻意保留,从而形成一个彼此关心、相互促进的学习共同体。在这样的班级里,友善价值观并非可有可无的点缀,而是与学生的日常生活紧密联系的。健全学生对于残疾学生的友善有时是需要学校具体引导的。有些学校经无障碍改造在教学楼上加装了微型电梯,载客量很有限。据笔者了解,某校教师对该校一位下肢残疾的学生进行了题为"我的一天"的视频录像访谈,结果发现该残疾学生比健全同学每个上学日都早起至少30分钟,因为很多手脚利落的同学抢在他的前面乘电梯,该学生只好早起早乘电梯,赶在高峰期之前到达教学楼层,才能保证不迟到。教学楼总共才四层,健全同学其实可以毫不费力地走楼梯到达上课楼层。每次下课后,待很多健全同学乘电梯离场了,才能轮到这位下肢不便的学生乘电梯下楼,他比其他同学晚到食堂大约20分钟。① 笔者曾研究过公交车让座问题,发现需要借助制度的力量经由他律到

---

① 鉴于质性研究方法关于访谈对象匿名的要求,笔者不便具名一一致谢,在此衷心感谢所有接受访谈者。

自律,实现绝大多数人对于残障者在无障碍交通方面的友善。对这种具有一定普遍性的问题,学校可在校规班规方面体现管理育人的职能,促进友善价值观进校园。学校在洞察了残疾学生合理的特殊需要后,可以制度化地推进无障碍建设的最后一公里,使加装的无障碍设施真正有效地、人性化地服务于其设计目标中的首要服务对象——具有特殊需要的学生,逐渐帮助绝大部分健全同学知晓、接受残疾同学的合理特殊需要,构建残健共生的友善校园氛围。

扎实推进社会主义核心价值观进校园,将既有力地促进我国融合教育的发展,也有助于提升广大残健青少年乃至我们国家的道德软实力。学会友善相待,学会残健融合、文明和谐地共生,共同致力于国家的富强,所有这些方面的道德成长比知识积累更难速成。道德胚胎从小开始发育,有效落实国家的道德战略,必须从基础教育着手。以上对每种价值观进校园必须着重克服的带有普遍性的问题分而述之,以期有利于推动社会主义核心价值观进校园,在众多残健学生及教师的心中开花结果,显著提升广大民众的道德素养,促进我国教育的富强与融合,更好地发挥教育反贫困的作用。

综上,本章以两项量化研究和一项思辨研究探究我国残疾人基础教育反贫困问题。扩大普通学校随班就读的规模,推进融合教育,是《特殊教育提升计划(2014—2016 年)》提出的重要方略,《"十四五"特殊教育发展提升行动计划》进一步要求"融合教育全面推进"。鉴于此,基于 CDPF 残疾儿童监测数据进行分析,结果表明:残疾儿童随班就读的比例随学段升高而逐级锐减;影响残疾儿童随班就读的重要因素包括其性别、年龄、民族等人口特征指标;残疾儿童的网络信息能力、家庭文教年支出、所在生活地区、监护人的受教育水平也显著影响其随班就读;社会保障因素以及康复对于随班就读的影响作用显著;社区的法律知识宣传和领取残疾证亦影响随班就读。应综合考虑上述因素,促进融合教育发展,更充分地发挥其从根本上防控残疾人经济脆弱性的作用。除了就学类型实证研究,本章第二项量化研究针对教育质量,计算出我国 6—17 周岁残疾儿童的网络信息基础能力状况,首次用实证研究方法探明了学校教育、家庭教育、社区教育服务因素等对其具有影响作用,有助于为有效干预提供科学依据和可行对策。教师的教育理念、学校的价值观取向等其他可能的影响因素未包含在 CDPF 残疾人状况监测问卷中,也自然处于本章的量化分析框架之外。因此,本章最后对社会主义核心价值观进校园进行思辨研究。社会主义核心价值观进校园对于立德树人以及我国融合教育的长足发展都是必要之举。离开融合教育视角的思考,社会主义核心价值观无法全面地进校园;而如果缺乏社会主义核心价值观的支撑,我国的融合教育也很难彻底实现。每一种核心价值观进校园都需要教育实践补短和提优相结合,才能更好地在融合教育中落地,帮助残、健学生远离精神贫困,提升广大民众的道德素养,促进我国教育的富强与融合。

在终身教育时代,基础教育远非教育的可能顶点。由于残疾人基础教育公平与质量目前的状况以及职业教育对就业与防控贫困的重要支撑作用,职业教育与职业培训在残疾人教育体系中具有重要位置。下一章将研究残疾人的职业教育反贫困。

第四章　残疾人职业教育培训反贫困

接受职业教育培训也是残疾人的一项重要受教育权利以及经济生活权利,是现代社会中残疾人反贫困、获得幸福感的重要路径。联合国教科文组织的文化与发展合作委员会(Culture and Development Co-ordination Office at UNESCO)梳理各种相关法律,归纳出 50 种权利①,其中包括教育与培训选择权。《中华人民共和国残疾人保障法》规定,"残疾人教育保障义务教育,着重发展职业教育,逐步发展高级中等以上教育"②。中等职业教育、高等职业教育与职业培训既存在一定的交叉,又有区别。我国政府高度重视残疾人职业培训。李强总理于 2023 年 6 月对提升残疾人职业技能、促进残疾人就业创业工作作出重要批示,指出残疾人技能人才是宝贵的人力资源。各地区、各部门要坚持以习近平新时代中国特色社会主义思想为指导,全面贯彻党的二十大精神,认真落实习近平总书记关于残疾人事业的重要指示批示精神,按照

---

① H.Niec, *Cultural Rights:At the End of the World Decade for Cultural Development*, http://kvc. minbuza.nl/uk/archive/commentary/niec.html, 2014 年 2 月 6 日下载。黄金荣主编的《〈经济、社会、文化权利国际公约〉国内实施读本》(北京大学出版社 2011 年版)第 158 页呈现了此十一类权利中的部分权利。

② 本书的第三、第四、第五章的逻辑关系基本据此展开。鉴于职业培训与高中教育在事实上具有一定的交叉性,本章有极少量内容关涉残疾人职高教育。第五章考察残疾人高中以上教育,选取了研究生教育学段进行论述,未包括与职业培训交集较多的高等职业教育。

党中央、国务院决策部署,履职尽责、积极作为,大力加强残疾人职业教育和职业培训,促进广大残疾人不断提高职业技能水平,做好就业创业指导帮扶,着力消除残疾人就业创业障碍,巩固拓展农村残疾人脱贫攻坚成果,帮助更多残疾人通过劳动实现就业创业、创造幸福生活,在推动高质量发展、推进中国式现代化的道路上成就精彩的人生。① 《中国残疾人事业"十二五"发展纲要》曾明确将"特殊学校、职业学校"置于"开展多层次残疾人职业教育培训,着力加强订单式培训、定向培训和定岗培训"的机构之列。残疾人职业培训包括全日制和非全日制的,长期的和短期的,学历和非学历的等多种类型。其中,职业学校教育提供的多为全日制的、学制较为长期的学历职业培训,主要面向处于青少年晚期和青年早期的残健人群。向成年残疾人提供职业培训的机构一般不是职业学校,所提供的多为非全日制的、短期的、非学历的职业培训,这也是保障其受培训权利的重要渠道。

残疾人职业教育培训权利在我国相关法律与政策之中得到了充分、连续的强调。《中华人民共和国残疾人保障法》第三章《教育》第二十七条即规定"政府有关部门、残疾人所在单位和有关社会组织应当对残疾人开展扫除文盲、职业培训、创业培训和其他成人教育";第四章《劳动就业》的第三十七条和第三十九条规定,"残疾人联合会举办的残疾人就业服务机构,应当组织开展免费的职业指导、职业介绍和职业培训,为残疾人就业和用人单位招用残疾人提供服务和帮助","残疾职工所在单位应当对残疾职工进行岗位技术培训,提高其劳动技能和技术水平"。这些法律条文明确规定了我国残疾人有接受培训的权利,其中突出了残疾人接受各类职业技能培训的权利。《"十三五"加快残疾人小康进程规划纲要》关于"提高残疾人受教育水平"这一部分的内容指出:"贯彻实施《残疾人教育条例》,依法保障残疾人受教育权利。为家庭经济困难的残疾儿童、青少年提供包括义务教育、高中阶段教育在内的

---

① 《李强对提升残疾人职业技能促进残疾人就业创业工作作出重要批示强调　大力加强职业教育和职业培训　帮助更多残疾人通过劳动创造幸福生活》,《人民日报》2023 年 6 月 28 日。

12年免费教育。……加快发展以职业教育为主的残疾人高中阶段教育。……完善中高等融合教育政策措施,中等职业学校、普通高校在招生录取、专业学习、就业等方面加强对残疾学生的支持保障服务。"①《国务院关于印发"十四五"残疾人保障和发展规划的通知》要求实施中国残联、教育部等五个部门共同印发的《残疾人职业技能提升计划(2021—2025年)》:"帮助有就业愿望和培训需求的残疾人普遍得到相应的职业素质培训、就业技能培训、岗位技能培训和创业培训。继续开展农村残疾人实用技术培训。支持符合条件的残疾人技能大师建立工作室。开发线上线下相结合的残疾人职业技能培训优质课程资源。完善残疾人职业技能培训保障和管理制度。研究制定残疾人职业技能培训补贴标准。"②2021年政府工作报告格外强调要"完善残疾人就业支持体系,加强残疾人劳动权益保障,优先为残疾人提供职业技能培训"③。有学者在解读《促进残疾人就业三年行动方案(2022—2024)》的成果中指出了信息时代有针对性的培训对于迅速改变一些残疾人的低技能状况,实现有质量就业,以就业支持巩固脱贫攻坚成果的重要性。"随着农村基础设施特别是信息化设施的改善和新农村建设的逐步推进,乡村旅游、农村电商、农村物流等业态得到较大发展,但农村残疾人的低技能状况难以满足这些就业领域的要求,需要对其进行培训。农村残疾人培训需要系统化、常态化并提高针对性,精准地提供就业服务,需要政府从资金上给予保障。只有持续地为农村残疾人提供就业支持,促进其稳步增收,才能巩固来之不易的脱贫攻坚成果。"④由此可见,接受职业教育培训与

---

① 《国务院关于印发"十三五"加快残疾人小康进程规划纲要的通知》,2019年8月3日,http://www.gov.cn/zhengce/content/2016-08/17/content_5100132.htm。

② 《国务院关于印发"十四五"残疾人保障和发展规划的通知》,2021年7月8日,http://www.gov.cn/zhengce/content/2021-07/21/content_56226391.htm。

③ 详见《2021年中央政府工作报告》第50章第4节"提升残疾人保障和发展能力"。

④ 廖娟、满艳秋:《促进残疾人较为充分较高质量就业的联合行动——〈促进残疾人就业三年行动方案(2022—2024)〉解读》,《残疾人研究》2022年第3期。

残疾人就业权利紧密交织,对残疾人获得物质生活保障、丰富精神生活、获得幸福感,都具有重要作用。

近年来,我国残疾人培训的平台建设获得新进展,在高端层面上设置了国家开放大学残疾人教育学院、长春开放大学特殊教育学院等残疾人培训机构;在基础层面上,一些地方成立了残疾人托养培训中心。重视残疾人培训权利的保障,对于就业模式从分离式向融合式转型,对于福利模式从慈善模式向社会权利模式过渡,以及基于"增能、复能、赋能和减少失能"的视角建设残疾人就业援助体系①,都具有不可替代的作用。"随着公民权利意识和平等意识的提升,中国残疾人福利制度正从慈善模式向社会权利模式转变。社会权利模式以'增能'为手段,强调福利主体的权利与义务的平衡。社会权利模式要求将部分保障项目与职业培训或工作相关联;变就业结果支持为就业过程支持;加强残疾人人力资源开发;加强提升残疾人独立生活能力的福利制度建设。"②

残疾人培训权利保障虽然进展颇大,不过相对于国家的政策要求以及残疾人的需要而言,尚有不小的距离。王宇丰等在广州市农村调研发现,农村残疾人渴望学习各种实用技术,首先是就业技术,占 47.4%,科学专业占10.1%。③ 北京某机构的研究者在某市调研发现,占被调查总数 33.9%的残疾人接受过职业培训,半数以上的残疾人处于无业或下岗状态,66.4%的残疾人月收入低于居住市最低生活保障线。④ 我国目前残疾人接受培训的权利保障总体处于低位,这不仅影响了文化权利保障的整体水平,也成为残疾人就业

---

① 童星:《残疾人就业援助体系研究——由"问题视角"转向"优势视角"》,《残疾人研究》2011 年第 3 期。

② 杨立雄:《中国残疾人福利制度建构模式:从慈善到社会权利》,《中国人民大学学报》2013 年第 2 期。

③ 王宇丰、卓彩琴:《从化市农村残疾人教育培训事业浅析》,载宋卓平、张兴杰主编:《广州市农村残疾人及残疾人事业调查研究》,华南理工大学出版社 2009 年版,第 337 页。

④ 刘艳虹、张芳、张丁酉:《残疾人社会经济地位的调查研究》,《中国特殊教育》2007 年第7 期。

等相关权利保障的阻碍因素。"对 2006 年第二次全国残疾人抽样调查数据进行的分析表明,我国残疾人的就业率明显低于非残疾人。"①"我国残疾人的劳动就业权得到了《残疾人保障法》等法律的确认,但是,我国残疾人在实现劳动就业权时也存在一些问题,其中包括残疾人总体就业水平低,残疾人教育和培训滞后。"②《国务院关于印发"十四五"残疾人保障和发展规划的通知》指出,"十四五"时期需要着力解决的突出问题包括"残疾人返贫致贫风险高,相当数量的低收入残疾人家庭生活还比较困难"、残疾人"就业质量不高,残疾人家庭人均收入与社会平均水平相比还存在不小差距"③。

有些研究者探讨了残疾人培训权利保障总体不力的制约因素。例如,有研究者认为,残疾人培训一个突出问题是师资缺口较大。"江西 15—39 岁视力、听力、言语、肢体和智力残疾者至少有 32.6 万人,按中国残联、教育部关于印发《残疾人中等职业学校设置标准(试行)》的通知要求,除了肢体残疾者可进普通职业学校培训,江西至少需要 4500 名特殊职业教育或培训教师,才能满足残疾者职业教育的需求。"④

关于对策研究,有学者提出借鉴西方"从学校到工作的过渡"的理论,呼吁建立残疾人职业培训中心、残疾人职业指导与咨询中心⑤。目前,"各市残联几乎都已成立康复与职业培训中心,但是存在利用率低、培训服务覆盖面小、就业指向不明确、缺乏连续性、受众权利不均等问题。需要建构一个包含事业单位、民间组织、社区组织、社会企业等各种性质的非营利组织,为残疾人

---

① 赖德胜、廖娟、刘伟:《我国残疾人就业及其影响因素分析》,《中国人民大学学报》2008 年第 1 期。

② 许康定:《论残疾人劳动就业权的法律保护》,《法学评论》2008 年第 3 期。

③ 《国务院关于印发"十四五"残疾人保障和发展规划的通知》,2021 年 7 月 21 日,http://www.gov.cn/zhengce/content/2021-07/21/content_5626391.htm。

④ 刘晓洪、陈和利:《关于江西省残疾人职业教育师资需求的调查》,《职教论坛》2011 年第 8 期。

⑤ 甘昭良:《对残疾人从学校到工作过渡的探讨》,《中国特殊教育》2002 年第 4 期。

提供专业化的教育培训、就业辅导和辅助器具等方面的社会服务体系"①。为了解决培训资金来源问题,一个可能的渠道是借助残疾人就业保障金,这也符合残疾人就业保障金的应然功能以及"就业的过程型支持"理念。"按照规定,残疾人就业保障金主要用于对残疾人就业的教育、培训、表彰及对残疾人'就业机构'的扶持。但目前大部分保障金处于闲置状态"②。关于提高残疾人就业培训的实效性,有学者从教材、技术层面进行了设想。"三维教材由远程教育教材、多媒体自学软件和传统的残疾人教材三部分有机组成。针对残疾人的不同特点设计的三维教材可强化其功能的补偿。残疾人的就业培训与其基础教育或学历教育不同,综合应用特殊教育与现代教育技术理论设计的三维教材尤其适于残疾人的就业培训。"③也有学者结合美国残疾人职业培训示范项目以及台湾地区重视残疾人培训权利立法的案例,从境内外比较借鉴的维度提出了思考。④

保障残疾人接受培训的权利,是人道主义伦理学应用于维护弱势群体尊严的重要课题,也是保障其就业权和生命尊严、共同富裕的重要论题。为了进一步推动残疾人就业的高质量发展,为残疾人实现创业就业提供保障,2022年3月,国务院出台了《促进残疾人就业三年行动方案(2022—2024年)》。该方案提出要在2022—2024年实现全国城乡新增残疾人就业100万人的目标。从当前我国的就业形势和近五年的残疾人就业情况来看,完成这一目标并不容易。⑤ 关于残疾人培训的已有研究覆盖的残疾人类别较少,且对残疾青少年与残疾成人没有进行相对独立的研究。关于制约因素方面的已有研究

① 唐钧:《非营利组织与残疾人社会服务体系的建构》,《教学与研究》2012年第8期。
② 郭建财:《残疾人就业保障金管好还须用好》,《中国审计》1998年第11期。
③ 胡礼和、陈丹文:《适于残疾人就业培训的三维教材》,《中国特殊教育》2004年第9期。
④ 马宇:《美国教育部"示范项目"的实施及启示》,《当代教育科学》2012年第11期;田蕴祥:《台湾地区残疾人士就业协助措施之研究:立法、实践与启示》,《管理现代化》2011年第4期。
⑤ 廖娟、满艳秋:《促进残疾人较为充分较高质量就业的联合行动——〈促进残疾人就业三年行动方案(2022—2024)〉解读》,《残疾人研究》2022年第3期。

主要着眼于教育内部,很少涉及教育之外的因素,对策研究亦有此局限。鉴于此,为了更好地维护残疾青少年和残疾成人接受职业教育培训的权利,有必要对其专门进行研究,梳理其受培训权利保障状况与内部、外部因素之间的关系。

本章第一节研究残疾青少年受培训权保障之影响因素,第二节对残疾成人接受职业培训权利保障进行量化研究,第三节对进一步改善残疾人接受教育培训的状况结合个案进行机制研究,本章最后就家庭教育、学校教育、自我教育如何提升残障青少年对于接受职业培训的准备性,如何帮助更多的残疾人投身乡村振兴事业,如何弘扬传统文化提供就业韧性并通过成功就业印证教育质量公平进行思辨研究。

第一节　我国残疾青少年受培训权保障之研究

一、研究对象与研究方法

本研究的对象为失学或不在学而年龄适合接受职业培训的残疾青少年,资料来源与第二章相同,亦为 CDPF 全国残疾人状况监测数据。此监测问卷(儿童版①)关于职业培训的题项"1 年内是否曾接受职业技能培训"覆盖的是16—17 岁样本,有效样本为 157 名 16—17 岁残疾青少年,男性 87 人,女性70 人。

本研究应用 SPSS 软件进行描述性分析和 x^2 检验,验证残疾青少年接受培训的状况在教育、康复、社会环境等因素上是否存在显著差异。鉴于已接受职业培训的样本较少,不进行影响因素的回归分析。

---

① 根据《儿童权利公约》的界定,"18 周岁以下人口均为儿童"。

二、研究结果

（一）残疾青少年接受职业培训权利保障的状况

在 157 名 16—17 岁的残疾青少年中,仅 4.5%(7 人)"1 年内曾接受职业技能培训",95.5%(150 人)在 1 年内未接受过职业技能培训。接受过职业技能培训的残疾青少年均持农业户口,其中男性 5 人,女性 2 人;16 岁 4 人,17岁 3 人;在残疾类型分布方面,视力、听力、智力类残疾各 2 人,肢体残疾 1 人。详见表 4-1。

表 4-1　16—17 岁残疾青少年接受职业技能培训的状况

	性别		年龄		户口		残疾类别					
	男	女	16 岁	17 岁	非农业	农业	视力	听力	言语	肢体	智力	精神
人数	87	70	70	85	19	137	15	15	45	32	94	13
受过培训的比例(%)	5.7	2.9	5.7	3.5	0.0	5.1	13.3	13.3	0.0	3.1	2.1	0.0
未受培训的比例(%)	94.3	97.1	94.3	96.5	100.0	94.9	86.7	86.7	100.0	96.9	97.9	100.0

注:年龄有 2 个遗漏值;1 个样本在户籍题项选择了"户口待定";因有多重残疾样本,六类残疾人数相
　　加大于 157。

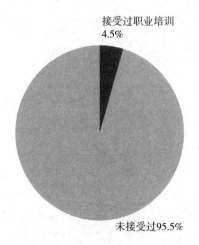

图 4-1　16—17 岁残疾青少年是否接受过职业培训的状况

（二）残疾青少年受培训权保障状况的卡方分析

16—17 岁残疾青少年 1 年内是否接受过职业技能培训，在社会保障、社会支持、康复、社区服务及其满意度等方面具有显著差异。

表 4-2　残疾青少年接受职业技能培训与有关因素的列联表

因素	选项	人数	培训率（%）	未培训率（%）	χ^2	df	p
领救济	在领救济	44	11.4	88.6	6.843**	1	0.010
	不领救济	113	1.8	98.2			
新农村养老保险	已参加	43	14.0	86.0	12.600**	2	0.002
	未参加	86	1.2	98.8			
	非农跳过	28	0.0	100.0			
一年内接受慰问	接受过	67	9.0	91.0	5.548*	1	0.019
	未曾接受	90	1.1	98.9			
对慰问的满意度	非常满意	22	13.6	86.4	7.451a	3	0.059
	满意	43	7.0	93.0			
	一般	2	0.0	100.0			
	未受慰问	90	1.1	98.9			
参加社区文化生活	经常参加	5	0.0	100.0	10.148**	2	0.006
	很少参加	49	12.2	87.8			
	从不参加	103	1.0	99.0			
一年内社区（村）为残疾人提供服务	接受过	51	11.8	88.2	9.466**	1	0.002
	未曾接受	106	0.9	99.1			
社区服务满意度	非常满意	9	33.3	66.7	22.407***	3	0.000
	满意	35	8.6	91.4			
	一般	7	0.0	100.0			
	没有跳过	106	0.9	99.1			
一年内社区法律宣传	接受过	49	10.2	89.8	5.520*	1	0.019

续表

因素	选项	人数	培训率（%）	未培训率（%）	χ^2	df	p
一年内听力康复训练	未曾接受	108	1.9	98.1			
	接受过	5	40.0	60.0	15.586***	2	0.000
	未曾接受	10	0.0	100.0			
	其他残疾	142	3.5	96.5			

注：*** 表示 $p \leqslant 0.001$；** 表示 $p \leqslant 0.01$；* 表示 $p \leqslant 0.05$；+ 表示 $p \leqslant 0.1$。下同。

领救济的残疾青少年 11.4% 接受过职业培训，不领救济的残疾青少年 1.8% 接受过职业培训。残疾青少年接受职业培训在是否领救济的维度上具有显著差异，领救济者接受职业培训的比例较高。已参加新型农村社会养老保险（农村社保）的农村残疾青少年接受过职业培训的比例为 14.0%，显著高于未参加农村社保的农村残疾青少年的同类比例（1.2%）。接受过慰问的残疾青少年接受职业培训的比例为 9.0%，显著高于不曾接受慰问的残疾青少年（1.1%）。成为慰问对象的残疾青少年总体而言状况更为困难。这意味着，较困难的残疾青少年目前接受职业培训的比例相对较高。在接受过慰问的残疾青少年中，对慰问感到"非常满意"者接受职业培训的比例（13.6%）较显著地高于对慰问感到"满意"者（7.0%）。慰问的实际帮扶质量对于困难残疾青少年接受职业培训的比例或有影响。"很少参加（偶尔参加）"社区文化生活的残疾青少年接受职业培训的比例为 12.2%，显著高于"从不参加"社区文化生活者的同类比例（1.0%）。"经常参加"社区文化生活的样本仅有 5 个，统计学上的可靠性不充分，因而忽略不计。1 年内接受过社区服务的残疾青少年 11.8% 接受过职业培训，远高于未接受者的同类比例（0.9%）。两者之间具有显著差异。对社区服务感到"非常满意"的残疾青少年 33.3% 接受过职业培训，远远高于感到"满意"者的同类比例（8.6%）和感到"一般"者的比例（0.0%）。残疾青少年是否接受过职业培训在其对社区服务的满意度维度上具有显著差异。1 年内接受过社区法律宣传的残疾青少年有 10.2%在 1 年内接受过职业培训,高于未接受社区法律宣传者的同类比例(1.9%),两者之间有显著差异。在听力残疾青少年中,1 年内接受职业培训者无一例外地接受过听力康复训练。听力残疾青少年接受职业培训在是否接受过康复训练的维度上具有极其显著的差异。本题项所涉有效样本较少,在此一并呈现结果。

三、基于结论的对策思考

从我国残疾人目前的就业率低、就业的经济回报低等情况倒推,不难判断出 16—17 岁残疾青少年既是接受职业培训的应然权利主体,也确实较普遍地具有接受职业培训以促进就业的现实需要。本研究显示,只有 4.5%的 16—17 岁残疾青少年"在近一年内接受过职业培训",表明残疾青少年职业技能培训需求的满足率较低,其接受培训的法定权利与实有权利之间存在较大落差。卡方分析显示,16—17 岁残疾青少年接受职业培训在以下九个因素上具有显著差异:是否领救济、参加新农村养老保险、接受过慰问、慰问满意度、参加社区文化生活的频率、接受过社区服务、社区服务满意度、接受过社区法律宣传,以及听力残疾青少年是否接受过康复训练。

鉴于上述研究结果,至少可从三个方面促进残疾青少年受培训权利的保障。

(一)重视社区文化供给对残疾青少年培训权利的保障作用

以上九个因素近一半与社区有关,因此必须特别重视社区对残疾青少年的相关资源供给,从而直接或间接地提升其接受职业培训的机会。要注重这些机会的可及性和便利程度。应重视社区法律宣传,使更多的适龄残疾青少年知晓自己被赋予的受培训权利。社区可以把一些职业培训融汇在社区服务中。此外,社区文化生活也可以更加自觉地激发残疾青少年的求知、求技动机,更好地与可及的职业培训机会对接,使更多适龄残疾青少年能实现自身的法定受培训权利。

（二）将面向残疾青少年的社会保障、社会支持做得更细更实

社会保障以及社会支持等因素也影响着残疾青少年接受职业技能培训的可能性。这些工作有待进一步做细做实，以更好的实效性提升残疾青少年对这些工作的满意率，更好地保障其接受职业技能培训这一文化权利。另外值得注意的是，领救济的残疾青少年接受职业培训的比例高于不领救济的残疾青少年。这可能说明，目前的职业培训提升就业机会的效果不太理想，在残疾青少年中受欢迎的程度比较弱，尤其对家庭经济条件较好的残疾青少年吸引力有待提高。

（三）提升融合式职高培训机会的质与量

本章前文论述过全日制职业学校教育是残疾青少年保障文化权利的一个重要渠道。保障残疾青少年受培训权利的一个关键举措在于发展融合式的职业高中教育，有效地增加面向适龄残疾青少年的融合式教育培训机会，并提升其在康复和知识技能水平方面接受融合式教育培训的准备性。本研究揭示，中职培训的残健机会不均现象比较严重。当前，社会上很多人对高中教育"重普轻职"，数量上占半壁江山的职业教育入学门槛较低，很多健全青少年对于高职教育培训机会比较轻视[1]，有"不愿吃"的心态；而众多残疾青少年对于职业教育及培训机会还"吃不饱"或"吃不上"。不排除少数残疾青少年也具有"重普轻职"的心态，这种不正确的理念也需要得到合理的引导、纠正。本书第三章的研究显示，全国875个在学的6—17岁残疾青少年样本中，在普通小学、普通初中、普通高中、普通中职接受融合教育的比例分别为59.8%、24.9%、4.1%、2.3%。随班就读的残疾青少年在普通中职就学的比例只及普

---

① 侯晶晶：《论职业教育优质和谐发展的对策》，《教育与职业》2008年第3期。

通高中的 56.1%。目前,残疾青少年的职业培训资源存在面窄量少的问题,拓宽职业培训的专业选择性,也会有助于增加资源供给,更好地保障残疾青少年接受职业培训的权利。

残疾人状况监测问卷未包括融合式高等职业教育培训的题项,本章主要研究的也是高等教育以下学段或层次的职业培训。这里在"职业教育培训"的主题之下不妨略作提及:另有研究显示,我国残疾人高职教育培训和中职教育培训一样有待提升质量。与普通高等教育相比,我国开展残疾人高职教育的历史较短,残疾人高职教育人才培养的机制尚显不足,人才培养模式也没有完全赶上普通高等职业教育改革的步伐,与国际倡导的全纳教育思想并没有完全兼容。这些都在一定程度上影响了残疾人高职教育的办学质量,影响了残疾高职大学生的教育质量和就业潜能,进而影响其生存竞争力和社会适应性。因此,进一步加强残疾人高等职业教育改革,构建"残健合一、共同发展、有限隔离、无限融合"的残疾人高等职业教育模式具有重要的现实意义。[①] 这位研究者对于残疾人高职教育同样提出了融合发展的呼吁,与本研究的主张不谋而合,从另一个侧面也印证了融合教育之于保障残疾人接受培训权利的必要性与可行性。

本节使用全国残疾人状况监测数据,对我国 16—17 岁残疾青少年的受培训权利保障进行现状研究与对策分析。下一节主要依托 X 省的城市案例,分析残疾人职业培训的成就与问题。

第二节　残疾人职业培训城市案例之挑战与对策

残疾人职业培训是与残疾人就业、残疾人反贫困以及实现共同富裕密切相关的问题。在当前这个时期,残疾青少年劳动能力的培训与提升无论对于

[①] 王得义:《有限隔离　无限融合——试论我国残疾人高等职业教育模式的建构与创新》,《中国职业技术教育》2011 年第 15 期。

实现其个体价值还是促进社会发展,都具有格外重要的意义。与低经济发展水平的国家相比,经济发展水平越高的国家或地区对劳动力质量的依赖程度越高。劳动年龄人口数量优势对经济增长的贡献随着经济发展水平的提高而逐渐减弱,而人口质量红利则能够为经济发展提供持久而稳定的动力。面对劳动年龄人口持续下降的挑战,通过教育提高劳动者质量,是'十四五'期间构建经济发展的战略选择。[1]　面对劳动年龄人口持续下降的挑战,在教育高质量发展的改革过程中,全社会更有必要重视将残疾青少年培养成为高质量的劳动者。残疾人培训在其中可以发挥重要作用。

近年来,全国各地在残疾人职业培训工作方面不断创新,普遍对就读职业高中等学校的残疾学生发放教育专项补贴,兴建残疾人中等职业学校(班),创立面向残疾人的"阳光学院",这些举措成效显著。但是,巩固精准扶贫成果的要求对于残疾人受培训权利保障提出了新的期待;更好地接受培训从而提高就业能力、防止返贫或初贫,是众多残疾人提升幸福感的共同需要。笔者主要依托对 X 省的城市案例的过程研究,分析残疾人职业培训的成就与问题,提出残疾人职业培训工作质量提升的对策建议。

挑战一:残疾人接受职业培训的数量和相关发展目标之间尚有距离。残疾人获得有质量的职业培训机会,对其形成就业能力具有重要作用。残疾人职业培训分为学历和非学历两类,以下分别分析。教育部网站公布的 2016 年度我国残疾人就读小学人数与就读初中人数之比为 2.88∶1[2],与就读小学人数相比,残疾人能接受初中教育的人数已出现锐减态势;我国残疾人就读小学人数与就读高中人数之比为 31.72∶1. 残疾人就读的高中绝大多数是职业高中,因此该比例在一定程度上间接折射出残疾人中等职业教育培训资源尚很

①　丁小浩、高文娟、黄依梵:《从人口数量红利到人口质量红利——基于 143 个国家面板数据的实证分析》,《教育研究》2022 年第 3 期。

②　《中国教育概况——2016 年全国教育事业发展情况》,2017 年 11 月 10 日,http://www.moe.edu.cn/jyb_sjzl/s5990/201711/t20171110_318862.html。

有限。这从一个侧面印证了周洪宇关于"法治是促进教育公平的最根本保障"的观点。[①] X省有残疾人中等职业技术学校(班)13个,基本上每市有一所,地处市区。呈城市集聚化分布的职业学校远离大多数残疾人的住处,显著降低了残疾人接受职业培训的可能性,对于行动能力或信息获取能力受限而无法在寄宿制培训机构里独立学习者尤为不利。X省公布的数据显示:2016年全省残疾人中等职业学校(班)共有在校生1225人,即平均每校(班)不足百人。残疾人学历型职业培训机会不足,除了培训机构少,还存在其他原因。"X省残联等机构推动各地建立残疾人职业培训基地,2016年落实残疾人非学历职业培训12000名"[②],在X省4793000名残疾人中占了一定的比例。上述培训基地大体上半数依托特殊教育机构,半数挂靠于普通职业技术学院,亦存在机构数量少、培训资源在城市集聚、覆盖面很有限的问题。

挑战二:职业培训机会在残疾人内部分布不均衡,肢体等类别残疾人的职业培训机会匮乏问题尤为突出。在各类残疾人中,听力、视力、智力残疾人所获职业培训机会相对较多,而肢体等其他类别残疾人所获培训机会尤为稀缺。此问题无法在总体提高残疾人接受培训比例之后自然地一并得到解决,因此需要专门的研究与应对。《中国教育年鉴(2015)》记录,"全国特殊教育学生中,视力残疾学生3.41万人,听力残疾学生8.85万人,智力残疾学生20.57万人,其他残疾学生6.67万人"[③]。X省未直接公布相应数据,不过笔者通过量化研究和观察发现,X省残疾人内部亦存在着职业培训机会不均衡现象。肢体残疾本身并不至于使残障者失去接受职业培训的潜能,但是由于培训机构与社会环境未完全达到《无障碍环境建设条例》等法律法规的要求,肢体残疾等"其他类别"残疾者在职业培训方面处于更加不利的状态。

---

① 周洪宇:《法治是促进教育公平的最根本保障》,《基础教育》2015年第3期。
② 高小平:《聚焦扶贫攻坚 擦亮服务品牌 为高水平全面建成小康社会贡献力量——在全省残联工作会议上的报告》,2017年2月18日。
③ 《中国教育年鉴》编辑部编:《中国教育年鉴(2015)》,人民教育出版社2015年版,第94页。

挑战三:学历、非学历职业培训的质量皆有待进一步提升。目前,能够接受高中阶段职业培训的残疾人基本属于群体内的学业精英。笔者在 X 省残疾人中等职业学校进行访谈得知:残疾学生经过严格的入学选拔,个人素质较高,但毕业时能获得职业资格证书的不足九成。已公开的资料显示,"2016年,X 省残疾人中等职业学校(班)共 340 位毕业生,其中 290 人获得职业资格证书"①,占毕业生总数的 86.76%。未能获取证书者毕业后很难有机会继续接受专业培训并再次准备初等职业资格证书考试,而该证书是残疾人叩开就业之门的重要条件。将来残疾人学历职业培训比例提高后,被培训者入学时的知识技能起点水平总体上难以与目前的被培训者比肩,师生比也会有变化。如果职业培训学校不对此预先考虑,采取必要措施,目前的考证通过率将难以保持。对于残疾人非学历类职业培训而言,培训时间是否充分、方向是否适当、方法是否科学、培训是否有连续性等一系列关涉培训质量的问题有待更好地解决。

针对上述问题,提升残疾人职业培训工作的机制主要包括如下三个方面。

对策一:增加学历与非学历职业培训资源供给,稳步提升残疾人的培训比例。在学历教育方面,首先须厘清各地区残疾青年有能力接受中等职业教育培训者的人数,以"十四五"末此类残疾人八成以上接受中等职业培训为目标,研究出每年应该提升的接受培训比例,据此增加残疾人中等职业学校(班)的建制,"十四五"期间可依托各区县的特殊及普通职业培训机构,将残疾人职业培训学校(班)由目前平均每市一所努力增加到每个区(县)至少一所,更好地运用各地已有的残疾人培训硬件与软件资源,线上、线下职业培训结合,增加不同层次、不同地区职业培训机构之于残疾人的可及性。笔者通过量化研究发现:超过三分之一强的残疾人早年即失学,失学者中六成从未上

---

① 高小平:《聚焦扶贫攻坚 擦亮服务品牌 为高水平全面建成小康社会贡献力量——在全省残联工作会议上的报告》,2017 年 2 月 18 日。

学①。此类残疾人难以回归学校接受学历职业培训,非学历职业培训对其可行性较高。有效推进 X 省学历、非学历残疾人中等职业培训,必须打破职业教育的健残壁垒,走融合式发展而非隔离式发展之路,增加普通中职学校等机构对于残疾人职业培训的开放性,助力解决残疾人职业培训资源面窄量少的问题。

对策二:通过培训机构设施的无障碍改造以及培训社区化,破解各类残疾人之间职业培训机会不均的难题。听力、视力、智力之外其他类型的残疾人接受职业培训的机会更加严重不足的问题,其原因首先在于长期以来存在的以"听、视、智"三种残疾为主的窄口径特殊教育体系;其次在于公共交通及培训机构的环境尚未达到无障碍法律法规要求,使得肢体等类别残疾人出行难,接受培训更难。有关机构与部门可进一步向各类残疾人问需问计,并从中发掘职业培训成功案例,分析其具有可推广价值的元素;有选择地借鉴国际上行之有效的残疾人职业培训经验,为各类残疾人提供关乎其存在感和尊严的培训经历,使其能够参与整个社会的融合发展。另如前文所析,影响职业培训机会的多个因素关涉社区,须推动残疾人职业培训的社区化。可依托普通或特殊职业学校,在若干街道共享的社区图书馆或各村文化活动室设立远程培训点,提高行动不便的肢体残疾人的职业培训率。

对策三:提优与补短双管齐下,在残疾人职业培训改革中力争教学质量稳中有升。进一步提升残疾人中等职业学校(班)的师资水平、课程设置、教材开发、助学措施以及无障碍环境水平,在实践环节确保培训教具器材的生均使用时间。职业培训质量的巩固与提升不仅要着眼于提优,培训机构还要知悉学习者哪些关键的知识技能相对薄弱,尽力提高培训指导的针对性。亦可设立帮困班和晚间自修互助小组,帮助存在学业困难的学生及时应对挑战,高质量地完成职业培训。借此帮助更多残疾人过上较高质量的生活,巩固精准扶贫来之不易的成果。

---

① 侯晶晶:《我国残疾儿童失学的现状与影响因素研究》,《中国特殊教育》2015 年第 1 期。

上述挑战与应对之策在国内相关研究领域具有创新性。国内关于残疾人培训的研究内容稀缺，非洲、欧洲、美洲近年来关于残疾人培训有少量研究内容可供参考借鉴。

非洲埃塞俄比亚中部对残疾儿童父母进行的 10 次访谈和 3 次焦点小组讨论显示，他们把孩子送到阿西区政府学校学习专门的特殊课程。残疾儿童的父母经历了共同的挑战，包括客观挑战（时间限制、经济负担、对日常活动的影响、缺乏社会支持及其相关问题）和主观挑战（持续的慢性悲伤感、较少的社会互动）。他们描述了在抚养孩子时的积极看法，并讨论了对他们最有用的应对策略，例如评估孩子的进步、提供服务和分享经验。他们表达了对其子女职业培训的强烈需求。① 南非一项关于为残疾学生提供培训支持系统成效的案例研究，对夸祖鲁-纳塔尔省两所公立技术职业教育培训学院（Technical, Vocational Education and Training, TVET）的残疾学生支持人员（10 人）和残疾学生（36 人）进行了访谈。研究发现，残疾学生经历了干扰学业的挑战，学生培训支持系统未能充分解决残疾学生的不同需求。② 南非对此类需求在政府层面做出了一些回应。有学者研究了名为南非"国家学生经济援助计划"（National Student Financial Aid Scheme, NSFAS）的高等教育政府资助机构，发现其在资助职业培训方面取得了成效，同时，基于联合国的可持续发展目标和阿马蒂亚·森的能力进路理论，进一步呼吁在职业教育和培训中向有学习障碍的残疾青年公正地分配培训资金。③

①　P. A. Cinquin, P. Guitton, H. Sauzéon, "Toward Truly Accessible MOOCs for Persons with Cognitive Impairments: A Field Study", *Human-Computer Interaction*, No. 38（5-6）（2023）, pp. 352-373.

②　M. Munyaradzi, A. Arko-Achemfuor, K. Quan-Baffour, "An Exploration of Comprehensive Student Support Systems in Technical Vocational Education and Training Colleges for Students with Disability", *Community College Journal of Research & Practice*, No. 47（2）（2023）, pp. 106-122.

③　B. I. Nkambule, S. A. Ngubane, "Towards a Just Distribution of Student Funding to Youth with Learning Disabilities in Vocational Education and Training", *Research in Educational Policy & Management*, No. 5（2）（2023）, pp. 124-143.

　　在欧洲,有学者采用问卷调查法,对葡萄牙全国 127 名参加社会护理和职业培训项目的患有智力和复杂残疾的成年人进行分层抽样,调研结果显示,参与者报告的社会参与率很低,许多人(49%)生活在贫困线以下。他们体验到歧视和暴力、孤独和悲伤的比例很高,公民身份体验不足。[①]

　　学者对斯洛文尼亚的研究指出,职业培训指导在该国具有系统性的安排,但在确保服务质量方面存在许多挑战。为使其对增加职业教育与培训的参与、发展技能和劳动力市场效率以及提高社会包容性做出重大贡献,应重视尽可能满足建立高质量的融合职业教育与培训的最重要的先决条件之一,即提供训练有素的教师。[②] 由训练有素的教师给予残疾人高质量的技能指导并非对策的全部图景。学者对德国 232 名临床晚期诊断的无智力残疾的孤独症(ASD)成人样本进行回顾性研究,将所获数据与自德国联邦职业介绍所的公共数据库中获得的一般德国人口数据进行比较,结果显示,大多数孤独症患者从高中毕业并获得了大学入学资格(孤独症调研对象为 50.4%;一般人口为32.5%)。尽管研究对象的受教育程度高于平均水平,但该样本的失业率仍是一般人口的 5 倍(孤独症调研对象为 25.2%;一般人口为 5.2%)。孤独症患者的意外失业期平均持续 23 个月,其中人际关系问题是导致合同终止的主要原因。较高的教育资格并不能防止孤独症患者的失业风险,这可能是由于孤独症特有的人际关系困难。该项研究强调,有必要对孤独症患者进行更加具体精准的就业支持活动。[③] 此外,自我决定能力在残疾人职业培训各领域日益受到重

---

　　① P. C. Pinto, F. Fontes, P. Neca, S. Bento, J. P. Alves, "Rights for All? Living Conditions and (de)Citizenship of Adults with Intellectual and Complex Disabilities in Portugal", *Journal of Applied Research in Intellectual Disabilities*, No. 36(5)(2023), pp. 1092-1100.

　　② D. M. Radovan, "Vključujoče Poklicno in Strokovno Izobraževanje: Vizija Ali iluzija?" (Inclusive vocational and professional education: Vision or illusion?), *Journal of Contemporary Educational Studies*, No. 74(4)(2023), pp. 142-159.

　　③ J. Espelöer, J. Proft, C. M. Falter-Wagner, Vogeley K., "Alarmingly Large Unemployment Gap Despite of Above-Average Education in Adults with ASD without Intellectual Disability in Germany: A Cross-Sectional Study", *European Archives of Psychiatry & Clinical Neuroscience*, No. 273(3)(2023), pp. 731-738.

视。欧洲职业教育和培训战略伙伴关系项目旨在开发一种新方法,提供持续的免费培训,该项目呼吁使受益者有能力为自己的生活作出决定,重新动员起来,对自己的选择负责,并成为正式的公民。该项目代表了一种反思、寻找具有可行性的解决方案的努力,以期为处于生命中脆弱时刻的人们提供支持。该赋能项目与《联合国残疾人权利公约》(2008 年)所支持的行动相一致,旨在通过支持个人自由的专业实践,促进残疾人体验到尊重和尊严。①

美国近年启动了认知技能增强计划(Cognitive Skills Enhancement Program,CSEP),这项综合性计划旨在促进迫切需要支持的患有神经发育和认知障碍(如孤独症谱系障碍、注意力缺陷/多动障碍)的年轻人成功过渡到中学后教育和就业。CSEP 是大学和国家职业康复计划合作开发的。年轻的成年参与者会完成四个分计划:(1)情绪调节,(2)社交技能,(3)工作准备,(4)社区参与。总目标是在他们过渡到中学后教育时提高认知并促进成功就业的可能性。迄今为止,CSEP 已为 621 名的残疾年轻人提供了服务,这种伙伴关系模式允许灵活应对参与者的需求,实施循证实践。② 此外,伯克希尔山音乐学院(Berkshire Hills Music Academy)尝试为有智力和发育障碍的年轻人进行生活技能和职业培训,为其提供音乐课程、表演机会和独立的体验③,所收到的效果在一定程度上也与情绪调节不无关联。

---

① B. Tudoce,S. Salime,J. Deloyer,C. Maes,M. Moraitou,C. Nache,J. Pondaven,D. Munuera,C. Fuenzalida,G. Kelemen,M. Gavrila-Ardelean,"Empowerment in Mental Health: From Theory to Practice, Operational Perspectives for User Self-Determination",*Journal Plus Education / Educaţia Plus*,No. 32(1)(2023),pp. 215–222.

② J. Kulzer,K. B. Beck,C. Trabert,E. C. Meyer,J. Colacci,M. Pramuka,M. McCue,"A Vocational Rehabilitation Partnership to Provide Transition Services to Young Adults with Neurodevelopmental Disabilities: The Cognitive Skills Enhancement Program",*Journal of Vocational Rehabilitation*,No. 58(2)(2023),pp. 155–164.

③ J. Bednar,"She Helps Young Adults with Disabilities Build a Lifetime of Ability",*Business West*,No. 40(12)(2023),pp. 28–32.

第三节　基于 IPO 框架提升残疾人职业
培训质量的机制探讨

基于全过程培养概念的"输入—过程—结果"总框架①亦称入口—过程—出口(Input-Process-Output,简称 IPO)模型,该模型指出,"入口""过程""出口"是分析社会系统的三大维度②,常被用于教育质量研究。运用此框架,以下从输入端(残疾人职业教育培训准备性的提升)、过程(残疾人职业教育培训过程的质量本身)、结果端(就业挑战的有效应对)三个方面思考残疾人职业培训质量的机制。

一、入口分析:家—校基础教育培养关涉劳动的积极情感③

在基础教育阶段,家校合作通过劳动教育提升残疾人未来的职业教育培训准备性大有可为。我们可以思考如下问题:残障小学生如何在家庭和学校中持续地进行劳动实践,进而形成更为稳固的习惯? 家校如何合作、立足于家庭,继续有效发挥劳动教育的综合育人功能? 如何让残障小学生长久地葆有关涉劳动的积极情感,以激发积极的劳动实践,为小学或初中毕业时积极对接职业教育培训做好情感、态度、价值观方面的准备? 这些问题需要及时关注,以促使残障学生更多地从职业教育培训机会中受益,提升就业能力,获得较好的生计能力和稳定的工作收入。

---

① 何爱芬、陈洪捷:《工程博士培养模式改革的院校行动:基于文本的计量分析》,《学位与研究生教育》2021 年第 10 期;沈文钦、谢心怡、郭二榕:《学术劳动力市场变革及其对博士生教育的影响》,《教育研究》2022 年第 5 期。
② C. Galais,J. L. Fernndez-Martnez & J. Font(eds.),"Testing the Input-process-output Model of Public Participation",*European Journal of Political Research*,Vol.60,No.4(2021).
③ 改写自侯晶晶:《让关涉劳动的道德情感积极而持久》,《中国教育报》2021 年 3 月11 日。

　　劳动教育是中国特色社会主义教育制度的重要内容,直接决定社会主义建设者和接班人的劳动精神面貌、劳动价值取向和劳动技能水平。劳动教育是国民教育体系的重要内容,是学生成长的必要途径,具有树德、增智、强体、育美的综合育人价值。中共中央、国务院《关于全面加强新时代大中小学劳动教育的意见》(以下简称《意见》)印发以来,小学和学前班的孩子们一般已在学校或幼儿园参与过一些劳动实践,为家庭劳动教育打下了一定的基础。家长与孩子要警惕劳动教育在家庭中尤其是在节假日出现倒退现象以及形式化倾向,配合学校积极落实《意见》中"中小学劳动教育课每周不少于1课时,学校要对学生每天课外校外劳动时间作出规定"之要求。学校可引导学生与家长学习《意见》摘要,提高关于劳动教育的思想认识与自觉性,共同落实劳动教育重点,即"在系统的文化知识学习之外,有目的、有计划地组织学生参加日常生活劳动、生产劳动和服务性劳动,让学生动手实践、出力流汗,接受锻炼、磨炼意志,培养学生正确劳动价值观和良好劳动品质""家庭要发挥在劳动教育中的基础作用"。残障儿童的家长要突破残疾等于劳动严重受限的刻板印象,在确保安全的前提下,通过亲子互动,积极开发残障儿童的劳动潜能,可以从自我服务能力着手培养残障孩子的劳动能力与信心。

　　劳动包括体力劳动和脑力劳动,对劳动教育的准确理解是高质量劳动学习的前提。父母应避免一味重视利用节假日实现知识学习方面的弯道赶超,集体"抢跑"只会使教育的"剧场效应"升级,使稚弱的劳动习惯遭遇"雪藏"。在节假日,家长也宜珍视孩子们时间自由度大的优势,帮助其对劳动学习拾遗补阙、系统提升。有教育学研究表明,至少21天坚持不懈地实践方可基本形成良好的习惯。只有重视家校劳动教育的一贯性,才能避免一曝十寒。父母可以配合教师,结合孩子的具体能力与兴趣需要,将劳动学习生活化、常态化。可商定儿童依托家庭生活环境重点学习的一两项生活技能或其他劳动技能。家长和教师宜以欣赏的态度、耐心的指导鼓励孩子多形式地自觉参与,不急于苛求结果的完美。较之健全儿童,残障孩子有时要克服更多困难,才能把某些劳动技能做到熟能生巧、得心应手。对此,共同生活的监护人与老师要有适切的预期,以便更好地保护孩子劳动学习的热情,实现过程与结果的良性互动。

家校应重视共同引导残健小学生体验关涉劳动的积极情感,助推其超越单子式个体的存在状态。关涉劳动的积极情感既包括直接关乎劳动的积极情感,也包括由劳动产生的间接关乎劳动的情感。关于劳动的直接积极情感,常见的有对劳动的好奇感、兴趣、动手动脑制作的成就感、自我效能感和耐挫折的坚韧情感。这些积极情感会推动小学生在劳动中反复实践、精益求精,逐渐形成主动劳动的习惯。经常体验实际生活中关涉劳动的健康积极情感,也有助于防止小学生陷入虚拟空间、对网络游戏产生依赖。由劳动产生的间接情感,包括与从事各类劳动的陌生同胞的联结感,对多种职业的平等感、悦纳感、期待感,服务社区、社会、他人的乐群感、责任感、融合感等。这些都有助于小学生超越单子式个体的存在状态。自幼体验劳动学习实践形式的丰富性,也有利于避免学生形成关于劳动具有高低贵贱之分的错误认识与层级化刻板印象。这样,当残健青少年离开基础学校时,如果出于各种原因不走继续升学的轨道,才会有较高的热情主动追寻职业教育培训机会的可及性,拾级而上,循序渐进,避免眼高手低。作为学习主体全身心投入,才能获得深度学习的良好培训效果。

青少年劳动学习过程中积极情感的唤起和体验,使劳动教育不止于技能训练,而且有助于丰富青少年的精神世界,使其积极情感体验细腻、稳定、持久,学会以更多方式表达对家人、同学、老师、邻居等生活圈中他人的积极情感。学校可在线上和线下鼓励学生交流、分享劳动叙事,深化劳动产生的积极情感体验。道德情感在道德诸要素中具有基础性和根本性。对他人和社会的道德情感质量,在很大程度上影响着行动主体将其知识技能以总体上有益抑或有害的方式作用于外界。家校劳动教育要充分产生树德作用,就必须认识到道德情感不可替代的重要性,在劳动教育过程中有意识地培育学生的积极道德情感。

劳动教育的质量关系到青少年的劳动素养以及全社会长久的幸福感。现在很多青少年是在独生子女家庭和准少子化社会中长大的①,长辈们不经意间会给予孩子很多关爱,甚至过度关注,难免使其自我服务、自我管理机会不足,基本生活劳动能力匮乏。随着我国正式进入老龄社会②,如果一些本该能够学会自理以及其他劳动项目的残障孩子自顾不暇,劳动习惯远未养成,自我照料尚且不能保证,在不久的将来如何能担当起家庭责任? 如何能成长为担当民族复兴、共同富裕、实现中国式现代化大任的时代新人? 要破解这些可预见的、日益迫近的问题,基础教育阶段的学校要带动千千万万家庭,共同注重在窗口期依托系统的、有质量的劳动教育,培育对体力劳动与脑力劳动皆具有积极情感同时具有较强社会责任感的一代人。长期以来,残疾青少年初中毕业后进入普通高中的比例甚低,较之健全同龄人有较大可能接受学历或非学历职业培训。经过前期家校良好的劳动启蒙教育,将有助于其在职业培训的入口端具备较好的情感准备状态,而积极情感在目的和手段两个维度上对于保障培训效果具有正向功能。

二、过程分析:在培训中注重以积极情感教育助推乡村振兴

"优先发展农业农村,全面推进乡村振兴"是党的十九届五中全会的重要部署,也是"十四五"时期的一项主要发展目标。习近平总书记多次强调,"乡村振兴是实现中华民族伟大复兴的一项重大任务"③。乡村振兴与残疾人反

---

① 2020 年中国 0—14 岁人口占比为 17.95%,比 1982 年下降 15.65 个百分点,大大低于世界(除中国外)的 27.2%平均水平,远低于印度的 26.2%,比美国的 18.4%还低。预计到 2030年,中国 0—14 岁人口占比将跌破 15%,步入超少子化社会。见齐鲁壹点:《人口专家:中国正式步入老龄化社会 社会发展将产生六大变化》,2022 年 1 月 20 日,https://baijiahao.baidu.com/s?id=1722438894021098767&wfr=spider&for=pc。

② 2021 年中国 65 岁及以上老年人口 2 亿人,占总人口比重达 14.2%。按照联合国标准,65 岁以上人口的占比超过 7%即为"老龄化社会",14%以上为"老龄社会",超过 20%为"超老龄社会"。见齐鲁壹点:《人口专家:中国正式步入老龄化社会 社会发展将产生六大变化》,2022 年1 月 20 日,https://baijiahao.baidu.com/s? id=1722438894021098767&wfr=spider&for=pc。

③ 《习近平著作选读》第二卷,人民出版社 2023 年版,第 443 页。

贫困紧密相关。"基于 2019 年全国返乡创业企业的调查数据,探究乡村振兴战略背景下返乡创业扶持政策的就业拉动效应及其动力机制。研究发现……创业培训政策和产业扶贫政策能显著拉动贫困户和残疾人就业人数。"①加强残疾人健康扶贫以及重度残疾人分类精准照护,能巩固残疾人健康扶贫成果,增强乡村振兴对农村残疾人生活质量的提升作用,促进共同富裕。②

中共中央办公厅、国务院办公厅印发《关于加快推进乡村人才振兴的意见》,强调"乡村振兴,关键在人"。有学者论述了农村未成年残疾人家庭教育是乡村振兴不可或缺的重要组成部分,研究了农村未成年残疾人家庭教育提升路径③。邓猛等学者研究了乡村振兴战略背景下我国农村地区随班就读的挑战与发展路径,依据我国农村地区随班就读的发展脉络将其划分为关注入学率、有限的支持、质量提升三个历史阶段,指出农村随班就读在本土化宣传路径、多元化教学模式、多层级教师培训以及资源中心智能拓展方面积累了丰富的经验。但在全面提升随班就读质量的时代背景下,我国农村地区依然存在教育观念落后、残疾儿童接纳度低,随班就读评估机制不健全、残疾儿童升学率低,教师数量不足,教学忽略农村优势,支持体系尚不完备五大挑战④。

笔者致思于专门的教育机构如何促进残疾人更加训练有素地投身乡村振兴或获得成长。笔者认为,高等教育、中等职业教育、乡村基础教育应各展所长,立体地为乡村振兴培育各类人才。高等教育着重培养引领乡村绿色生态产业创新的高科技人才,中等职业教育和乡村基础教育则应着重培养"懂技

① 杨建海、曹艳、王轶:《乡村振兴战略背景下返乡创业扶持政策的就业拉动效应》,《改革》2021 年第 9 期。

② 张蕾、孙计领、崔牛牛:《加强残疾人健康扶贫与乡村振兴衔接融合的对策研究》,《人口与发展》2021 年第 5 期;刘战旗、杨婕娱、王旭东、朱健刚、胡建新:《重度残疾人分类精准照护及政策对接研究》,《残疾人研究》2022 年第 3 期。

③ 王培峰:《乡村振兴背景下农村未成年残疾人家庭教育服务供给的结构性矛盾与政策路向》,《四川师范大学学报(社会科学版)》2022 年第 3 期。

④ 韩文娟、孙娴、谢正立、王琳琳、邓猛:《乡村振兴战略背景下我国农村地区随班就读:经验、挑战与发展路径》,《残疾人研究》2022 年第 3 期。

术、有文化、能管理、善经营、具有开拓精神、敢想敢干"①的复合型技能人才。为此,亟待改变乡村教育长期存在的"离土向城"②价值导向。关于乡村振兴人才的培养,知识技能教育是人们较熟悉的研究视角,而情感、态度、价值观教育在助推其学得好、留得住、干得出彩方面亦具有不容忽视、不可替代的作用。

1. 以防挫耐挫情感教育助力乡村残疾青少年"学得好"

"懂技术、有文化"的人才培养直接关涉的是知识技能学习,而自信、乐观、专注等积极情感状态可为之提供强大的动力。作为未来的乡村建设主力军,乡村残疾青少年从小自由自在地在大自然的广阔怀抱里游戏成长,其生活经验易于养成喜动厌静的习惯。此外,正如教育社会学家伯恩斯坦对家庭阶层与儿童精致语言编码习得研究所发现的,生命早期不同的家庭教育对于学校教育的准备程度各异。以上两重关键先赋因素不利于广大乡村青少年对接以精致语言编码和多数课程要求安静专注作业为总体特征的学校教育。加之祖辈父辈在学习指导、成长陪伴等方面的文化资本、客观条件相对缺乏以及康复耗费的时间精力,使乡村儿童在基础教育初始阶段即面临在起点公平和过程公平上的不平等状态,不利于充分发挥自身的学习潜能。日积月累,及至义务教育中后期,很多乡村学生遭遇学习困境,感到自己"不是学习的料"。乡村教师应尽早帮助残疾学生培养能动能静、较为专注的学习情绪状态,有选择性地尽力补上因康复落下的功课,在课堂上可选用国家中小学智慧教育平台的优质线上教学资源,借助内容丰富、富于美感、深入浅出的云端音视频课件,调动学生的学习积极性,同时教师应尽可能腾出时间个别辅导学生,提高并维系其积极的学习动机,尽量预防可避免的学业挫折。难免仍有乡村学生遭遇学业困境,教师切忌将其视为"废柴",不能任其简单归因为自身能力不济,进

---

① 杨顺光:《职业教育助力乡村振兴的逻辑起点、关键任务与行动策略》,《教育发展研究》2022年第1期。

② 王乐、张乐:《为什么上大学——乡村学生"离土"选择的教育发生考察》,《教育研究》2021年第11期。

而形成学业无能感,而要帮助其全面归因,形成肯定自己、勇于自胜、乐观自信的学习态度,以耐挫的积极情感教育提升知识技能的学习效果,形成知识技能学习与情感态度学习的双向促进、正向循环。

2."记得住乡愁"的家国情怀教育促使乡村振兴后备军"留得住"

"寒门难出贵子"现象折射出乡村学生的高等教育入学率总体低于城市学生。而在高等教育普及化的今天,本科毕业已成为城市众多行业就业的基本学历门槛。很多农村青年成为"在城市扎不了根,又不愿回乡"的"夹心人",少数留在乡村的残健青年成了世俗者眼中的"失败者"。这与一种较为普遍存在的"离乡向城"情结有关,导致了乡村"空心化"、乡土建设人才缺乏、留守儿童成长环境不佳等一系列发展问题。"记得住乡愁"、注重建构乡土情感认同的基础教育是重要的破解之道。面对乡村一定程度的"空心化"、凋敝现象,乡村基础教育工作者应引导孩子们正确看待城乡差异以及乡村目前总体落后于城市的客观现实。道德与法治、历史等学科应系统地做好相关课程设计与教学,教导乡村学生理解中华人民共和国建立初期为何有必要抗美援朝,为何有必要以乡促城、以农补工,确保我国当时的国防工业等行业尽快追赶国际水平;理解改革开放以来农村发展有何探索突破,1998 年以来建设新农村做出哪些努力,着重领悟全面建成小康社会之后,党中央为何以人民情怀第一时间提出交好脱贫攻坚与乡村振兴的"接力棒",以城乡融合发展战略、绿色发展理念确保复合生态系统可持续发展,呵护人类命运共同体。这样具有历史纵深感的教育能培养乡村学生的家国情怀,助其知晓并认同兴农就是兴国,投身乡村振兴事业是农村当代有为青年的光荣选择。培养对乡土的深厚情感认同、对家乡的热爱与责任感、对乡村振兴事业的历史使命感、作为家乡振兴生力军的自豪感,厚植这些情感素养,会使留在乡村、扎根乡土、积极献身乡村振兴事业成为更多乡村新一代的自觉选择,而不再是不得已退而求其次的谋生之道,更不意味着"失败者"的标签。对于乡村振兴的正确态度、情感认同,会激发出乡村新一代巨大的创造能量和乡村发展不竭的内生动力。

3. 情绪管理能力与情感韧性教育赋能乡村振兴人才"干得出彩"

"能管理、善经营""具有开拓精神、敢想敢干"的乡村振兴人才培养,其情感教育特质是善于与人交流的良好情感能力以及不惧未知、勇于创业的情感韧性。鉴于此,基础教育中语文课、品德课、劳动课尤其应该善用教学中丰富的人际交往机会,重视落实培育乡村振兴人才所包含的情感、态度、价值观教育目标。将情绪情感觉知—交流—管理以及体谅理解、友善商谈等人际交往素养,不惧失败、愈挫愈勇、胆大心细、虚心模仿、不耻求教、乐于创新等创业创新素养,都应尽可能地融入每门课程的设计与教学,融入师生交往、生生交往。乡村教师应从教育事业的未来性和现实性双重时间属性出发,以立德树人的教育情怀摆脱唯分数、唯升学的功利桎梏,克服对残障的负面刻板印象,热情鼓励、耐心指导残障学生从做中学、从错中学,使情理交融的学校生活成为乡村振兴人才后备军坚韧投身乡村振兴事业的预演。

乡村振兴情感教育需重视涵育师资并优化线上教学资源。做好乡村振兴的全纳基础学校情感教育,教师是关键因素之一。乡村定向师范生制度对于我国城乡师资均衡化总体发挥着积极作用。定向师范生的培养过程需突破一定程度上存在的唯理性"经济人"心态,应适当加强情感教育和融合教育能力培育,使其对社会上长期以来较普遍存在的乡村与残障负面刻板印象形成批判性认知,自己首先建构良好的振兴乡村情感认同,生成以教育服务乡村的职业自豪感。此外,富于积极情感意蕴的乡土教育课程需要教育主管部门的大力支持。宜在问需于乡村学生的基础上,建立包括课程专家、乡村教师在内的乡村振兴情感教育专项专班,做好现有课程相关教材资源整合、配套教学资料开发等系统工程,助力广大在岗乡村教师共同做好以情感教育推动乡村振兴的重要工作。

振兴乡村,从基本实现现代化到全面建成现代化,必将是赓续努力的过程。任何时候都不能歇脚松劲、不思进取,不能前人种树、后人乘凉,而要不断踔厉奋斗、笃行不息。正如蒙台梭利所言,年少者的心灵更富于吸收力。面向农村残障青少年良好的积极情感教育,有助于持续培养高素质的乡村振兴与建设人才,保证大量人才自觉高效地投身于兴乡强国的伟大事业。

三、出口分析:高职残障毕业生以"三达德"直面就业挑战

上面讨论的多是非学历培训和基础教育教育阶段的学历培训,下文结合高等职业教育的学历培训之就业环节进行 IPO 框架的出口分析。有研究显示,我国残疾大学生多就读于高职类大专院校,其就业状况无疑与布朗芬布伦纳生态系统理论所言的外系统、宏系统息息相关,也与个体由情感、认知等因素共同构建的心理环境(mental environment)①密切相关。

就外界环境而言,"受疫情等因素影响,今年的就业工作形势复杂严峻",2022 年 4 月中共中央、国务院召开的就业形势座谈会做出以上研判,并精准部署积极应对。同时,教育部公布的数据显示,2022 年全国毕业生规模和增量均创历史新高,其中包括高等职业教育的一些残障学生。有学者指出,"劳动力市场上存在着用人单位招不到合适的残疾人,而残疾大学毕业生找不到理想的工作岗位的矛盾"②。为助推 1076 万毕业生就业,2022 年 5 月初教育部发起"千方百计拓岗位 攻坚克难促就业"的高校毕业生就业"百日冲刺"活动,各地大学开展系列招聘、就业指导、访企拓岗、万企进校等帮扶行动。全国上下共同将稳就业作为"六稳"的重中之重,护航高校毕业生求职之路。外因是条件,内因是根据。就心理环境中的道德因素而言,笔者认为中华文化基因中的"知仁勇"三达德有助于残健毕业生以更好的内在状态应对就业形势的挑战,内外协同,共克时艰,确保实现中央经济工作会议确定的稳就业目标,在人才培养出口端以较好的就业率印证较高的培养质量。

---

① 寇彧:《青少年的心理环境与亲社会行为》学术报告,立德树人高峰论坛,2022 年 12 月 25 日。

② 廖娟、满艳秋:《促进残疾人较为充分较高质量就业的联合行动——〈促进残疾人就业三年行动方案(2022—2024)〉解读》,《残疾人研究》2022 年第 3 期。

一是知者不惑①。知难不畏难的智慧,有助于高职(也包括中职、非学历职业培训)毕业生以行动排除困惑。《礼记·中庸》记载了孔子深知基于当时的条件达成教化目标绝非易事,感慨"中庸其至矣乎,民鲜能久矣""道之不行也,我知之矣",但仍坚信"道不远人",并不怨天尤人,而是分析问题缘由所在,以人们耳熟能详的圣贤为指引,积极施行劝勉教化百姓的行动。孔子知难而进的榜样作用长久地垂范后世,对当前仍具深刻的启示。

孔子深为服膺舜"执其两端用其中"的"大知"。② 时移势易,道理相通。事情总有多面性,一如当前的就业形势,挑战与机遇并存。毕业生宜"执其两端",保持审慎的乐观,既知道其挑战之所在,也看到机遇之所存,甚至在挑战中洞察对己有所促进激励之处。由于三年疫情影响叠加毕业生峰值等因素,2022 年就业形势的复杂程度处于近年高点。以符合中道的智慧看待之,便能如其所是地看到党和政府以及社会各界、高校持续全力帮助毕业生就业。平和的智慧有助于毕业生冷静地发掘潜藏的机会,从中寻找与自身准备程度较为匹配者,增大就业成功的可能性。对就业基本面思虑清楚后便不轻易动摇,避免出现"择乎中庸而不能期月守也"的情况。认知之外,情感的"中和"亦很重要。"喜怒哀乐之未发,谓之中;发而皆中节,谓之和"。面对复杂挑战时,焦虑是常见的情绪反应,但需避免过度焦虑,以免不经意间将自己"纳诸罟攫陷阱之中,而莫之知辟也"③。厘清情感的困惑,培养情感韧性,有助于简化难以避免的挑战,做到知者不惑。

二是仁者不忧④。仁者爱人,其价值表征之一是以"忠恕"之道推己及人。"'忠恕'违道不远,求诸己而不愿,亦勿施于人"。2022 年的就业状况对于残障高职毕业生而言是首次交手,对于就业创业指导中心老师而言也是前所未

---

① 《论语·子罕》。
② 《礼记·中庸》。
③ 《礼记·中庸》。
④ 《论语·子罕》。

见。压力之下,情绪管理的难度有所提升;勤勉之中,百密一疏或难完全规避。师生双方及时交流,相互理解,便能信任对方的善意,宽容对方可能存在的力所不逮之处。"正己而不求于人则无怨","反求诸其身"①一般便不会太过忧怨。在共克时艰的共同体中善待彼此、尊重他者,这样既减少不必要的人际摩擦,又能够提高交流效率和工作成效,最终受益的是求职的毕业生和稳中求进的各项社会事业。

"仁"的另一重价值表征在于"泛爱众"②。体认当前所面对的不仅有就业之艰难,更有"以人为本""泛爱众""人民情怀"的社会大局,有利于残障职教毕业生避免不必要的忧虑。此种伦理精神有助于实现"大德必得其位","天之生物,必因其材而笃焉",有助于毕业生相信天生我材必有用,假以时日,一定会觅得适当的位置服务社会,实现自身价值。如能早日就业创业,便在岗位上继续磨砺自身;如短期内就业创业努力未果,亦可一边继续寻找就业机会,一边有针对性地提升自我,夯实自身的德才基础,使之更好更广地"配位",增加就业创业成功的可能性。提高自我修为,亦是仁者自爱、着眼长远的一种基本方式。

三是勇者不惧③。以直面困难的勇气将不确定感控制在合理阈限,避免其演化成恐惧,进而干扰筹划与行动能力,才能更好地做到"凡事预则立,不预则废。言前定则不跲,事前定则不困,行前定则不疚,道前定则不穷"。通过"博学、审问、慎思、明辨、笃行",做到"人一能之己百之,人十能之己千之",从而"虽柔必强"④。

无人愿意身处逆境,然而生活中总难免有阴晴圆缺,勇者会努力做到自强不息。子路问"强",孔子强调"君子和而不流",鼓励子路做到和顺而不随波

---

① 《礼记·中庸》。
② 《论语·学而》。
③ 《论语·子罕》。
④ 《礼记·中庸》。

逐流。高校毕业生是同龄人中较受瞩目的"高端"亚群体,十余载寒窗苦读,加之经济成本投入和家庭期待,使很多人在毕业之际希冀收获的尽早来临,期望能顺利开启事业的大门。突然遭遇"最难就业季",难免有些残健毕业生会感到压力巨大,甚至自我怀疑。此种情境下,不能随波逐流,而应努力保持自己的正能量,以达观的态度影响、带动身边的其他毕业生,尽量和顺淡定地渡过成长的难关。在此过程中得到提升的耐挫力,实际上将是一生的宝贵财富。

"知仁勇"三达德并非单向度地有利于毕业生直面"最难就业季",当前的历练也可能促进残健毕业生更好地赓续中华优秀传统文化基因。《中庸》在论述三达德时说,"或生而知之,或学而知之,或困而知之,及其知之,一也。或安而行之,或利而行之,或勉强而行之,及其成功,一也"。可见,德性精进之路不一而足,"困而知之""勉强而行之",①便是压力转化为动力、知行合一、笃行坚持之后德性获得的成长。坚韧的道德情感不仅有助于残疾人在完成教育培训后顺利就业,还能助力其在职场更好地实现自身价值。

综上所论,残疾人职业培训对于残疾人防止返贫具有关键作用。但是,残疾人接受职业培训的数量和相关发展目标之间尚有距离;职业培训机会在残疾人内部分布不均衡,肢体等类别残疾人的职业培训机会匮乏问题尤为突出;职业培训的质量有待进一步提升。对此,建议应增加学历与非学历教育培训的资源供给,稳步提升残疾人接受职业培训的比例;借助培训机构设施的无障碍改造及培训社区化,破解各类残疾人之间职业培训机会不均的难题;提优与补短双管齐下,力争残疾人职业培训质量稳中有升。基于此三个方面的举措,尽快补上残疾人知识技能方面的短板,提升其就业与防止返贫的能力。除了知识技能培训,情感教育在残疾人各层级职业教育培训中以及基础教育中应发挥更大的作用。基于 IPO 框架的分析显示,在输入端,残疾人接受职业教

---

① 《礼记·中庸》。

育培训的准备性可通过此前的家—校劳动情感教育得以保障;在过程中,注重积极情感的教育培训可助力更多的残疾人投身乡村振兴;在出口端,职业教育残障毕业生的"三达德"自我教育有助于其更好地增强情感韧性,觅得合适岗位学以致用,以就业印证和提升教育培训质量。

至此,本书主要进行了残疾青少年学校教育公平与质量的定量研究、思辨研究和案例研究,其中在相关内容中也较充分地讨论了家庭教育、自我教育。党的二十大报告强调指出,要"健全学校家庭社会育人机制"。其中,社会育人机制对于残疾人反贫困的重要性高于充分保障学校教育权利的健全人。下一章将研究残疾人社会教育反贫困。

第五章　残疾人社会泛在教育与反贫困

残疾人社会教育反贫困具有充分的教育学、法学和社会学依据。就教育学而言,党的二十大报告强调指出,要"健全学校家庭社会育人机制"。"泛在的广义教育的重要意义日益凸显"。"长期以来,教育改革主要聚焦正规教育。在大众话语体系中,学校教育几为正规教育的全部。随着家庭教育、社会教育等教育形态越来越受重视,泛在的广义教育的重要性日益凸显⋯⋯在特定社会空间和活动场域,广泛存在的未经学科化的教育惯习,直接或间接地影响着日常教育行为,具有鲜明的主观色彩。民间教育学就是泛在的教育学形态。在民间教育学的基座上,存在着学院教育学、学校教育学以及官方教育学三种形式。"①对于残疾人而言,其家庭教育有时能够形成学校教育病理因素的对冲力量,有时能弥补学校教育的缺位。如本书案例研究所析:身有残疾的陆小华教授在其母亲的教育下,自幼学会应对校园欺凌,打消辍学念头;严三媛女士在家庭的支持下善用残联提供的培训机会,成长为残疾人企业家。这些研究生动有力地说明泛在教育对于残疾人教育反贫困的独特重要性。

随着"双减"政策的落地,以家庭教育、社会教育为主的泛在教育的重要性还将进一步彰显。2021 年 7 月,中共中央办公厅、国务院办公厅印发《关于进一步减轻义务教育阶段学生作业负担和校外培训负担的意见》

---

① 周作宇:《民间教育学:泛在的教育学形态》,《教育研究》2021 年第 3 期。

("双减"政策)①,在"工作原则"中强调了"明确家校社协同责任";第21条专论"完善家校社协同机制",要求推动社区家庭教育指导中心和服务站点建设,密切家校沟通,创新协同方式,推进协同育人共同体建设。周洪宇等学者分析指出,必须"完善家校社协同育人机制,增强家庭、学校、社会参与学生减负的专业性、协同性,使各方各司其职,利用各方面资源提升学生减负效果"②。这对于残健学生减轻不合理学业负担、全面发展、体验丰富的精神生活具有不可替代的作用。

就法学而言,联合国《残疾人权利公约》将文化权利界定为残疾人应该平等享有的重要权利。广义的文化权利包括教育、文化生活、体育、娱乐等权利,狭义的文化权利包括"参与文化生活、娱乐、休闲和体育活动"的权利。《中华人民共和国残疾人保障法》强调:"国家保障残疾人享有平等参与文化生活的权利。""残疾人文化、体育、娱乐活动应当面向基层,融于社会公共文化生活,适应各类残疾人的不同特点和需要,使残疾人广泛参与。"

就社会学而言,保障残疾人社会教育权利,体现着对残疾人的社会支持。社区作为社会的基础组织,是社会教育责任的重要承担者,甚至可以说是社会教育落地的首要场域。正如泛在教育论或民间教育学指出的那样,城镇街道社区、乡村社会以及公共图书馆、科技馆、文化馆、博物馆、体育馆甚至公共交通工具均为第二类教育系统的组成部分。毫无疑问,社区因在生活世界中的重要性而在上述诸多组成部分中居于相当重要的位置。③ 我国残疾人社区教育的一个重要体现是残疾人的社区教育文化生活。残疾人借助教育文化生活

---

① 《关于进一步减轻义务教育阶段学生作业负担和校外培训负担的意见》,2021年7月24日,http://www.moe.gov.cn/jyb_xxgk/moe_1777/moe_1778/202107/t20210724_546576.html? type=2。

② 周洪宇、齐彦磊:《"双减"政策落地:焦点、难点与建议》,《新疆师范大学学报(哲学社会科学版)》2022年第1期。

③ 所谓第二类教育系统,是在正式的专门教育系统之外设立或历史形成的教育意识水平不同、影响程度不同的发挥一定教育作用的组织部门或机构。第二类教育系统范围广,受众多,其教育功能发挥呈多元化、分散化、机动化的特点,缺乏统一的行政性协调管理机构。参见周作宇:《民间教育学:泛在的教育学形态》,《教育研究》2021年第3期。

参与融入社区,是其回归社会的微观行动,对残疾人通过全息的教育来实现精神与物质反贫困,具有重要意义。

关于残疾人家庭教育与社会教育这两种泛在的广义教育,本书对家庭教育进行了多处分散讨论。仅"家庭"一词在本书中便出现了253次,关涉"母亲""姐姐"等的相关分析实际也属于家庭教育、家庭支持的内容。在量化研究中,笔者也多次在论及家庭因素时适时进行了讨论。泛在教育的另一重要形式——社会教育——在前文所作的分散讨论较少,因此对其进行相对集中的专章研究。

第一节　我国残疾儿童社区教育反贫困

残疾人社会教育权利的实现相当一部分需要落实在社会的基层组织——乡村或社区,这正是本章中"社区"的含义,在CDPF监测问卷中表述为"社区(村)"。同时,"社区残疾人工作是我国社区建设的重要组成部分"①。残疾人文化权利的社区实际状况既关乎残疾人能否平等地参与社会生活,能否在社区平等地获得关涉"知识普及、教育文化"、职业技能培训等有助于反贫困、预防贫困的信息,也是社会文明程度的重要标志。

第二次全国残疾人抽样调查(以下简称"二抽")显示,我国残疾人文化权利保障任重道远,基础较为薄弱。有学者基于甘肃省的二抽抽样调查数据分析残疾人文化权利保障状况,指出"文化生活差距"是农村残疾人与农村总体人口之间的三大突出差距之一,"95%的农村残疾人没有参加过乡村组织的文化活动"②。由于我国长期形成的城乡二元结构等客观因素的限制,农村残疾

---

① 郭春宁:《略论我国残疾人社区工作》,《社会保障研究》2009年第1期。
② 朱雪明、尹聚峰、王旭东:《甘肃新农村建设中残疾人事业发展问题与对策探讨》,《甘肃社会科学》2007年第6期。

人的服务体系建设与城市存在差异。① 因此,从农村的残疾人文化活动情况未必能推知城市的状况。CDPF 残疾人状况监测将参与社区文化生活作为城、乡残疾人社会生活环境的重要维度进行调查,发现总体上我国"残疾人参与社区文体活动比例较低,该年度全国残疾人经常参加社区文化、体育活动的比例仅为 8.2%"②。

由于残疾和年龄的双重弱势,残疾儿童的权利保障容易成为所有公民包括残疾人权利保障中的短板。这种短板效应在基于 2006 年第二次全国残疾人抽样调查数据的康复权利保障研究中曾被印证:"青少年组曾接受康复服务的百分比低于成年组和老年组"③。残疾儿童文化权利保障与反贫困工作的一个重要方面是其参与社区文化生活的状况。为了科学地防止这方面的短板效应,落实《儿童权利公约》要求的"儿童权利优先原则",最大化地促进残疾儿童的发展,必须探究残疾儿童参与社区文化生活的状况与影响因素,促进其反贫困权利保障在社区的实现。

有学者从城乡居民文体权益保障差异、城市流动工人的文化权益现状、甘肃农村残疾人的社区服务需求等视角分析过社区文化服务④,笔者分析过加州的家长志愿者利用校舍组织百餐会(Potluck)、文艺表演等社区文化娱乐活动,向广大残健学生及其家长开放的案例,剖析了残健社区交往对于促进群体

① 宋宝安:《农村残疾人社会保障与服务体系建设现状与对策——以东北农村残疾人调查为例》,《残疾人研究》2012 年第 1 期。
② 陈功、吕庆喆、陈新民:《2013 年度中国残疾人状况及小康进程分析》,《残疾人研究》2014 年第 2 期。
③ 王珽、邱卓英等:《中国残疾人康复需求分析与发展研究》,华夏出版社 2008 年版,第 59 页。
④ 陈伟东、熊光祥:《农民工社区文化服务设施建设现状及其发展对策》,《经济地理》2007 年第 6 期;周晨虹:《城乡一体化背景下社区公共服务供给的比较分析——基于山东省三个县级市的问卷调查》,《社会主义研究》2012 年第 3 期;冯世平、冯学兰:《西北农村残疾人社区服务需求研究——以甘肃省农村残疾人群体为例》,《残疾人研究》2012 年第 1 期。

理解、建构融合社会的重要意义①。但迄今鲜有文献专门研究我国残疾儿童参与社区文化生活的状况与影响因素,本节对此进行实证研究。

一、研究对象与研究方法

本研究的对象为6—17岁残疾儿童。根据《儿童权利公约》的定义,18岁以下的人口均为儿童。6岁以下的残疾幼儿限于康复需求、生活重心和心智条件,其参与社区文化生活的可能性较低,因此本研究未采用6岁以下残疾幼儿样本。本研究的资料来源为CDPF全国残疾人状况监测数据。从CDPF监测数据的有效样本中剔除"领救济"项错填的1个样本,最终得到全国1350个6—17岁残疾儿童样本。

本研究应用SPSS软件进行描述性分析、x^2检验和多元logistic回归分析。本研究以状况监测问卷中关于残疾儿童参与社区文化生活的题目作为因变量,据此分析其文化权利在社区的实现现状。鉴于因变量不具备方差齐性(Levene's p<0.05),本研究运用列联表分析和x^2检验,找出残疾儿童参与社区文化生活在哪些因素上存在显著差异,然后将具有显著差异的自变量纳入回归分析模型,采用对于方差齐性无特别要求的多元logistic回归分析法②来分析这些自变量对残疾儿童参与社区文化生活的影响作用,得出影响因素。

二、研究结果

(一)残疾儿童社区教育文化生活状况

在全国1350个6—17岁残疾儿童样本中,经常参与社区文化生活的有99人,占7.3%;很少参与社区文化生活的有467人,占34.6%;从不参与社区文

① 侯晶晶:《美国公立基础学校生活化的陌生人伦理教育研究》,《教育研究》2014年第12期。

② N. Brace, R. Kemp, R. Snelgar, *SPSS for Psychologists* (*Third Edition*), London: Lawrence Erlbaum Associates, Publishers, 2006, p.230, p.293.

化生活的有 784 人,占 58.1%。监测问卷的多项选择题结果显示,所有样本中有 26.37%(356 人)在最近一年内参加过社区提供的知识普及(21.70%)、教育文化(14.74%)、职业技能(0.74%)三类服务;另有一个单选题的结果显示,38.81%(524 人)参加过法律宣传。较之 2008 年监测的同类数据,残疾儿童"从不参加社区文化生活"的比例有所下降。"根据 2008 年度全国残疾人状况及小康进程监测报告显示,69.8%的残疾人从不参加社区文化体育活动。"①

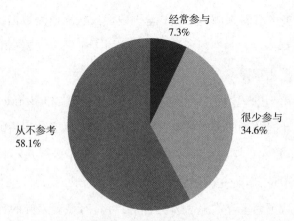

经常参与
7.3%

很少参与
34.6%

从不参考
58.1%

图 5-1　残疾儿童参加社区文化生活频率

表 5-1　各类残疾儿童社区教育文化生活状况

残疾儿童类型	n	经常参加社区文化生活(%)	很少参加(%)	从不参加(%)	χ^2	df	p
六类残疾儿童	1350	7.3	34.6	58.1			
视力残疾儿童	90	4.4	33.3	62.2	1.427	2	0.490
听力残疾儿童	130	8.5	26.2	65.4	4.535	2	0.104
言语残疾儿童	425	8.2	31.8	60.0	2.518	2	0.284
肢体残疾儿童	311	6.1	35.7	58.2	0.968	2	0.616

---

①　程凯:《2008 年度全国残疾人状况及小康进程监测报告》,载郑功成、杨立雄主编:《中国残疾人事业发展报告》,人民出版社 2011 年版,第 43 页。

残疾儿童类型	n	经常参加社区文化生活(%)	很少参加(%)	从不参加(%)	χ^2	df	p
智力残疾儿童	774	5.9	31.4	62.7	16.715	2	0.000
精神残疾儿童	78	1.3	32.1	66.7	5.341	2	0.069

注:多位残疾儿童为双重或多重残疾,故六类残疾儿童人数相加大于1350。

在社区文化服务总体供给短缺的条件下,可供全国残疾儿童利用的社区文化服务仍偏少,残疾儿童参与社区文化生活的比例仍较低,尤其是经常参与率甚至低于全国总体残疾人的同类比例。在总体参与度偏低的基础上,社区文化生活参与状况在各类残疾儿童之间还具有不平衡性。如表5-1所示,视力、肢体、智力、精神类残疾儿童的经常参与率低于残疾儿童平均的同类比例,智力和精神类达到显著差异。残疾儿童文化权利在社区的总体及分类实现状况均有待加强。

(二)残疾儿童参与社区教育文化生活的自变量赋值与样本分布

社区文化生活的参与频率是残疾儿童文化权利在社区实现状况的重要指标,宜作为本研究的因变量。我国残疾儿童参与社区文化生活的自变量赋值与状况如表5-2和5-3所示。残疾儿童参与社区文化生活的状况在这些自变量维度上几乎都存在显著差异。值得注意的是,在地区维度上,东部、西部、中部残疾儿童经常参加社区文化生活的比例分别为6.65%、9.01%、5.61%;从不参加的比例分别为60.10%、53.33%、62.83%。西部地区残疾儿童经常参与社区文化生活的比例最高,而从不参加的比例最低。原因可能在于经济发展与文化繁荣的不完全同步性、各地区在文化生活论域的理论驱动力度差异、国家扶持西部的政策在残疾儿童发展方面初显成效。不过,地区因素对残疾儿童参与社区生活的预测作用在回归分析中未达显著水平,因而并非影响因素。

表 5-2　我国残疾儿童参与社区文化生活自变量的赋值与样本分布

自变量类型	变量名称	变量赋值与解释	n	%
人口特征	性别[b]	男性 = 1	823	61.0
		女性 = 2	527	39.0
区域因素	地区	东部（北京、天津、河北、辽宁、上海、江苏、浙江、福建、山东、广东、海南）= 1	421	31.2
		西部（四川、贵州、云南、西藏、陕西、甘肃、青海、宁夏、新疆、广西、重庆）= 2	555	41.1
		中部（山西、内蒙古、吉林、黑龙江、安徽、江西、河南、湖北、湖南）= 3	374	27.7
社会保障				
	领救济	是 = 1	372	27.6
		否 = 2	978	72.4
	参加医疗保险	是 = 1	932	69.0
		否 = 2	418	31.0
教育培训				
	残疾儿童失学状况	在学 = -1	881	65.3
		辍学 = 1	123	9.1
		从未上学 = 2	280	20.7
		毕业未升学 = 3	66	4.9
	一年内接受过职业技能培训	16 岁以下不填 = -1	1193	88.4
		是 = 1	7	0.5
		否 = 2	150	11.1
康复				
	使用听力辅具	其他类残疾 = -1	1220	90.4
		是 = 1	44	3.3
		否 = 2	86	6.4
	言语残疾会话效果	跳过不填 = -1	1003	74.3
		无效果 = 0	5	0.4
		效果好 = 1	21	1.6
		较好 = 2	116	8.6

续表

自变量类型	变量名称	变量赋值与解释	n	%
		一般＝3	205	15.2
社会(社区)环境	一年内政府或社会团体慰问(次)^c	不曾慰问＝-1	781	57.9
		9次或以上＝0	1	0.1
		2次＝2	164	12.2
		3次＝3	42	3.1
		4次＝4	22	1.6
		5次＝5	9	0.7
		6次＝6	3	0.2
		7次＝7	0	0
		1次＝8(经手动调整)	327	24.2
	一年内接受过社区(村)提供的残疾人服务	接受过＝1	506	37.5
		未接受过＝2	844	62.5
	法律宣传	接受过＝1	524	38.8
		未接受过＝2	826	61.2
	领第二代残疾证	已领＝1	815	60.4
		未领＝2	535	39.6
	有效样本		1350	

注:a.*** 表示 $p \leqslant 0.001$;** 表示 $p \leqslant 0.01$;* 表示 $p \leqslant 0.05$;^{a}表示 $p \leqslant 0.1$;下同。

b.χ^2分析表明性别因素的差异性接近显著,在回归分析中性别因素对于女性残疾儿童"经常参与"社区文化生活具有较显著的负向预测作用。为了有利于残疾女童的文化权利保障,保留性别因素进行分析。

c."政府或社会团体慰问"遗漏值为1,其他题项无遗漏值。

表5-3　我国残疾儿童参与社区文化生活和有关因素的列联表

因素	选项	经常参加(%)	很少参加(%)	从不参加(%)	x^2	df	p
性别	男	8.4	34.1	57.5	3.428	2	0.180
	女	5.7	35.3	59.0			
地区	东部	6.7	33.3	60.1	10.527*	4	0.032

续表

因素	选项	经常参加（%）	很少参加（%）	从不参加（%）	x^2	df	p
	西部	9.0	37.7	53.3			
	中部	5.6	31.6	62.8			
领救济	是	13.4	37.6	48.9	34.895***	2	0.000
	否	5.0	33.4	61.6			
医疗保险	已参加	9.5	37.1	53.3	37.419***	2	0.000
	未参加	2.4	28.9	68.7			
失学	在学	9.8	40.6	49.6	110.078***	6	0.000
	中途辍学	4.9	39.0	56.1			
	从未上学	1.4	14.3	84.3			
	毕业未升学	4.5	31.8	63.6			
职业培训	16 岁以下跳过	7.9	35.0	57.1	16.208**	4	0.003
	接受过	0.0	85.7	14.3			
	未接受	3.3	28.7	68.0			
使用听力辅具	非听力残疾跳过	7.2	35.5	57.3	7.625[a]	4	0.106
	使用	6.8	36.4	56.8			
	不使用	9.3	20.9	69.8			
会话交流效果	非言语残疾跳过	6.5	34.5	59.0	52.979***	8	0.000
	效果很好	33.3	19.0	47.6			
	效果较好	18.1	38.8	43.1			
	效果一般	2.9	34.6	62.4			
	无效果	0.0	20.0	80.0			
政府或社团慰问	未受慰问跳过	4.4	28.7	67.0	126.912***	14	0.000
	一次	5.2	40.1	54.7			
	二次	17.1	47.6	35.4			
	三次	26.2	40.5	33.3			
	四次	18.2	45.5	36.4			

续表

因素	选项	经常参加（%）	很少参加（%）	从不参加（%）	x^2	df	p
	五次	33.3	55.6	11.1			
	六次	33.3	33.3	33.3			
	九次及以上	0.0	100.0	0.0			
社区或村为残疾人提供服务	接受过	13.0	51.2	35.8	169.732***	2	0.000
	未接受	3.9	24.6	71.4			
社区法律宣传	接受过	13.7	46.8	39.5	135.423***	2	0.000
	未接受	3.3	26.9	69.9			
领二代残疾证	已领	6.1	36.3	57.5	5.898[a]	2	0.052
	未领	9.2	32.0	58.9			

注：*** 表示 $p \leqslant 0.001$；** 表示 $p \leqslant 0.01$；* 表示 $p \leqslant 0.05$；[a]表示 $p \approx 0.1$；下同。

（三）残疾儿童参与社区教育文化生活的影响因素

如表 5-4 所示，回归模型的似然比 χ^2 检验结果（$\chi^2 = 464.991$，$df = 48$，$p < 0.05$）说明模型有意义。Nagelkerke R^2 值的大小表示模型的解释能力与拟合优度，本模型的 Nagelkerke R^2 值为 0.353，表明本模型的解释能力与拟合优度较好。本模型对于残疾儿童参与社区文化生活的预测准确率达 67.8%，说明本模型的自变量对此具有较高的预测准确性。回归分析显示，人口、家庭经济状况、康复、社会支持、社区服务等因素对于我国残疾儿童参与社区文化生活具有显著影响。OR 值全称为 Odds Ratio，系某事件和其参照组的发生风险比之间的比值，表示自变量每增加一个单位带来的发生风险比的变化。OR 值在回归结果表中显示为 $Exp(B)$ 的值。下面结合 OR 值具体分析预测因素的影响作用。

1. 人口特征因素

较之残疾女童,男性残疾儿童经常参与社区文化生活的可能性较大,其 OR 值为 1.561,达显著水平。从人类生活史角度看,女性对自己的生活内圈归属感更强,男性则更倾向于参与公共领域的生活。这种性别差异在两性残疾儿童身上亦有体现。此外,残疾女童总体上比残疾男童更专注于知识学习,对某些文体、娱乐活动投入的时间精力较少。残疾女童总体较为安静内向,但是她们对所居小区具有熟悉感、归属感,将小区视为自己生活圈的一部分,对于身边的文化生活更加乐于参与。社区可动员文化基础较好的小区并联合各类残疾人协会,提供柔力球健身等动静适宜、便于残健融合的文化生活资源,促进文化权利实现过程中的性别平等。

2. 社会保障因素

首先,以不领救济的残疾儿童作为参照组,一方面,领救济的残疾儿童从不参与社区文化生活的 OR 值为 1.503,达显著水平。鉴于很多地市与残疾等级挂钩的救济政策规定,领救济的残疾儿童往往残疾程度较重。此外,领救济残疾儿童接受随班就读这种融合教育的比例(小学 31.5%、初中 14.0%)低于不领救济者的同类比例(小学 41.7%、初中 17.0%),达显著差异($x^2=32.012$, $df=7$,$p<0.001$)。领救济残疾儿童的社会融合度较低,影响他们参与社区文化生活的准备性和积极性。另一方面,领救济的残疾儿童经常参与社区文化生活的 OR 值为 2.317,达显著水平。这可能因为领救济的残疾儿童失学率(41.7%)高于不领救济的残疾儿童(32.1%),达显著差异($p=0.001$)。有些领救济残疾儿童因失学而有更多闲暇,可以经常参与社区文化生活。就失学率作为"领救济"与"经常参与"社区文化生活之间的中介因素而言,残疾儿童参与社区文化生活的频率并非越高越好;但是如果在同样失学的情况下,经常参与社区文化生活对于失学残疾儿童的发展是有益的。对于领救济的残疾儿童,政府、社会在干预其经济贫困的同时,还应注意防止其文化贫困。

其次,以未参加医疗保险的残疾儿童为参照组,参加医疗保险的残疾儿童经常参加社区文化生活的 OR 值为2.619,达显著水平。多种医疗保险的报销范围涵盖了残疾儿童的康复,进而对其接受融合教育也有促进作用。表5-3列联表显示,有医疗保险的残疾儿童在普通小学和初中随班就读的比例(44.6%、19.2%)明显高于未参加医疗保险的残疾儿童的随班就读比例(26.1%、9.3%),差异达到显著水平($\chi^2=190.658$, $df=7$, $p<0.001$)。由此可见,医疗保险有助于提升残疾儿童的随班就读可能性与社会融合度,进而促进其参与社区文化活动。

3. 教育培训因素

首先,在"失学状况"因素方面,以(小学、初中)"毕业未升学"的残疾儿童作为参照组,正在上学的残疾儿童从不参加社区文化活动的 OR 值为0.297,达极其显著水平。在学残疾儿童总体而言由于在接受(融合式的)学校教育,其社会融合度较好,较少出现从不参加社区文化活动的现象。"辍学"残疾儿童从不参加社区文化活动的 OR 值为0.483,达到相对显著水平。"辍学"残疾儿童有较多的闲暇,此外年龄总体小于毕业未升学类残疾儿童。后者有86.4%处于15—17岁,已近成年,独立生存的压力增大。从不参加社区文化生活的可能性高于参照组的唯一组别是"从未上学"组,OR 值为2.216,达显著水平。"从未上学"组有34.8%处于6—8岁年龄段和早期康复阶段,社会性尚未充分生成,而且学校教育促进残疾儿童与社会融合的作用在他们身上尚未得以发挥。此外,该组相当一部分是重度残疾儿童,需要他人帮助才能克服信息障碍或进行空间移动,而有些父母对孩子的残疾身份具有羞耻感,不愿孩子在社区露面。这些因素增加了"从未上学"的残疾儿童很少参加社区文化生活的可能性。其次,以一年内未接受过职业技能培训的16—17岁残疾儿童为参照组,16岁以下的残疾儿童从不参加社区文化生活的可能性比较高,OR 值为1.683,达较显著水平。后者多为全职学生,课业负担重、闲暇较少,故从不参加社区活动的可能性较高。

表5-4 残疾儿童参与社区教育文化生活的多元 logistic 回归

变量类型	变量名称	参照组	经常参与		从不参与	
			B	Exp(B)	B	Exp(B)
	截距		−3.429		1.552	
解释变量						
人口特征	性别	男	0.445	1.561[a]	0.029	1.03
		女（参照组）				
社会保障	领救济	是	0.84	2.317**	0.407	1.503*
		否（参照组）				
	参加医疗保险	是	0.963	2.619*	0.178	1.195
		否（参照组）				
教育培训	残疾儿童失学状况	在读	−0.152	0.859	−1.215	0.297***
		辍学	−0.469	0.626	−0.728	0.483[a]
		从未上学	−0.684	0.505	0.796	2.216*
		毕业未升学（参照组）				
	一年内接受过职业技能培训	16岁以下不填	0.035	1.036	0.521	1.683[a]
		是	−16.651	5.87E−08	−1.431	0.239
		否（参照组）				
康复	一年内使用听力辅具	其他类残疾	−0.788	0.455[a]	−0.644	0.525*
		是	−1.225	0.294	−0.152	0.859
		否（参照组）				
	言语类残疾会话效果	非言语类残疾或不会话	0.757	2.131[a]	0.174	1.189
		无效果	−13.108	2.03E−06	0.135	1.145
		好	3.079	21.746***	0.774	2.168
		较好	1.715	5.555**	0.024	1.024
		一般（参照组）				

变量类型	变量名称	参照组	经常参与		从不参与	
社会(社区)环境	一年内政府或社会团体慰问次数	不曾慰问	0.554	1.740ᵃ	0.48	1.616**
		9次或以上	-18.996	5.63E-09	-16.703	5.57E-08
		2次	1.015	2.759**	-0.513	0.599*
		3次	1.08	2.944*	-0.338	0.713
		4次	0.675	1.964	0.24	1.271
		5次	1.265	3.543	-2.074	0.126ᵃ
		6次	1.024	2.785	0.023	1.023
		1次(参照组)				
	一年内接受社区(村)的残疾人服务	接受过	-0.039	0.961	-1.156	0.315***
		未接受过(参照组)				
	法律宣传	接受过	0.644	1.905*	-0.738	0.478***
		未接受过(参照组)				
	领第二代残疾证	已领	-0.82	0.44***	-0.01	0.99
		未领(参照组)				
对数似然值	1199.222					
卡方值	464.991					
自由度	48					
模型拟合度显著性	0.000					
Nagelkerke R^2	0.353					
预测准确率	67.8%					

注:以很少参加社区文化生活作为参照。

4. 康复因素

首先,以一年内未使用辅具的听力残疾儿童作为参照组,非听力类残疾儿童"经常参加"和"从不参加"社区文化生活的可能性均较低(OR 值 = 0.455、0.525)。听力残疾儿童没有空间移动、智力、视力方面的障碍,其总体上"经常参加"社区文化生活的比例(8.5%)高于非听力类残疾儿童"经常参与"的比例(7.2%)。但是,重度听力障碍儿童如康复效果不佳,"从不参与"社区文化生活的可能性会比较高。其次,以言语类残疾儿童中"会话效果一般"的为参照组,除"言语康复无效果"组别之外的三个组别经常参与社区文化生活的可能性较大,OR 值分别为 2.131、21.746、5.555,均达显著水平。这说明,无论在言语残疾类别之内还是之外,言语能力对于"经常参与"社区文化生活都有重要影响。康复可以促进此类残疾儿童言语无障碍,进而提升其经常参与社区文化生活的可能性。

5. 社会支持与社区服务因素

第一,以一年内政府或社会团体"共慰问过 1 次"为参照组,所有有效组别"经常参加"社区文化活动的 OR 值均大于 1,而且零慰问、慰问 2 次和 3 次这三个组别的 OR 值(1.740、2.759、2.944)达显著水平。零慰问组别的残疾儿童大多自身条件较好,经常参加社区活动的可能性较大。得到慰问 2 次和 3 次的残疾儿童随着慰问次数的增多,经常参加社区活动的可能性也显著增大。这说明社会支持有助于残疾儿童与社会交往以及参与社区文化生活。另外值得注意的是,"零慰问"组别从不参与社区文化生活的 OR 值为 1.616,差异达显著水平。这说明,该组别中也有些残疾儿童面临很多困难,但是没有得到慰问等社会支持,增加了其从不参与社区生活的可能性。慰问 2 次和慰问 5 次组从不参加社区文化生活的 OR 值(0.599、0.126)皆达到显著水平,说明社会支持总体上能够负向预测残疾儿童从不参加社区文化活动的现象。

第二,以一年内未接受社区(村)服务这一组别为参照组,接受过此类服务的残疾儿童"从不参加"社区文化活动的 OR 值仅为 0.315,达到极其显著水平。残疾儿童接受的社区服务有一部分就是文化服务,另一部分是康复服务和生产生活服务等。由此可见,社区(村)对残疾儿童的康复服务、生活服务对其参与社区文化服务具有支持作用。

第三,以一年内在社区里未接受过法律宣传的残疾儿童为参照组,接受过法律服务能够既增大残疾儿童"经常参加"社区文化生活的可能性,又减少其"从不参加"社区文化生活的可能性(OR 值 = 1. 905、0. 478),均达显著水平。社区法律宣传本身就是一种文化活动;残疾儿童接受了文化权益等方面的法律知识,能够提升其对文化权益意义的理解,增强法律权利主体意识及其维权的主动性。社区法律宣传中,还应"明确公民助残责任,提高全社会尊重残疾人基本权益的意识"①,有助于多渠道地提升其社区文化生活参与度。

第四,以未领取第二代残疾证的残疾儿童为参照组,已领证残疾儿童"经常参与"社区文化活动的 OR 值为 0. 440,达显著水平。已领残疾证儿童总体上残疾程度已定型或比较重,未领残疾证的儿童有一些尚在康复改善与观察期。有些残疾青少年很不情愿地领取了残疾证,认为"领取残疾证很伤自尊"。这些残疾儿童对残疾身份的拒斥感、对社会的疏离感,不利于他们走进人群,参加社区文化生活。

三、基于结论的对策思考

基于 CDPF 残疾人状况监测数据分析我国残疾儿童文化权利在社区的实现状况,发现残疾儿童只有 7. 3%经常参与社区文化活动,34. 6%很少参与,58. 1%从不参与社区文化生活;残疾儿童参与社区文化生活的比例总体较低。多元 logistic 回归分析结果显示,残疾儿童参与社区文化生活的主要影响因素包括其性别、教育、培训与康复状况;社会保障、社会支持、社区服务、法律宣传对残疾儿童参与社区文化生活也有显著影响,领取第二代残疾证对残疾儿童

---

① 侯晶晶:《推动残疾人文化事业发展》,《光明日报》2012 年 11 月 10 日。

的社区文化生活参与具有负向预测作用。应当综合考虑相关因素,改善残疾儿童的文化权利在社区的实现状况。保障残疾儿童的文化权利,既是人道主义伦理学应用于弱势群体尊严维护的重要课题,也是在建设公共文化服务体系过程中追寻权利平等的难点问题。很多残疾儿童已然因先天或后天的原因遭遇了生理上的不平等或心智损伤,在精神文化方面的(补偿性)平等对于他们建构有价值、有尊严的存在感具有格外重要的意义。

目前,我国残疾儿童的文化权利在社区的实现程度较低,对残疾儿童的社区文化服务总体上处于半自发水平,有待借鉴国内外先进经验,结合当地实情,做好顶层设计,着眼长远,分步实施,不断优化功能设计、资源开发、社会合作、科学管理,以满足我国公共文化服务体系建设的需要,更好地践行人道主义伦理,保障残疾儿童的文化权利。对于上述影响因素分析中揭示的主要问题,政府、社会、社区、残疾儿童、家庭、志愿者可以形成合力予以应对,提升残疾儿童文化权利在社区的保障水平。

(一)进一步提升社区教育文化生活的质量、针对性和吸引力

CDPF 监测显示,被访的残疾儿童仅有 6.3% 对社区文化生活感到非常满意,说明社区文化生活服务的质量还有一定的提升空间。社区文化生活资源在娱乐性、普及性之外,还应考虑层次性与针对性。面向残疾儿童的社区文化生活应有意识地推介国内外残疾人文化精品。例如,《轮椅上的梦》《病隙随笔》《永不言弃》①等作品都有益于鼓舞残疾人的自强、自立精神,提升其文化品格。在提升社区文化服务品质的过程中,不应忽视残疾儿童内隐的精神需求。残疾儿童不仅仅在生理功能方面存在代偿的需要;由于社会中个体的差异性,对于残疾的某些负面刻板印象和歧视现象无法完全避免,社区还应重视协助家庭和学校培养残疾儿童精神生活的一些高层级自理能力,包括抵御伤

---

① 张海迪:《对生命存在的更多思考——在涅玛特·凯勒穆别托夫新书发布会上的讲话》,《中国残疾人》2012 年第 6 期。

害的心理自愈能力。鉴于外界心理干预的可及性以及残疾儿童自我暴露的意愿都是有限的,遭遇一些伤害时,很可能需要残疾儿童学会以豁达、宽容、自信、希望、耐挫力进行心理自愈。进一步提升社区文化服务,也是保障残疾儿童的"生活质量权"①所需要的。高质量的社区文化生活有益于残疾儿童学习并养成诸种精神文化技能与积极心理素养。面向残疾儿童的社区文化生活还应该重视信息无障碍建设。"利用信息网络等高新技术推进信息交流无障碍,对提高残疾人的工作学习生活质量、增强他们融入参与社会的能力,具有重要的意义"②。一旦能更有效、更全面地满足残疾儿童的精神文化需求,便能吸引更多的残疾儿童及其家人的参与,更有效地保障残疾儿童的文化生活权利。

（二）借助社区法律宣传提升泛在教育的反歧视等"反学习"功能

"入户慰问残疾儿童"固然是一种社会支持的表达方式,但毕竟是非普惠的、非长效的。应借助建设残健基本公共服务体系的政策契机,根据已有的法律法规赋予残疾人的权利、政府公文中做出的承诺以及各地发展水平,制定关于社区为残疾人提供的各项基本公共服务的刚性下限标准和操作指南,以便减少残疾儿童所接受社区公共服务的随意性和区域不平衡性。其中,应注重借助社区法律宣传提升泛在教育的反歧视等"反学习"功能。"从反学习的立场看,要扬弃民间教育学中的不合理成分,首先要清理地基,反思既有范式的局限,做到有意识地遗忘或摒弃。在社会身份上……要建立'反歧视'的社会文化。即解决好在社会分层中起关键作用的'差异评价'问题。在社会分工越来越细,社会有机团结越来越成为社会和谐的重要支撑的时代,否定差异、无视差异是自欺欺人的。一方面减少'人造差异',一方面在正视差异的同时,基于'平等原则'引导对差异的评价,以'存在'而非'占有'的哲学观处理生活选择,需要全社会的努力。民间的'攀比心理',在一定意义上说是占有哲

---

① 杨立雄等:《中国残疾人社会保障制度》,人民出版社 2011 年版,第 235—236 页。
② 吕世明:《信息通信技术:让残疾人信息无障碍》,《人民邮电》2008 年 5 月 16 日。

学观的变种,尤需通过反学习克服。在存在哲学观视域下,消解一个人对所有其他人的'战争'意识,化个人占有为人际理解,由自我中心走向'我们中心',建构'生而平等'的'身份认同',强化'自我超越'和'自我实现'的内在激励,沉浸于奋斗精神和虚静心境动静相宜的生命体验,是民间教育学中范式转换的目标状态。"①"平等原则"恰是法律话语体系的首要原则,加强社区以及乡镇基层社会组织的法律宣传,可以辐射至包括残健儿童与成人的全体公民,推动我国全面建设法治社会。一个缺乏平等、融合文化却能在物质和精神上实现共同富裕的社会,是不可想象的。

(三)鼓励高校志愿者为残疾儿童提供社区教育文化服务

在学的 16 岁以下残疾儿童课业负担重、闲暇少,可以通过优化学习方法和提高学习效率,适当地多参与社区文化生活。社区应更加重视激发高校等社会各界的文化助残活力,社会学、教育学、学前教育、社会工作等专业的大学生、研究生都是可以运用"服务学习"模式为残疾儿童提供社区文化服务的(潜在)志愿者。这既有益于残疾儿童获得学习辅导等专业化、高层次的文化服务,也有益于这些大学生、研究生积累专业上的实践经验。特殊教育、社会工作等专业工作者职前接触本职业的服务对象,无论是在当下还是未来都有助于更好地保障残疾儿童的文化权利。

有些志愿组织的经验可资借鉴。例如,上海的房金妹女士克服高位截瘫的困难,坚持为残疾人子女兴办"兴家义务家教学校",得到距家一步之遥的延吉中学免费提供一楼教室的支持。近八年共吸引招募八千余名大学生志愿者,先后安排和组织 41 位教师志愿者无偿集体辅导九百课时,大学生志愿者送教上门五万余次。② 这种社区文化志愿服务取得了很好的效果。

---

① 周作宇:《民间教育学:泛在的教育学形态》,《教育研究》2021 年第 3 期。
② 朱佳生:《残疾人子女的义务校长——记兴家残疾人子女义务辅导学校校长房金妹》,载徐凤建主编:《为生命喝彩》,上海三联书店 2007 年版,第 269—273 页。

（四）回应不利于参与社区教育文化生活的主因

应该借助"将医疗康复和训练纳入医疗保险范围的残疾人社会保险制度"①，提升康复覆盖率和社区文化参与度。鉴于听力、言语等类残疾康复对于残疾儿童社区文化生活参与状况的影响作用，残联、卫生、教育等部门应逐步帮助更多的残疾儿童参加包含康复特惠报销项目的医疗保险，促进其更好地康复，更多地参与社区文化生活。CDPF监测显示，6—17岁残疾儿童多达42.3%未接受过任何康复服务，距离我国"残疾人人人享有康复服务"这一全覆盖目标尚有相当的差距。各类医疗保险项目应该扩大残疾儿童的康复报销项目，切实承载促进康复的应然功能，促进其实现文化权利。

发放第二代残疾人证的机构可以更加有效地保障残疾儿童对残疾证所负载文化福利的知情权。此外，学校、残联、社区等可以通过海报栏文化建设、开座谈会、上门谈心、专业人士提供心理辅导等方式，减少社会上、社区里少数人歧视残疾人的刻板印象，改变一些重度残疾儿童父母的观念，促使其接受人类存在形式多元的事实，同时鼓励残疾儿童接纳自身残疾身份，平等地看待人我关系，拓宽胸襟，融入社会。此外，可辅以志愿者参与等社会化的工作模式，使得"从未上学"组别的残疾儿童能较多地参与社区文化活动。对于处于就业门槛的16—17岁残疾儿童，社区文化服务中心可结合其就业能力和兴趣，与培训机构和企业联手开展就业中介式的文化活动。此外，社区文化活动可以使用信息无障碍、不完全依赖口语交流的载体，吸纳更多处境不利的残疾儿童参加，减少残疾儿童文化生活权利保障的内部落差。

综上，本节运用CDPF残疾人状况监测数据对残疾儿童的社区文化生活权利保障进行实证研究，明确了其影响因素并进行了对策分析，有助于为有效

---

① 边丽、许家成、郑俭、赵悌尊、肖菊英：《国外残疾人康复立法研究》，《残疾人研究》2012年第4期。

干预提供可靠依据。残疾人社区教育的对象以及社会文化生活的参与者不只包括残疾儿童，也包括残疾成人。在终身教育时代，每个人都可能是终身学习者。下一节以同年江苏省残疾人状况监测数据为例对我国残疾成人的社区文化生活权利保障进行分析研究。

第二节　残疾成人社区教育文化生活反贫困

文化权利是以经济、社会、文化为核心的"第二代人权"的重要内容①。保障残疾公民文化权利的重要性及其对残疾人反贫困的重大意义前文已论述。残疾人文化权利的实现相当一部分需要落实在社会的基层组织——社区。"社区服务是满足社区居民公共服务需求的社会福利形式。对残疾人群体的社区服务既有利于促进残疾人群体平等参与社会生活，也是衡量社会发展水平的重要标志。"②CDPF 残疾人状况监测将残疾人的社区文化生活作为其生活的社会环境的一个重要方面加以监测，发现"残疾人参与社区文体活动比例较低。全国残疾人经常参加社区文化、体育活动的比例仅为 8.2%"③。保障残疾人的文化权利，是人道主义伦理学应用于维护弱势群体尊严的重要课题，也是建设公共文化服务体系过程中追寻权利平等的难点问题。

残疾人参与社区文化生活，是其实现社区融合的重要方式之一。社区融合是评估人们是否积极、健康生活的一项重要指标。社区融合倡导残疾人等弱势群体广泛参与社区生活；根据广泛化法则，实实在在地使用社区设施，享

---

① 第一代人权是公民与政治权利，第二代人权是经济、社会和文化权利，第三代人权是随着民族国家独立运动和第三世界国家兴起而诞生的"自决权"和"发展权"。详见艺衡等：《文化权利回溯与解读》，社会科学文献出版社 2005 年版，第 215—216 页。

② 冯世平、冯学兰：《西北农村残疾人社区服务需求研究——以甘肃省农村残疾人群体为例》，《残疾人研究》2012 年第 1 期。

③ 陈功、吕庆喆、陈新民：《2013 年度中国残疾人状况及小康进程分析》，《残疾人研究》2014 年第 2 期。

受机构服务,参加社区生活,建立与社区的自然关系。残疾人参与社区文化生活、实现自身文化权利,有助于避免残疾人陷入"从社区的主流生活中消失,不知晓社区建设方向与自身福利"的"社会性死亡"现象。[1]　因此,残疾人社区工作的主要内容即应包括活跃残疾人文化生活[2]。

截至目前,至少国内尚未见具体到社区层面的残疾成人文化生活权利保障影响因素研究成果,仅有少量相关研究可资借鉴。"当前弱势群体在文化权利上面临困境。既有的公共文化服务体系还没有惠及广大弱势群体,当前弱势群体的公共文化消费水平十分低下。个体地位结构因素、区域经济发展水平、社会政策倾斜性配置水平以及无障碍环境是制约残疾人这类弱势群体公共文化消费水平的显著因素"[3]。为了有效遏制残疾人文化权利保障方面已然存在的短板效应,必须重视其文化权利在社区的实现,必须探究其实现文化权利的影响因素。影响残疾成人与残疾青少年文化权利保障的因素很可能不尽相同,有必要对于既有共性又有特点的这两个亚群体分别进行文化生活权利保障的影响因素研究。鉴于此,本节对我国残疾成人参与社区文化生活的影响因素进行探索性的实证研究。

一、研究对象与研究方法

本研究的对象是 18 岁及以上的残疾成人,资料来源为 CDPF 全国残疾人监测数据。本章所用的是其中江苏省残疾人状况监测的有效成人样本1547 人。

本研究应用 SPSS 软件进行一般描述性分析、x^2 检验和多元 logistic 回归

---

① 　何晓莹、杨福义:《社区工作模式——残障人士阳光之家》,载张福娟主编:《残疾人社会工作案例评析》,华东理工大学出版社 2010 年版,第 187 页。

② 　卓彩琴:《残疾人社区工作》,载卓彩琴、谢泽宪主编:《残疾人社会工作》,华南理工大学出版社 2008 年版,第 120 页。

③ 　胡杨玲、周林刚:《弱势群体公共文化服务体系建设研究——基于残疾人公共文化消费状况的调查》,《经济社会体制比较》2012 年第 1 期。

分析。本研究以监测问卷中关于残疾成人参与社区文化生活的题目作为因变量,基于其社区文化参与度分析残疾人文化生活权利在社区的实现状况。鉴于因变量不具方差齐性(Levene's $p<0.05$),本研究使用列联表分析和 x^2 检验,验证残疾成人参与社区文化生活状况在教育、就业、康复、社会环境等因素上是否存在显著差异,然后将具有显著差异的自变量纳入回归分析模型,采用对于方差齐性无特别要求的多元 logistic 回归分析法[1]来分析这些自变量对于残疾人参与社区文化生活的影响作用。

二、研究结果

(一)残疾成人参与社区教育文化生活状况

在江苏省 1547 个残疾成人样本中,经常参与社区文化、体育活动的有 158 人,占 10.2%;很少参与社区文化生活的有 808 人,占 52.2%;从不参与社区文化生活的有 581 人,占 37.6%。残疾人从不参与社区文化生活的比例(37.6%)已较 2008 年度全国残疾人状况及小康进程监测报告显示的同类比例 69.8%有了较大改观。[2] 不过,2013 年成年残疾人"很少"和"从不"参与社区文化生活的比例相加仍在高位,占 89.8%(详见表 5-5)。在残健融合的社会氛围尚在培育之中以及社区文化总体供给短缺的条件下,当前可供残疾人利用的社区文化服务供给总量偏低,残疾人参与社区文化生活的比例总体较低。江苏省成年残疾人经常参加社区文化生活的比例较之全国残疾人的同类比例高 2 个百分点,其文化权利的社区实现情况也有待加强。

江苏省各类别残疾成人参加社区文化生活的频率与 x^2 分析显示,视力、听力、肢体残疾成人经常参加社区文化生活的比例(6.4%、9.0%、9.1%)低于

---

① N. Brace,R. Kemp,R. Snelgar,*SPSS for Psychologists*(*Third Edition*),London:Lawrence Erlbaum Associates,Publishers,2006,p.230,p.293.

② 程凯:《2008 年度全国残疾人状况及小康进程监测报告》,载郑功成、杨立雄主编:《中国残疾人事业发展报告》,人民出版社 2011 年版,第 43 页。

总体比例(10.2%),视力、听力残疾成人从不参加社区文化生活的比例
(43.4%、41.7%)高于总体比例(37.6%)且均达显著差异。由此可见,在总体
参与度低的情况下,各类别的残疾之间还具有显著的不平衡性,听力、肢体尤
其视力残疾成人参加社区文化生活的状况处于弱中之弱的状态。

表5-5　残疾成人参与社区文化生活的状况

残疾类别	n	经常参加(%)	很少参加(%)	从不参加(%)	x^2	df	p
所有类别	1547	10.2	52.2	37.6			
视力残疾	297	6.4	50.2	43.4	8.921**	2	0.012
听力残疾	556	9.0	49.3	41.7	6.730*	2	0.035
言语残疾	83	18.1	47.0	34.9	5.925*	2	0.052
肢体残疾	474	9.1	58.4	32.5	10.588**	2	0.005
智力残疾	164	14.6	48.8	36.6	3.974	2	0.137
精神残疾	135	17.8	57.0	25.2	14.969***	2	0.001
多重残疾	140	10.0	54.3	35.7	0.270	2	0.873

注:*** $p \leqslant 0.001$;** $p \leqslant 0.01$;* $p \leqslant 0.05$;下同。

(二)残疾成人参与社区教育文化生活自变量的赋值与样本分布

除了残疾类别,残疾成人还在表5-6和表5-7所示的这些因素上具有显
著或接近显著的差异。这些自变量的赋值情况与样本分布如下。

表5-6　残疾成人参与社区教育文化生活及自变量的赋值与样本分布

变量类型	变量名称	变量赋值与解释	n	%
因变量				
	参加社区文化生活	经常参加=1	158	10.2
		很少参加=2	808	52.2

变量类型	变量名称	变量赋值与解释	*n*	*%*
		从不参加=3	581	37.6
自变量				
人口特征	年龄分组	18—23 岁=1	22	1.4
		24—29 岁=2	39	2.5
		30—35 岁=3	45	2.9
		36—41 岁=4	56	3.6
		42—47 岁=5	141	9.1
		48—53 岁=6	108	7.0
		54—59 岁=7	129	8.3
		60 岁及以上=8	1007	65.1
就业因素	未就业原因	就业者跳过=-1	436	28.2
		在校学生=1	2	0.1
		离退休=2	231	14.9
		料理家务=3	237	15.3
		无劳动能力=4	474	30.6
		毕业后未工作=5	1	0.1
		因单位原因失去原工作=6	4	0.3
		因本人原因失去原工作=7	22	1.4
		承包土地被征用=8	13	0.8
		其他原因未就业=9	127	8.2
无障碍设施	无障碍满意度	非城镇人口跳过=-1	1218	78.7
		非常满意=1	98	6.3
		满意=2	231	14.9
		一般=3	0	0
		不满意=4	0	0
社区服务	教育文化服务	未接受任何社区服务=-1	206	13.3
		未接受教育文化服务=1	1243	80.3

变量类型	变量名称	变量赋值与解释	*n*	%
		接受过教育文化服务＝2	98	6.3
	知识普及服务	未接受任何社区服务＝−1	206	13.3
		未接受知识普及＝1	174	11.2
		接受过知识普及＝5	1167	75.4
	法律宣传服务	参加过＝1	931	60.2
		未参加过＝2	616	39.8
康复因素	康复治训	未接受＝1	814	52.6
		接受过＝2	733	47.4
	心理疏导	未接受＝1	1069	69.1
		接受过＝4	478	30.9
	使用视力辅具效果	非视力类残疾跳过＝−1	1472	95.2
		效果好＝1	11	0.7
		效果较好＝2	33	2.1
		效果一般＝3	31	2.0
		无效果＝4	0	0
	言语残疾者会话效果	非言语残疾者或言语残疾者不进行会话交流者跳过＝−1	1479	95.6
		效果好＝1	3	0.2
		较好＝2	27	1.7
		一般＝3	38	2.5
		无效果＝4	0	0
	肢体残疾者辅具效果	非肢体残疾者或肢体残疾者不用辅具跳过＝−1	1327	85.8
		效果好＝1	62	4.0
		较好＝2	99	6.4
		一般＝3	59	3.8
		无效果＝4	0	0

注：*n*＝1547；无障碍设施满意度、康复治训这两个因素的卡方分析显示其差异性接近显著；回归分析显示,这两个因素对残疾人参与社区文化生活具有预测作用,故保留。

表 5-7　残疾成人参与社区教育文化生活和相关因素列联表

因素	选项	经常参加（%）	很少参加（%）	从不参加（%）	x^2	df	p
年龄	18—23 岁	9.1	72.7	18.2	229.870***	14	0.000
	24—29 岁	0.0	20.5	79.5			
	30—35 岁	4.4	68.9	26.7			
	36—41 岁	58.9	33.9	7.1			
	42—47 岁	17.0	61.0	22.0			
	48—53 岁	9.3	61.1	29.6			
	54—59 岁	8.5	38.0	53.5			
	60 岁及以上	7.5	52.9	39.5			
未就业原因	就业者跳过	11.9	49.1	39.0	26.011[a]	18	0.100
	在校学生	50.0	50.0	0.0			
	离退休	9.1	52.4	38.5			
	料理家务	8.4	55.3	36.3			
	无劳动能力	8.6	52.1	39.2			
	毕业后未就业	0.0	100.0	0.0			
	因单位原因失去原工作	0.0	50.0	50.0			
	因本人原因失去原工作	0.0	77.3	22.7			
	承包土地被征用	7.7	69.2	23.1			
	其他原因	10.2	52.2	37.6			
无障碍满意度	非城镇跳过	9.7	53.2	37.1	6.451	4	0.168
	非常满意	16.3	50.0	33.7			
	满意	10.4	48.1	41.6			
社区文化教育服务	未接受任何社区服务	0.5	27.2	72.3	264.170***	4	0.000
	未接受社区教育服务	9.0	57.1	33.9			
	接受了社区教育服务	45.9	42.9	11.2			

因素	选项	经常参加（%）	很少参加（%）	从不参加（%）	x^2	df	p
社区知识普及	未接受任何社区服务	0.5	27.2	72.3	158.173***	4	0.000
	未接受社区知识服务	4.6	45.4	50.0			
	接受过社区知识服务	12.8	57.7	29.6			
参加法律宣传	参加过	12.8	62.8	24.4	173.504***	2	0.000
	未参加过	6.3	36.2	57.5			
心理疏导	未接受	8.4	49.3	42.3	37.173***	2	0.000
	接受过	14.2	58.8	27.0			
使用视力辅具效果	非视力类残疾跳过	10.6	52.4	37.0	17.291**	6	0.008
	非常好	0.0	54.5	45.5			
	较好	3.0	66.7	30.3			
	一般	3.2	29.0	67.7			
言语残疾者会话效果	非言语残疾者或言语残疾者不进行会话交流者跳过	10.5	52.5	37.1	16.224*	6	0.013
	效果很好	0.0	66.7	33.3			
	效果较好	7.4	66.7	25.9			
	效果一般	2.6	31.6	65.8			
肢体残疾者辅具效果	非肢体残疾者或肢体残疾者不用辅具跳过	10.6	52.4	37.1	10.658[a]	6	0.100
	效果很好	8.1	45.2	46.8			
	效果较好	12.1	56.6	31.3			
	效果一般	1.7	49.2	49.2			

注:a 表示 p≤0.1。

（三）残疾成人参与社区教育文化生活的影响因素

如表 5-8 所示,回归模型的似然比 χ^2 检验结果($\chi^2 = 570.908, df = 66, p < 0.001$)说明模型有意义;Nagelkerke R^2 值的大小表示模型的解释能力与拟合优度,本模型的 Nagelkerke R^2 值为 0.364,表明本模型的解释能力与拟合优度较好。本模型对于残疾成人社区文化参与的预测准确率达 67.9%,说明本模型的自变量对于残疾成人社区文化参与具有较高的预测准确性。回归分析显示,年龄、未工作的原因、城镇所居社区无障碍设施满意度、康复、社区服务等因素对于我国残疾成人参与社区文化生活具有显著影响。具体分析如下。

表 5-8　残疾成人参与社区文化生活的多元 logistic 回归结果

变量类型	变量名称	参照组	经常参与		从不参与	
			B	Exp(B)	B	Exp(B)
截距			−2.061		2.110	
解释变量						
人口特征	年龄	60 岁及以上				
	18—23 岁		−0.528	0.590	−2.206	0.110***
	24—29 岁		−14.982	3.12E−07	0.393	1.482
	30—35 岁		−0.947	0.388	−1.737	0.176***
	36—41 岁		0.750	2.116	0.227	1.255
	42—47 岁		0.249	1.283	−0.207	0.813
	48—53 岁		−0.044	0.957	−0.059	0.943
	54—59 岁		0.319	1.375	0.661	1.937**
就业因素	未就业的原因	其他原因				
	就业者跳过		−0.630	0.532*	0.397	1.488a
	在校学生		1.846	6.338	−20.152	1.77E−09
	离退休		−0.715	0.489a	0.342	1.408
	料理家务		−0.939	0.391*	0.182	1.200
	无劳动能力		−0.805	0.447*	0.289	1.335
	毕业后未工作		−15.630	1.63E−07	−19.446	3.58E−0.9

续表

变量类型	变量名称	参照组	经常参与		从不参与	
	因原单位原因失业		−16.746	5.34E−08	0.609	1.838
	因本人原因失工作		−17.515	2.47E−08	−0.971	0.379a
	承包土地被征用		−1.664	0.189	−0.080	0.924
城镇无障碍设施	无障碍满意度	无障碍设施满意				
	非城镇		−0.137	0.872	−0.565	0.568***
	无障碍非常满意		0.580	1.785	−0.819	0.441**
社区服务	社区教育文化服务	有社区教育文化服务				
	无任何社区服务		−3.958	0.019***	2.486	12.012***
	有社区的其他服务		−1.710	0.181***	0.912	2.489a
	社区知识普及	有社区知识普及服务				
	无任何社区服务					
	有社区的其他服务		−0.529	0.589	1.408	4.090***
	参加法律宣传	未参加社区法律宣传				
	参加过法律宣传		−0.009	0.991	−1.241	0.289***
康复因素	接受康复治训	接受过康复治训				
	未接受康复治训		0.028	1.029	−0.372	0.690**
	接受心理疏导	接受过心理疏导				
	未接受心理疏导		−0.568	0.567**	0.743	2.101***
	视力辅具效果	效果一般				

续表

变量类型	变量名称	参照组	经常参与		从不参与	
	不使用视力辅具		0.262	1.299	−1.186	0.305 **
	效果很好		−16.311	8.24E−08	−0.258	0.773
	效果好		−1.136	0.321	−1.290	0.275 *
言语残疾者会话效果		效果一般				
	不属此类或不会话		0.803	2.233	−1.316	0.268 ***
	效果很好		−15.839	0.000	−1.969	0.140
	效果好		−0.091	0.913	−1.816	0.163 **
肢体残疾者辅具效果		效果一般				
	不用肢残辅具		2.058	7.831 *	−0.754	0.470 *
	效果很好		1.805	6.081 a	0.347	1.415
	效果好		1.980	7.242 a	−0.647	0.524 a
对数似然值	1490.917					
卡方值	570.908					
自由度	66					
模型拟合度显著性	0.000					
Nagelkerke R^2	0.364					
预测准确率	67.9%					

注:很少参加社区文化生活组别作为参照组。

(1)以60岁及以上残疾人为参照组,18—23岁和30—35岁两个组别的残疾人"从不参加"社区文化生活的可能性较低,其 OR 值分别为0.110、0.176,皆达极其显著水平,说明这两个年龄组别比较积极地参加社区文化生活。54—59岁残疾人从不参加社区文化生活的可能性较高,OR 值为1.937,达显著水平。54—59岁残疾人身体机能开始比较明显地衰退,这会影响他们参加公共生活;60岁以上残疾人在身心方面适应了老年生活,较54—59岁残疾人组别从不参与社区生活的可能性有所回落,但是从不参与的可能性总体上仍然处于高位。

(2)以"由于其他原因未就业"的残疾成年人为参照组,就业的残疾成人经常参加社区文化活动的 OR 值为0.532,达显著水平。就业者"经常参加"社区文体活动的可能性较低,应该与他们闲暇时间较少有关系。未工作残疾成人的第三、第四类即料理家务组和无劳动能力组经常参加社区文化活动的 OR 值为0.391、0.447,亦均达显著水平。料理家务者经常参加社区文化活动的可能性较低,主要因为闲暇时间较少,具有家庭内卷的生活观。对社会的疏离感,妨碍其走进人群,参加社区文化生活。无劳动能力的残疾人则主要因为残疾程度较重,需要有人帮助才能进行空间移动或克服信息障碍;他们自卑心理重,对残疾身份具有羞耻感,担心走出家门会遭受外界的冷遇,社会融合度低。

(3)以对城镇社区无障碍设施感到"满意"的残疾人为参照组,非城镇残疾人从不参与社区文化生活的可能性降低,OR 值为0.568,达极其显著水平。在本研究的样本中,农村残疾成人就业率(15.9%)低于城镇残疾成人的同类比例(18.6%),其就业率在户口维度上具有较显著的差异($x^2 = 4.734$,$df = 2$,$p = 0.094$①),因此农村残疾成人的闲暇较多;且农村总体上是熟人社会,农村邻里之间人际关系较密切,低层住所又便于行动困难者出门参加村里的文化活动,农村在社区之外的文化生活渠道较少,这些原因有助于减少农村残疾人从不参与社区文化生活的可能性。② 对社区无障碍设施感到"非常满意"的城

---

① 自由度为2、显著值为0.1时的卡方临界值为4.61。4.734>4.61,0.094<0.1,在 $p < 0.1$ 的水平上卡方检验通过。

② 笔者另外根据农业/非农业户口因素对残疾成人和其社区文化生活参与频率进行了列联分析,结果显示:持农业户口的残疾成人经常参加社区文化的比例(10.5%)高于持非农业户口的残疾成人的同类比例(9.0%),而持农业户口的残疾成人从不参加社区文化的比例(36.4%)低于非农业户口残疾人的同类比例(41.9%),未达显著差异。这和城镇/非城镇残疾成人参加社区文化生活的频率列联分析结果既有联系,也有区别,因为有些持农业户口的残疾成人实际上生活在城镇。对于本研究而言,实际居住地比户籍更有研究价值。

镇残疾成年人从不参与社区文化生活的 OR 值为 0.441,达显著水平,说明良好的无障碍环境有助于残疾人参与社区文化活动。

(4)关于社区服务,有三个方面因素值得注意。首先,以一年内接受过社区教育文化服务的残疾成人为参照组,未接受任何社区服务的残疾人经常参加社区文化服务的可能性低($OR = 0.019$),而从不参加的可能性高($OR = 12.012$),皆达极其显著水平,说明社区文化服务供给量对于残疾人参与社会文化生活具有显著影响。"曾接受社区文教之外服务的残疾人"经常参与社会社区文化服务的可能性较低($OR = 0.181$),而从不参加社区文化服务的可能性较高($OR = 2.489$),皆达显著或较显著水平。其次,以一年内接受过社区知识普及的残疾成年人为参照组,一年内接受过知识普及之外的社区其他服务的残疾人从不参与社区文化活动的可能性较高, OR 值为 4.090,达极其显著水平。再次,以一年内未参加社区法律宣传的残疾人为参照组,参加过法律宣传的残疾人从不参加社区文化服务文化生活的可能性较低, OR 值为 0.289,达极其显著水平。

(5)关于康复服务,有两个层面五个具体因素值得注意。首先,整体地看,近一年内接受过康复治疗训练和心理疏导是两个有效的影响因素。以近一年内接受过康复治疗训练为参照组,近一年内未接受康复治疗训练组从不参加社区文化服务的可能性较低, OR 值为 0.690,达显著水平。后者总体上已度过了急性康复期或者近一年内没有迫切的康复需要,因此"从不参加"社区文化生活的可能性较小。以近一年内接受过心理疏导为参照组,近一年内未接受心理疏导组"经常参加"社区文化生活的可能性较低, OR 值为 0.567,而"从不参加"社区生活的可能性较高, OR 值为 2.101,皆达极其显著水平。换言之,近一年内接受过心理疏导的残疾成人感受到自身的心理健康需要并寻求了专业指导加以应对,心理健康需要得到及时应对提升了其参加社区文化生活的可能性。

其次,分类别地看,视力、言语、肢体类残疾人的康复辅具使用效果对其社区文化参与显示为有效的影响因素。第一,以视力辅具使用"效果一般"的残疾人为参照组,不使用视力辅助器具的残疾人(他们大多为非视力类残疾人)从不参加社区文化服务的可能性较低,OR 值为 0. 305,达显著水平。视力辅具使用效果较好的残疾人从不参加社区文化服务活动的可能性也较低,OR值为 0. 275,达显著水平。这说明视力障碍程度重以及效果不理想的康复器具对于社区文化活动参与具有负向的预测作用。与回归分析形成印证的是:列联表分析显示,视力残疾人经常参加社区文化生活的比例低于残疾人的总体参与度(10. 2%);视力残疾人从不参加社区文化生活的比例(43. 4%、41. 7%)高于总体比例(37. 6%),且均达显著差异。第二,以言语残疾类会话交流"效果一般"为参照组,由非言语类残疾人(1401 人)以及不用会话进行交流的言语残疾人(78 人)构成的"其他跳过"组别从不参加社区文化活动的可能性较低,OR 值为0. 268,达极其显著水平。言语残疾类会话交流"效果好"的残疾人从不参与社区文化生活的可能性较低,OR 值为 0. 163,达显著水平。第三,以使用肢体类辅具"效果一般"的残疾人为参照组,不使用肢体辅具的残疾人经常参加社区文化活动的可能性较高,OR 值为 7. 831,而从不参加社区文化活动的可能性较低,OR值为 0. 470,皆达显著水平。使用肢体辅具"效果很好"和"效果好"两个组别的肢体残疾人经常参加社区文化活动的可能性也较高,OR 值分别为 6. 081 和7. 242,皆达较显著水平。辅具使用"效果好"组别的肢体残疾人从不参加社区文化活动的可能性较低,OR 值为 0. 524,达较显著水平。

三、基于结论的对策思考

基于 CDPF 全国残疾人状况监测的江苏数据进行状况分析,结果表明:10. 2%的江苏残疾成人经常参加社区文化生活,比全国残疾人的同类参与度高 2 个百分点;52. 2%的江苏残疾人很少参与社区文化生活;37. 6%从不参与社区文化生活。多元 logisitc 回归分析结果显示,残疾成人参与社区文化生活的主要影响因素包括如下五个方面。(1)残疾人的年龄是有影响作用的人口因素。较之 60 岁及以上的残疾人,54—59 岁残疾人从不参加社区文化生活的可能性较高。(2)在未就业原因方面,以"其他原因导致未就业"为参照,料理家务组和无劳动能力的未就业残疾成人经常参加社区文化活动的可能性低。(3)城镇社区无障碍设施满意度亦为影响因素。以对居住地的城镇社区无障碍设施感到"满意"的残疾人为参照,非城镇残疾人以及对社区无障碍设施感到"非常满意"的城镇残疾成人从不参与社区文化生活的可能性低。(4)残疾人身心康复状况、视力与肢体辅具使用效果以及言语残疾人使用会话交流的效果也显著影响残疾人参与社区文化生活。以近一年内接受过康复治训为参照组,近一年内未接受组从不参加社区文化服务的可能性较低;以近一年内接受过心理疏导为参照组,一年内未接受心理疏导组经常参加社区文化生活的可能性较低;视力障碍程度重以及使用视力类康复器具效果不理想对于残疾成人参与社区文化活动具有负向预测作用;言语残疾类会话"效果好"的残疾人从不参与社区文化生活的可能性较低;不使用肢体辅具的残疾人经常参加社区文化活动的可能性较高,而从不参加社区文化活动的可能性较低;辅具使用效果好组别的肢体残疾人从不参加社区文化活动的可能性较低。(5)教育文化、知识普及、法律宣传方面的社区服务对残疾人参与社区文化生活亦影响显著。一年内未接受任何社区服务的残疾人经常参加社区文化服务的可能性低,而从不参加的可能性高;参加过法律宣传的残疾人从不参加社区文化服务文化生活的可能性较低。提供教育文化、知识普及类社区服务内容总体上有助于正向预测残疾成人参与社区文化生活的状况。

上述影响因素分析揭示的主要问题背后固然存在经济社会发展水平等宏观原因。有研究者从宏观视角提过对策,"要确保弱势群体的文化权利,政府必须加大公共文化服务资源向弱势群体倾斜性配置,构建专业化、社会化的服务供给模式,坚持服务为本的逻辑,构建弱势群体的参与机制"。① 同时,残

---

① 胡杨玲、周林刚:《弱势群体公共文化服务体系建设研究——基于残疾人公共文化消费状况的调查》,《经济社会体制比较》2012 年第 1 期。

联、社区、残疾人自身、家庭、志愿者如果形成合力应对其他中观、微观影响因素,不仅与社会化的残疾人工作取向相吻合,而且将更有助于提升残疾人文化权利在社区的保障水平以及其精神生活、物质生活品质。

（一）以公共服务标准化建设促进各年龄段残疾人平等参与社区教育文化生活

54—59岁的残疾人处于生命周期的转折阶段,是文化权利保障情况最薄弱的残疾人群体,需要得到社会支持,才能较好地实现自己的文化权利。面对不同年龄层次残疾人的文化需求特点,社区（村）应在政府的支持下,推动残疾人基本公共服务的标准化建设。有研究者从宏观视角提过对策,"各级政府应依循公益性、公平性和公共参与性等原则,逐步建立起'结构合理、发展平衡、网络齐全、产品丰富、运营高效、服务优质、覆盖全社会'的公共文化服务体系,切实保障和实现广大人民群众的基本文化权利"[1]。具体到确保弱势群体的文化权利,"政府必须加大公共文化服务资源向弱势群体倾斜性配置,构建专业化、社会化的服务供给模式,坚持服务为本的逻辑,构建弱势群体的参与机制"[2]。政府可以协调有关部门,根据已有法律法规赋予残疾人的权利以及各地发展水平,制定社区为残疾人提供基本公共服务的刚性下限标准和操作指南,以减少残疾成人所接受社区公共服务的随意性和在年龄维度上的不平衡性。

（二）在加速时代中注意协调活动时间以防止城镇残疾人的相对教育文化贫困

从城镇和非城镇残疾人社区文化生活参与状况的对比来看,需要重视防

---

① 曹爱军、杨平著:《公共文化服务的理论与实践》,科学出版社2011年版,第69页。

② 胡杨玲、周林刚:《弱势群体公共文化服务体系建设研究——基于残疾人公共文化消费状况的调查》,《经济社会体制比较》2012年第1期。

止城镇残疾人的社区文化相对贫困。城镇社区应有意识地把一些文化活动安排在节假日，以使有些残疾人不至于因时间冲突而无法参加社区文化活动。罗萨所分析的科技加速、社会变迁加速和生活节奏加速三种形式的社会加速在城镇比在农村更明显。无劳动能力组中有些人的残疾程度重，属弱势中的弱势，需要发动家庭内外的志愿者协助其解决行动障碍、交流障碍等问题，提升社区泛在教育活动对其的可及性。而城镇居民、志愿者一般兼有"工作人士"或"大学生"等身份，在自身本职工作和学习中必须面对加速社会的高竞争压力等问题，对自然时间的可控性并不是无差别的，在节假日中时间自由度相对较大。城镇社区如能将泛在教育活动安排在节假日，则与潜在社会支持者的加速化时间表会较为匹配。

（三）通过叙事等民间心理学机制构建社区的多元融合空间

对于平日料理家务的"未就业"残疾人，社区泛在教育工作者可开发日常生活关怀项目，从探讨生活技能等令其感兴趣、有共同语言的主题入手进行叙事交流，建构具有"我们感"的心理场。泛在教育学倚重民间心理学，而民间心理学是通过叙述的形式表达的，叙事是强有力的民间心理学工具。人们需要读懂他者之心，并且相应地做出自己的行为调整，使参与其中的残障人士淡化自卑心理，乐于走出家门，增加社会融合度，丰富精神生活。"我心"（my mind）与"他心"（the other mind）是民间心理学讨论的焦点。只有通过叙事，人们才可以建构个体身份，并在一定文化中获得自己的位置。[1] 唯其付诸此类行动，社区才能真正成为多元意义上的融合空间，不只是每位来访者平等可及的物理空间，也是异质开放的社会空间，更是有效关心残障人士的伦理空间。在物理空间方面，鉴于城镇社区无障碍设施对于残疾人文化生活权利保障的影响作用，残联、社区等应更加重视残疾人生活圈的无障碍设施建

---

① 周作宇：《民间教育学：泛在的教育学形态》，《教育研究》2021 年第 3 期。

设与改造。

(四)提升法律宣传等社区教育服务的供给质量

社区法律宣传不仅有助于残疾人了解文化权益等方面的法律知识,还能够提升其对文化权利意义的理解,增强法律权利主体意识,从而有助于提升其社区文化生活参与度。在社区法律宣传中,还应明确公民助残责任,提高全社会尊重残疾人基本权益的意识。目前,我国社区的残疾人法律宣传等文化服务供给总体处于半自发水平,有待借鉴国内外的先进经验,结合本地实情,做好顶层设计,着眼长远,分步落实,不断优化功能设计、资源开发、社会合作、科学管理,以满足我国公共文化服务体系建设的需要,更好地保障残疾人的文化生活等权利。

(五)理性看待身心康复促进残疾成人参与社区教育文化生活的作用与阈限

康复治疗和心理疏导虽然占用残疾人一定的时间精力,但有益于调节其身心状况,长期看来都有助于其参加社区文化生活。关于辅具及其使用效果的分类研究显示,视力、言语、肢体残疾人对社区文化生活的参与度与残疾人的总体参与度相比显著偏低;如果辅具使用效果不佳,总体上不利于以上类别残疾人参与社区文化生活。鉴于此,一方面,各级卫生、保险、残联等部门以及残疾人自身应重视康复与辅具适配;另一方面,由于残疾成人总体上已经过了康复关键期以及有些辅具的性能还有待提升,康复能起到的客观效果终归还有限度的。社区应该认真回应残疾人的特殊需要,例如,做好无障碍设施的建设、改造与维护工作;还可以联手各类残疾人协会开发适应各类残疾人的文化生活资源,包括以信息无障碍形式呈现的文化资源,助力教育文化扶贫。

第三节　残疾人社会泛在教育与
反贫困的省域研究

本章前两节对残疾人社区泛在教育进行了量化研究。残疾人享受公共性、半公共性的社会泛在教育文化服务,不只限于社区。在量化研究的数字背后,在更广阔的社会场域有着哪些鲜活的、具有可推广价值的事实? 本节以残疾人泛在教育先进省份的代表江苏省为例,深描残疾人社会教育省域样态,分析政府、残联、志愿者团体及残疾人自身何为,尝试提炼值得推广的经验与规律。

一、高端与基础并重

近年来,江苏省对国内外残疾人文体赛事与群众文体活动、文化创业并重,在高端与基础两个层次上着力丰富残疾人的文化生活,提升了诸多残疾人的文化成就感与幸福感,卓有成效地保障了广大残疾人的文化权利。这不仅起到了精神反贫困作用,还关涉残疾人的就业和经济反贫困。

在高端层面,江苏省积极落实我国《残疾人保障法》(修订版)之《文化生活》一章第四十一条和四十三条的相关内容,“人民政府和有关部门鼓励、帮助残疾人参加各种文化、体育、娱乐活动,积极创造条件,丰富残疾人精神文化生活”,“政府和社会采取下列措施,丰富残疾人的精神文化生活:……举办特殊艺术演出和残疾人体育运动会,参加国际性比赛和交流”。中国体育代表团获得伦敦残奥会金牌榜、奖牌榜第一名,其中江苏省残疾运动员斩获 18 枚金牌、30 枚奖牌,创出江苏省残疾运动员的残奥会境外参赛最佳成绩。江苏省残疾人体育事业发展成果在国际最高赛事上得到全面展示,背后是多年来潜心创建的一整套残疾人体育服务体系:占地面积达 200 亩的江苏省残疾人体育训练基地,江苏省体育局训练中心的及时支持,世界顶级残疾运动员退役后留队执教,高水平的安全保卫、后勤保障,全方位的优化服务共同保证了残疾人运动员在残奥会为国争光,展示体育才华和生命风采。训练基地的残疾人运动员作为职业选手有固定底薪,能远离贫困,此外斩获重大奖项会获得额外的相应奖金。

江苏省曾成功承办第四届全国残疾人职业技能竞赛,各地的残疾人能手现场展示美术创作、艺术设计、插花,带给人们文化之美的享受,为残疾人文化创造力提供了很高的展示舞台、交流平台,开拓了广大残疾人的视野和文化想象力,有益于他们找到与己匹配的文化生活方式和内容。在这次技能竞赛中,江苏省代表团以 12 枚金牌位居榜首。技能竞赛闭幕式由笔者和江苏卫视"金话筒"得主张晓北先生共同主持,也折射出残健融合、和谐发展已成为一种常态化的残疾人工作思路。扬州、常州、南京、无锡等地携特殊艺术精品参加颁奖晚会,颁奖晚会本身成为文化盛事,精彩纷呈的残疾人文化节目彰显出各地残疾人追求超越的意识与努力。

在基础层面,江苏省重视群众文化娱乐休闲活动,隆重举办残疾人文化活动周、文化活动月。这激发了残疾人参与文化生活的热情。南京市肢残协会的能人们组织了阳光杉林残疾人文化队,每周定时定点进行歌咏和柔力球活动,吸引了近百名残疾人积极参加。歌咏活动提升了残疾人的文艺素养,残疾人柔力球队还应邀在首届全国柔力球大赛开幕式上进行了精彩展示。

二、专门机构扶残与全社会助残互补

江苏省各级残联作为扶助残疾人的专门组织,紧扣加快推进残疾人服务体系建设的工作要点,拓展对残疾人的文化服务,在文化扶残方面创新求效。其文化扶残工作的着力点包括:法律宣传,明确公民助残责任;博爱争创,引领助残风尚拓展;残友展示,助推残健理解交流。

法律宣传的第一方略是残联率先切实维护残疾人权益。此外,江苏省各级残联利用残疾人节日宣传残疾人保障法等法律法规,提高全社会尊重残疾人基本权益的意识,为残疾人全面参与文化生活铺平道路;紧密结合社会主义核心价值观建设,在全社会大力弘扬人道主义思想和中华民族传统美德,培育人人尊重、理解、关心、帮助残疾人的良好社会风尚。

残联的扶残工作向基层延伸,建立了深入城乡社区的残疾人专职委员队伍,为手语、盲文译员设置了专业技术职称评审的序列,各种服务向基层倾斜。残联开展了博爱城市、博爱社区、博爱楷模争创活动,努力倡导现代化的残疾人观,打造残疾人社区文化平台,走融合式的社区发展之路。无锡市滨湖区成立了残疾人服务中心,综合开展残疾人文化活动。残疾人文化进社区,增加了社区文化资源对残健使用者的可及性,能就近满足残疾人的文化需求。江苏省30个国家和省级"文化进社区"试点单位普遍利用社区公众活动场所,依托现有场所,广泛开展丰富的残疾人群众文体活动,保障残疾人的休闲娱乐权利。

江苏省各级残联及残疾人协会组织搭建平台,鼓励残疾人走出去,加大残疾人的社会可见度,促进残健交流与理解,为引导社会助残营造氛围。第21个全国助残日活动,江苏省共组织183场才艺表演、文艺演出,媒体的一千多次报道更放大了社会教育的效应。关于"平等·参与·共享"现代残疾人观的宣传激起了民间巨大的能量。

江苏省这些举措有效地提升了社会助残的广度与深度,塑造了全社会助残的浓厚氛围,激发社会各个方面多形式的助残活力,对残疾人文化事业发展起到了滋养和托举作用,提升了残疾人文化产品的层次。社会慈善活动补充了保障残疾人文化生活权利的资金。

江苏省目前已有数十万志愿者,受助的残疾人达到百万人次。助残志愿者们利用网络平台,从被动服务转为主动文化服务,从个别服务提升为项目服务,从自发摸索助残经验到主动交流分享学习。在公益志愿者组织内,稳定与流动的志愿者皆有,流动的志愿者又把助残的经验与热情向更远处播撒。有些志愿者团队在网上主动告知近期的助残项目,欢迎残友们报名结对,帮助数十位江苏残疾人"圆梦北京""圆梦草原",饱览了祖国的壮丽河山和悠久文化。随着社会助残蔚然成风,残疾人文化团体也敢于主动谋求与社会公益资源的对接,在资金、文化人才、场地等方面得到很多宝贵支持。

江苏省各级残联注重依托特殊教育学校,以准服务外包等形式与专业文艺工作者联袂打造残疾人精品文艺节目。专业文艺工作者对残疾人群体进行观察、采风,结合残疾人的身心特点酝酿思路,创作出优秀的作品,主题凸显残疾人的自强精神、自我超越,内容设计向残疾人倾斜,并在残疾青少年中培养了文艺骨干,进行了文艺人才的储备。残疾青少年主演的"桥墩"等多个文艺精品在全国残疾人文艺汇演中获奖,使残疾学生们在舞台上培养并展现自己的文化自信,丰富了他们的精神世界,起到了锻炼人、感染人、鼓舞人的作用。江苏省很多市都拥有高水平的残疾人文艺保留节目,并不断开拓创新,为全省残疾人艺术巡演以及建设残疾人文化产业基地、国家级残疾人艺术培训基地打下了坚实基础。

弘扬慈善文化,是推动社会保障残疾人休闲娱乐之文化权利的又一有力抓手。江苏省残疾人福利基金会帮助残疾人文化需求与社会潜在供给进行快速对接,使一些社会机构加入了助残队伍。有关企业向全省残疾人发放三万张网上免费读书卡,江苏省出版行业向全省"农家书屋"捐赠残疾人读本,几乎零成本地盘活了现有文化资源,满足了许多残疾人的精神文化需求。南京等地的爱心人士为九洲残疾人文化艺术中心提供了大量资助,使近200位残疾文艺爱好者得偿心愿,有机会接受声乐和器乐的教育,圆了自己追求文化艺术的梦想。被誉为全国"志愿者之乡"的江阴,基于"全民、廉洁、公共"三大理念,通过"自愿捐""日常捐""冠名捐"等多种方式有机结合,在全市营造"人人关心慈善、人人参与慈善"的社会氛围。全市各级机构接收捐款近年来每年逾十亿元,基金盘子逐年增大,已设立各类基层慈善组织数百个。其中一些资金使残疾人得以更好地享受休闲娱乐权利。

三、受助、自助与教育文化自强融合

残疾人较好地享有休闲娱乐的文化权利,以至于残疾人文化事业的整体繁荣,都离不开政府的支持、残联的推动、社会热心人士的帮助。同时,残疾人在文化生活、文化科技创造等方面不只是受助者,这个群体一直在积极自助自强。

在健全人志愿者精神的感召下,江苏省残疾人娱乐休闲团体成立了自身的服务组,轻残帮重残,在交通工具、场地布置、学习交流方面相互关心扶助。九洲残疾人文化艺术中心在社会资助下,使数百名残疾人文艺爱好者终能学有所长。这些残疾学员们又组织起来,用自己的文艺积累投身于"九洲行"文艺交流巡演活动,去特教学校看望鼓励残疾儿童,向社会募捐帮助弱势群体。

与休闲娱乐权相似,文化创造权是受我国法律保护的残疾人文化权利的组成部分,也是诸种文化权利中一种非基础性的权利。江苏省将保障残疾人的文化创造权与促进就业相结合,重视扶持残疾人进行文化创业。各地通过资金扶持、政策扶持,积极建设残疾人文化创业孵化基地和残疾人见习基地。常州市武进区建立了残疾人油画创业基地,常州市还依托"留青竹刻""十字绣"等产品在西林街道成立了"西艺坊"暨残疾人创业就业基地,成为广大残疾人文化创业的舞台,也成为残健居民陶冶情操的文化家园。南京市秦淮区成立了"残疾人就业创业实训基地",以兰翎就业创业园为依托,集技能培训、介绍就业和扶持创业为一体,主要面向全市各类残疾人,开展麦秆画、风筝、面塑、纸艺画等免费实训项目,同时实行产品回收和销售"一站式"服务,使出行不便的重度残疾人在家也能实现文化创业的梦想,同时实现了自己的文化创造权利。

近年来,江苏省残疾人的文化自强又取得新进展,有效地推动着残疾人实现文化创造权利。自幼双目失明的肖毅,在母亲吟诵古今名著的读书声中受到丰厚的文化滋养,出版了中国第一部盲人诗集《我听见了花开的声音》。聋

人青年何留在父母和母校的支持下成为艺术设计的行家里手,荣获"江苏省技术能手"称号。何留坚信"任何事都是从一个决心、一粒种子开始的"。他通过多年积累,现已自创文化公司,带领多位残疾员工共同实现职场成长,该企业如今已有很好的市场美誉度。南京工业大学的陆小华教授自幼患小儿麻痹,四肢不同程度受到影响。三十年不屈的奋斗使他成为我国化学专业的著名专家、"长江学者"、院士候选人,在国际化学研究界享有盛誉。2009年这位"长江学者"作为"超细耐磨钛酸盐纤维制备新技术及其应用"项目的第一完成人,荣获国家科学技术发明二等奖。"幸运受助"与自助自强,成为陆小华教授攀登科技文化天梯的双螺旋,贯穿高考录取、大学求学、国外访学、科研创新的每一阶段。2011年,当他作为化工热力学领域国际学术大会主席作精深的学术报告时,他同时展示的是以人为本、平等和谐的中国文化软实力。

　　这里结合笔者对陆小华教授的访谈,略作延伸分析。陆教授的高端文化权利保障也受益于融合教育经历。他年少时性格属安静内向的类型。他最初随班就读时,有些同学很没礼貌地给他起绰号,弄得他很不愉快,感到学校生活不是他所期待的那样。他的母亲很有远见地用"反陌生化的方法"训练他,适应环境、超越自我。此外,母亲还引导他选择安静的同学培养起友谊,加之他儿时成绩非常优异,乐于在学业上帮助健全同学,逐渐全方位地融入了随班就读的学校教育环境。由此可见,残疾人在学校这个小社会里学习了解他人、接触社会、调整自我是多么重要。

　　由此可见,随班就读、全纳教育不可能是纯一的理想型。成人社会存在的歧视等现象会折射到儿童社会中去,加之儿童天性中尚未教化的粗糙之处,肯定会让残疾儿童在随班就读过程中遇到一些不如意之处。既然这些现象不可能像蛛丝般轻易抹除,那么如果换个角度看,倒或许能提供一些"教机"。如果教师或父母能很好地引导特殊需要儿童,就能够帮助他们对学校和社会上的某些现象形成免疫力,形成自信、豁达、富有宽容心的人生态度。青少年具有很强的可塑性,所以在他们获得知识成长的同时,也要抓住青少年社会化的最佳时期,完成人生最初的修炼,形成对于他人和社会的融合心态,也包括对于人类缺憾的悲悯情怀。在压力之下保持优雅的能力,同样需要在生活中磨炼,并非从自然成熟中得来。只有这样,才能更好地为残疾人的幸福奠基,为日后在社会场域中充分实现文化创造等文化权利打下坚实的基础。

本章运用 CDPF 残疾人状况监测数据对残疾儿童、残疾成人的社区泛在教育进行专题实证研究,明确影响因素之后,进行了具有针对性、科学性和加速时代特征的对策研究,有助于为有效干预提供可靠依据,更好地实现泛在教育的积极功能以助力反贫困。此部分结论表明,残疾成人社区泛在教育的影响因素与残疾儿童存在较大区别,印证了对于成年与未成年残疾人分别进行相当研究的必要性。本章最后一节结合有推广价值的典型案例研究了残疾人的社会泛在教育及其所受的社会支持。本书第二章至第五章以残疾青少年为主要研究对象,分析教育起点、基础教育、职业教育、社会教育与反贫困之后,下一章以残疾成人为主要研究对象,探讨高等教育——尤其是研究生教育——与"人的二重性"①意义上的残疾人反贫困。

---

① 鲁洁:《实然与应然两重性:教育学的一种人性假设》,《华东师范大学学报(教育科学版)》1998 年第 4 期;邹广文、华思衡:《论实现残疾人共同富裕的双重意蕴》,《残疾人研究》2022年第 3 期。

第六章　基于南京师范大学实验的残疾人研究生教育反贫困研究

社会学家彼得·M.布劳在《不平等与异质性》(1977年)一书中①提出了定理32(T-32):在劳动分工的发达阶段,劳动分工的增多会减小教育和资格上的不平等。其依据是,下层的向上流动会减少不平等,且发达的劳动分工会减小不需较高教育背景工作的劳动人口比例。发达的劳动分工要求更多较高教育的劳动力,从而刺激人们获得更多的教育。近十年来,世界许多国家高等教育由精英化到大众化再到普及化的迅猛发展印证了布劳的判断。然而,基于优绩主义价值观,20世纪80年代以来伴随着高等教育的普及,现代社会不是更加平等而是加剧了不平等。我国高等教育普及化的主要特点表现为普通高校学生构成的单一化以及地区间高等教育入学率增长的不平衡。②"现代社会要实现从'富裕社会'到'共同富裕社会'的转型,高等教育需要摆脱对优绩主义的迷思,以共同利益为基石重新定位。现代社会需要通过适度的精英主义把最有能力、最有资格的人筛选和培养出来,但也要确保社会的公平正义。"③大

① ［美］彼得·M.布劳:《不平等与异质性》,王春光、谢圣赞译,中国社会科学出版社1991年版。转引自綦淑娟:《布劳:〈不平等与异质性〉》,载谢立中主编:《西方社会学名著提要》,江西人民出版社2007年版,第313页。

② 胡建华:《高等教育普及化的中国特点》,《高等教育研究》2021年第5期。

③ 王建华:《高等教育中优绩主义为什么会失败》,《苏州大学学报(教育科学版)》2022年第4期。

众学历层次的普遍提升对于残疾人教育反贫困而言挑战与机遇并存。《第二期特殊教育提升计划》明确要求"完善特殊教育体系","到 2020 年非义务教育阶段特殊教育规模显著扩大",其中的一个重点任务即是"稳步发展残疾人高等教育"。"特殊高等教育改革发展步伐需进一步加快",这是我国当前融合教育发展的重要使命。① 有学者"通过建立基于影响残疾人高等教育区域布局的经济、科技、文化、人口和高等教育五大因素的联立方程模型,测算出我国残疾人高等教育布局的协调性数值,运用统计控制过程技术计算出警戒线,对近五年来我国残疾人高等教育区域布局的不协调程度进行判断。实证研究结果显示:当前我国残疾人高等教育区域布局的协调性程度可分为非常领先、比较领先、基本协调和发展滞后四种态势,部分'领先'省市存在潜在的不协调问题,但目前总体呈现出日渐优化的演进趋向"②。

近年来,在上述教育政策的推动下,学者们结合德国、加拿大、美国、英国、土耳其、南非等国的相关教育实践,研究了残疾人高等教育的国际经验③,也有学者进行了中外残疾人高等教育比较研究④。其中,有学者指出,"土耳其已经形成了以残疾人高等教育公平为目标导向,政府、大学、社会机构等多元

---

① 李天顺:《新中国特殊教育 70 年》,《中国特殊教育》2019 年第 10 期;张兴华、张玉龙、刘芳、王朝荣:《新时代残疾人高等教育的新使命》,《中国高等教育》2018 年第 20 期。

② 李欢、汪甜甜:《我国残疾人高等教育区域布局协调性的实证研究》,《中国特殊教育》2018 年第 8 期。

③ 郑璐:《加拿大高校特殊学生群体服务方式研究》,《黑龙江高教研究》2020 年第 11 期;武学超、罗志敏:《南非高等全纳教育体系构建及启示——〈残疾人中学后教育与培训体系战略政策框架〉述评》,《中国特殊教育》2019 年第 4 期;杨滢:《土耳其推进残疾人高等教育公平的举措及启示》,《中国特殊教育》2019 年第 4 期;廖菁菁:《从全纳到高质量:日本残疾人高等教育的新进展及启示》,《外国教育研究》2018 年第 5 期;黄志军:《英国高校实施全纳教育的背景及典型经验》,《中国特殊教育》2018 年第 3 期;房风文、张喜才:《澳大利亚促进残疾人接受高等教育的举措及启示》,《中国特殊教育》2018 年第 2 期;张悦歆:《联邦德国高等全纳教育的现状、支持模式及启示》,《中国特殊教育》2015 年第 10 期;张蔚然、石伟平:《如何发展残疾人职业教育——美国社区学院的经验与启示》,《中国职业技术教育》2019 年第 22 期;滕祥东、任伟宁、陈瑛华:《实施残疾人高等教育教师资格制度——美国经验及启示》,《北京联合大学学报(人文社会科学版)》2017 年第 2 期。

④ 邱鸪:《中美残疾考生考试合理便利措施的比较分析——以普通高考和 ETS 考试为例》,《中国特殊教育》2018 年第 1 期。

主体协同合作,共同实现土耳其残疾人高等教育公平的格局。土耳其残疾人高等教育公平事业的举措,可启示我国政府应做好顶层设计,进一步完善法律法规;我国高校应深化对残疾人高等教育公平的理解,为残疾学生提供教育支持;社会力量应积极参与残疾人高等教育公平建设"①。"英国高校残疾学生补贴制度的变化和《2010 权利平等法案》的颁布,直接推动了近年来英国高等全纳教育的实施。剑桥大学以残疾学生资源中心的建设为依托,为残疾和有特殊需要的学生提供服务,同时为教师的教学提供支持;德蒙福特大学积极落实通用学习设计(UDL)理念,通过多种措施满足残疾和有特殊需要学生的需求。促进平等是英国高校实施全纳教育的宗旨。英国高校实施全纳教育的典型经验可以归纳为:法律法规作为重要依据,福利制度作为经费保障,专门组织作为重要桥梁,精细服务作为具体依托。"②

此外,研究者们从残疾人高考、特殊高等教育师资培养、计算机辅助教学、教育改革、社会支持、网络资源、心理资本等视角,对我国残疾人高等教育进行了多方位探讨③,其中有很多真知灼见。例如,有学者研究指出,"高校的学业

---

① 杨滢:《土耳其推进残疾人高等教育公平的举措及启示》,《中国特殊教育》2019 年第 4 期。

② 黄志军:《促进平等:英国高校实施全纳教育的背景及典型经验》,《中国特殊教育》2018 年第 3 期。

③ 边丽、张海丛、滕祥东、徐娟:《我国残疾人高等教育单独招生考试现状与改革建议》,《中国特殊教育》2018 年第 5 期;王振洲:《我国高校残疾人招生考试政策的历史、现状及趋势》,《残疾人研究》2019 年第 3 期;李欢、汪甜甜:《我国残疾人高等教育区域布局协调性的实证研究》,《中国特殊教育》2018 年第 8 期;王琦、廖娟、李长安、彭刚:《人工智能背景下基于特教专业的大学联盟构建》,《残疾人研究》2018 年第 1 期;蔡翩飞:《残障大学生的教育支持:问题、影响因素及提升策略》,《当代青年研究》2017 年第 4 期;滕祥东、任伟宁、边丽、朱琳:《残疾人高等教育院校教师专业标准框架研究》,《中国特殊教育》2017 年第 2 期;张悦歆、栗敬姗、钱志亮:《高校教师对高等全纳教育的态度研究》,《教育学报》2017 年第 3 期;汪海萍、赵伟时:《上海市残疾人高等融合教育支持服务的初步实践》,《残疾人研究》2017 年第 1 期;雷江华、罗ச典、亢飞飞:《中国高等融合教育的现状及对策》,《残疾人研究》2017 年第 1 期;张豫南、周沛:《"网络资源—综合赋权":残障大学生高等融合教育支持研究——基于高等融合教育试点的双案例分析》,《中国特殊教育》2022 年第 3 期;蔡翩飞、余秀兰:《高校的学业支持与残障大学生的学习参与》,《青年研究》2022 年第 2 期;蔡翩飞、余秀兰:《残障学生大学学习经历的重新解读——基于心理资本的认知框架》,《中国特殊教育》2019 年第 1 期。

支持主要包括关怀支持、学习支持与校园环境支持。当残障大学生产生需求且所在高校能满足这些需求时,学业支持会对其学习参与产生正面影响;当学业支持和残障大学生需求不匹配时,学业支持对其学习参与可能不会产生影响,甚至产生负面影响;学业支持对残障大学生学习参与的影响有其相应的心理机制"[1]。滕祥东等指出,"近年来我国残疾人高等教育持续发展,残疾人接受高等教育的需求不断扩大,凸显残疾人高等教育教师队伍发展面临结构不合理和整体专业水平不高的问题。美国通过确立特殊教师专业标准、实施特殊教育教师资格制度、允许残疾人高等院校作为用人单位提出个性要求三种方式,共同规范了残疾人高等教育教师发展的学术标准与管理制度,启示我国当前残疾人高等教育应当建立教师专业标准、建立并实施残疾人高等教育教师资格证制度,以促进残疾人高等教育教师的专业发展,提高残疾人高等教育人才培养质量"[2]。不过,这些研究几乎都关涉残疾人专科教育、本科教育,其中似乎未见残疾人研究生教育阶段的探讨。

有学者指出,"平等是残疾大学生接受融合教育和获得就业机会的基础,参与是残疾大学生实现校园与社会融合的途径,共享是开展残疾大学生高等融合教育的终极目标。高等学校有义务为残疾大学生提供适切教育,提升其就业能力和职后生命质量"[3]。汪斯斯等学者[4]"从经济学人力资本的视角出发,对残疾人的教育成本和教育收益进行分析,发现政府在残疾人教育成本中的分担比例不够,经济困难是众多残疾人家庭面临的共同问题。单纯追求经济收益不是发展残疾人教育的主要驱动力,教育也会带来一系列的非经济收

---

① 蔡翩飞、余秀兰:《高校的学业支持与残障大学生的学习参与》,《青年研究》2022 年第2 期。

② 滕祥东、任伟宁、陈瑛华:《实施残疾人高等教育教师资格制度——美国经验及启示》,《北京联合大学学报(人文社会科学版)》2017 年第 2 期。

③ 王娟:《高等融合教育促进残疾大学生就业能力发展路径探索》,《教育理论与实践》2020 年第 9 期。

④ 汪斯斯、邢芸:《人力资本视角下的残疾人教育成本和教育收益分析》,《中国特殊教育》2016 年第 7 期。

益,所以政府投资残疾人教育比资助其一生安逸地生活要更有意义。我们应规范残疾人教育财政投入机制,着力发展残疾人高等教育和加强残疾人教育投资的研究"。已有文献鲜见从教育反贫困视角对残疾人高等教育的研究。

残疾人高等教育对于反贫困的意义不仅在于直接培养残疾学生个体,使其在高等教育普及化的今天借助教育获得较充分的竞争性就业能力,以较强的"可行能力"降低个体陷入贫困或返贫的风险,而且较高层次的残疾人人才培养对于残疾人事业的发展以及社会文明程度的间接推动作用亦不可小觑。因此,高等教育反贫困具有个体意义上的直接反贫困以及社会功能方面的间接反贫困双重价值。有些高等学府培养了一些通晓计算机专业知识的残疾人,他们通过计算机模拟技术开发出更多适合残疾人需要的康复产品,方便残疾人走出窄小的生活圈,融入社会。此外,一些残疾人接受高等教育之后,有幸参政议政,丰富了与会人员的代表性,和健全人共同努力从制度关怀方面落实"四个全面"以及"弱有所扶"社会政策,或者通过参与相关智库研究,共同推进社会的文明进步。他们作为残疾人置身于残健融合的群体中,发挥着类似窗口和桥梁的作用。很多健全人也愿意为残疾人代言,但是残疾人的一些隐痛和不便言说的困难以及有时可能产生的自卑感,使得并非所有残疾人的需求都能为外界顺畅所知。因此,残疾人高等教育对于反贫困而言具有其他层次的教育反贫困所不能起到的独有功能。

非全日制高等教育的社会人才培训也有助于灵活地培养更多的残疾人人才。中国肢残人协会与清华大学近年已开办多期残疾人企业家培训班,更好地拓展了一些残疾人的经营才能,而参训学员的企业一般以较大比例招收残疾员工,能够为更多残疾人提供和其能力、需求相匹配的工作岗位。由于这些企业家本身是残疾人,他们对于残疾人的需求以及常人难以想象的一些困难都有切身的体会、深刻的体察,因而能够制订比较细致可行的方案应对这些困难。他们往往能够做到不多花钱却能解决一些重要的前提性实际问题。例如,有一位残疾人企业主在工厂资金紧张的情况下,依然实现了厂内无障碍环境,实现了我国相关无障碍法规的要求,为更多企业在这方面合法经营作出了榜样。

更多的残疾人能够接受高等教育,会鼓舞和推动基础阶段的残疾人教育。毋庸讳言,高考指挥棒的作用其实始终存在。高等教育如能稳定接收适当比例的残疾人学生,而且使他们有书读、读得好、能就业,便能给基础教育尤其是高中教育带来更大的突破动力,使其更好地发挥教育反贫困作用。以上,本书从教育系统内部和外部、直接和间接等角度阐述了残疾人高等教育反贫困的意义,下文从教师引领、学校支持、学生努力三个方面对残疾人研究生教育进行个案研究。

第一节　公平而有质量的全纳研究生教育之案例研究

——朱小蔓先生培养"中国首位轮椅上女博士"之生命叙事

一、研究背景

推进我国教育改革向纵深发展的关键之一在于进一步提升特殊教育的质量。为此应运而生的《第二期特殊教育提升计划(2017—2020 年)》(以下简称《二期计划》)与党的十九大报告强调的"弱有所扶"等重要教育政策、二十大报告要求的"办好人民满意的教育"具有内在契合性。《二期计划》明确了"完善特殊教育体系,加快发展非义务教育阶段特殊教育,提高特殊教育质量"等重点任务以及"全面推进融合教育"等基本原则。融合教育(inclusive education,亦称全纳教育)是通过增加学习、文化和社区参与,减少教育系统内外的排斥,应对所有学习者的多样化需求并对其做出反应的过程;是生命教育的重要组成部分①。"全纳教育的核心是保障有质量的教育公平。推进全纳

---

① 周满生:《全纳教育:概念及主要议题》,《教育研究》2008 年第 7 期。

教育仍是我国一项最基本的任务"①。《二期计划》"第一次就全口径的残疾儿童少年提出到 2020 年实现 95% 以上的入学率指标",为此必须从"找出来""安置好""强保障""有质量"四个方面开展工作。②《"十四五"特殊教育发展提升行动计划》提出了到 2025 年高质量特殊教育体系初步建立的主要目标:普及程度显著提高,适龄残疾儿童义务教育入学率达到 97%。③ 此教育政策一旦落实,将有助于提升更多残疾青少年的学业水平,使之符合高等教育入学条件,也将对包括全纳研究生教育在内的全纳高等教育提出更高的要求。探索如何提升我国特殊教育的质量和层次,亦需重视吸纳已完成的全纳高等教育实践的经验。这将有助于如上述两个计划要求的那样,以"全面推进融合教育"基本原则落实"加快发展非义务教育阶段特殊教育"之重点任务。

我国高等融合教育处于起步阶段,是"十四五"阶段高等教育有质量的公平发展的新增长点之一。研究生阶段的全纳教育起步晚,有关研究也基本处于空白状态,需要重点突破。作为研究生阶段全纳教育的亲历者、受益者、参与建构者,我感到有责任研究、分享所经历的全纳教育。该教育探索历时数载、涉及给予我关心教导的诸多老师,限于论文篇幅,本研究选取其中一位关键人物朱小蔓先生(我的博士生导师以及申请报考硕士研究生的牵线者)对我的培养过程作为切入点,基于参与式观察、体验、访谈,对朱小蔓先生的全纳研究生教育实践进行生命叙事研究。"生命叙事是指叙事主体表达自己的生命故事。生命故事是指叙事主体在生命成长中所形成的对生活和生命的感受、经验、体验和追求。它包括叙事主体自己的生命经历、生活经验、生命体验和生命追求以及自己对他人的生命经历、经验、体验与追求的感悟等。"④该研究方

① 周满生:《关于"融合教育"的几点思考》,《教育研究》2014 年第 2 期。

② 李天顺:《在〈第二期特殊教育提升计划(2017—2020 年)〉部署会上的发言》,《中国特殊教育》2017 年第 8 期。

③ 《〈"十四五"特殊教育发展提升行动计划〉启动实施》,2022 年 1 月 25 日,http://www.moe.gov.cn/jyb_xwfb/gzdt_gzdt/s5987/202201/t20220125_596278.html。

④ 刘慧、朱小蔓:《生命叙事与道德教育资源的开发》,《上海教育科研》2003 年第 8 期。

法在新教育实验及德育研究中应用较多①,在全纳教育研究中的应用刚刚起步。"为了促进我国的特殊教育研究发展,我国的特殊教育研究者要继续加强特殊教育本土化研究,重视特殊教育教师培养研究"②。国内关于全纳教育、全纳教师的研究主要集中在基础教育阶段,对研究生教育的探讨基本处于空白状态,原因之一在于可供研究的对象和案例均很匮乏。而朱小蔓先生的全纳研究生教育实践时间之长、投入之深以及先生在"职业道德、职业动力、专业素养"等诸方面③每每体现出的职业品质之高尚,使先生很适合作为全纳教师研究的对象。

二、个案所涉师生概况

朱小蔓先生(1947—2020 年)是我国当代教育名家④、情感教育创始人、俄罗斯联邦教育科学院外籍院士、国际知名教育学家,曾任南京师范大学教育科学学院教育哲学方向博士生导师以及南京师范大学副校长、中央教育科学研究所所长等职。朱小蔓先生对全纳教育进行了独到研究和生动践行。她关于全纳教育的研究之精彩不仅见诸系列理论成果⑤,更见诸她亲力亲为的教育探索和带教残疾研究生过程中的生命故事。

我于 2001 年有幸考取朱小蔓先生的博士研究生,在先生和其他相关老师的悉心培育下,2004 年在南京师范大学教育科学学院毕业取得博士学位。我原是健全儿童,八周岁和十周岁时,两次被某三甲医院误诊,导致从十周岁至今双腿瘫痪,从初中一年级开始辍学。在安徽县城家中十年间自学了中学骨

① 朱永新、余国志:《新教育实验的话语研究》,《中国教育学刊》2015 年第 7 期。
② 邓猛、颜廷睿:《西方特殊教育研究进展述评》,《教育研究》2016 年第 1 期。
③ 石学云:《我国特殊教育教师胜任特征模型研究》,《教育研究》2015 年第 4 期。
④ 当代教育名家推选活动组委会:《关于当代教育名家推选结果的公告》,《中国教育报》2017 年 11 月 29 日。
⑤ 朱小蔓:《全民教育全纳化:教师的准备与行动》,《教育学术月刊》2009 年第 7 期;朱小蔓:《让残障儿童也能普享幸福》,《现代特殊教育》2012 年第 Z1 期;朱小蔓:《童心·母爱:永不熄灭的教育精神——纪念斯霞诞辰 100 周年》,《课程·教材·教法》2011 年第 2 期。

干课程和全国高等教育自学考试本科课程。在追寻全纳研究生教育机会的过程中,有了与朱小蔓先生相识、后受教于先生的机缘。

三、研究生全纳教育案例描述

我在博士学位论文的首页上写道:"儿时不得不从校门回到家门,在家自学十年后,得以从家门重进校门。我体验到:没有贴着教育标签的关怀仍然是教育,而融入关怀的教育则是意蕴更丰富的教育、更体现教育性的教育。"[①]帮助我开启重新社会化这一重要成长空间的正是时任南京师范大学副校长的朱小蔓先生。

(一)以大爱开启陌生生命成长空间

初识朱小蔓先生是在 1997 年,那是我因医院误诊双腿瘫痪在家自学的第十年。当时,我即将完成全国高教自考本科学业,学习成绩折射出深造潜力,自行向两所高校写信咨询考研被婉言谢绝。苦闷之际,我幸得教育界亲戚的帮助联系上时任南京师范大学副校长的朱小蔓先生。当年,轻度残疾者报考本科都往往困难重重,更何况坐在轮椅上的我想申请跨省报考硕士研究生。朱小蔓先生的关心使我摆脱了自行向其他高校写信咨询考研未果的困境,终于得以在她当时任教的南京师范大学获得了平等参加全国硕士生统一招生考试的机会。当时,朱小蔓先生与我处于双重意义上的"陌生"关系中:不仅是作为个体的素昧平生,而且在陌生人伦理的意义上,残疾人与健全人是陌生的两个群体[②]。正如朱小蔓先生后来接受我访谈时所言,"1997、1998 年的时候,无论个人、社会还是政府,都还没有太意识到残疾人的权利保障问题",在高等教育领域亦是如此。有些研究印证了这一点。[③]

---

① 侯晶晶:《关怀德育论》,人民教育出版社 2005 年版,第 1 页。
② 侯晶晶:《美国公立基础学校生活化的陌生人伦理教育》,《教育研究》2014 年第 12 期。
③ 窦卫霖、魏明:《对中美高考公平关注点的比较研究》,《教育研究》2012 年第 9 期。

在那样的背景下,朱先生把这种陌生的关系转变为"我—你"关系,在百忙之中帮助我联系上南京师范大学研究生部和外国语学院,使我获得了宝贵的考研机会。先生关心保障残疾青年考研之高层次公民权利的做法代表了社会的前进方向。1998 年我有幸以考研总分第一的成绩获得了梦寐以求的社会身份——南京师范大学硕士研究生,从而"走"出家门,迈出全方位回归社会、服务社会的第一步。攻读硕士学位期间,我有幸师从著名学者吕俊教授,亦得到悉心教导。后有幸获准考朱小蔓先生的博士研究生,硕士研究生毕业同年以教育哲学方向总分第一的成绩被南京师范大学教育科学学院录取为博士研究生。所在学院、学校各部门、多位领导、老师和同学们都给予我很多关心,其中朱小蔓先生的关怀和带教对于我所受公平而有质量的研究生教育具有前提性的作用。

全纳教育机会对于拓宽残疾青年的成长空间能起到独特而深刻的作用。我作为亲历者对此有着难忘的生命体验,也深切体会到先生这份博爱的育人作用。入读南京师范大学之后,我体验到全纳与隔离的天壤之别,曾在面向全校同级 300 余位硕、博新生的入学讲座中表述过入校的强烈第一感受:美丽的校园、大师级的学者、友好的同学、丰富的藏书,这些对于在家封闭 12 年、离群独学 10 年的残疾青年来说都曾是可望不可即的。这些条件对于我发展社会性情感、充分发掘学术潜能是非常理想的。我国有重视教育的优良传统,高等学府历来被视为精英荟萃之地,是具有显性正向社会属性的教育机构,大学生、研究生则被视为青年中的骄子。能被南京师范大学这所"211"高校接纳,很大程度上意味着被社会接纳了。

首次有机会见到朱小蔓先生,是在我硕士研究生一年级时。先生在三楼大教室面向全校学生开设情感教育讲座,我在校园里看到通知前去聆听。当时教学楼尚未安装电梯,一同听讲座的几位男同学与阿姨合力帮助坐着轮椅的我上了三楼。初见朱小蔓先生,立即被她富于亲和力、高雅的学者风范深深吸引。对于讲座内容,我这个门外汉虽然懵懵懂懂的,但仍为朱先生丰富的讲座内容、深刻的思想、优雅的风采所折服。在自身体验之外,首次从学术角度感到教育学之神奇、教育事业之崇高,播下了我对于教育学产生学术兴趣的最初的种子,内心朦胧地掠过一个想法:希冀着将来能受教于朱先生,跟随她探索教育学的奥秘。

正是在这样的全纳研究生教育环境中,我得以目睹了很多大师级学者的风采,接触到丰富的思想、见识了学术世界的高天厚地。在他们的引领下,得以思考更多的发展路向,进而尝试开发较丰富的自我、实现较丰富的人性。较之隔离在家中从书本到书本的标准化学习,这完全是有着天壤之别的学习体验。这样的学习条件和教育质量是处于封闭环境中的残疾青少年无法通过刻苦学习来营造的,也是父母无法凭借慈爱来给予的。唯有进入鲜活的大学校园,方具可及性。

读硕士研究生的后期,我鼓起勇气向朱小蔓先生申请跨专业报考她的博士研究生,先生慨然同意我报考。当年研究生尚未开始扩招,博士研究生招生名额比今日更加宝贵。从报考硕士研究生的情况看,我属于发挥稳定型的考生。先生同意我报考,便做好了我经较长时间积累考上的思想准备。指导博士研究生对于任何导师而言都意味着劳心费力,更何况如果我以这样的身体条件、跨专业考上博士研究生,先生指导我无疑要付出更多。如果说朱小蔓先生积极主张我获得平等的权利报考南京师范大学的硕士研究生,是在我和一所高校之间架设了桥梁;那么,同意我报考她本人的博士生,则意味着如果我考上,她将付出更多心血,去探索性地带教一位坐在轮椅上的博士研究生至少三年之久。后者是一个更为切己的决定,后来发现也是关乎我国保障残疾人接受高等教育权利历史进程的一个重要决定。以这个决定为起点,才使我2001年有机会考上朱小蔓先生的博士研究生,蒙先生三年悉心带教和其他一些领导、老师共同关心,翻开我国特殊高等教育新的一页,培养出"中国首位轮椅上的女博士"。

朱小蔓先生的上述两次同意是守护教育公平的创造性实践,对于我国研究生教育在全纳方面与国际接轨具有相当重要的示范带动作用。我攻读博士研究生的第三年,我国进一步完善相关法律,制订出台《普通高等学校招生体检工作指导意见》,规定学业条件合格的残疾人可以报考研究生①,为许多有志为学的残疾青年打开了学业精进的广阔空间,使其得以远离精神贫困,有力地促进了高等教育的公平与全纳化。

(二)以智慧培育学术新苗茁壮成长

朱小蔓先生的全纳教育智慧体现于循序渐进、有效回应学生特殊需要、着眼于长远的带教过程。入学之初,转专业考博的我在同级博士研究生中是一株稚嫩的学术新苗。先生很快专门拟就一份教育学书单,第一学年多次帮我和李师兄修改教育哲学读书笔记,悉心指导我们夯实教育学专业基础,给予系统的学术训练。先生既鼓励我在课上发言,又不在课程论文发表等方面给我压力,总是报以慈爱和信任。

朱小蔓先生的辛勤教导促使我暗下决心,一定要尽快在学术上成长起来。先生看出我带有些许焦虑的努力,有一次下课后,留下我单独谈心,殷切地叮嘱我:"根据身体能承受的节奏来学习,要保证每天必需的康复锻炼时间,不要硬性要求自己三年毕业。做学问是一辈子的事。"一席话让我特别感动:先生明确地把学生的健康成长放在首位,关心人胜于关心事,教我智慧地协调博士学业与必要的康复,争取可持续发展。

没有想到这样的近距离带教过程会在我博士研究生一年级下学期突然改变。当先生奉命从南京师范大学调至北京工作时,我这个转专业的学生在先生的悉心引领下对于教育学初得门墙而入。先生以高度的责任感远程关爱着我们这些在南京的学生,每次出差回到南京,一定忍着疲惫为我们面授指导,还使我们多次有机会受教于和她相熟的著名英国学者以及港台地区的学者。

---

① 《2004 年研究生招生政策新变化:残疾人能考硕士了》,https://yz.chsi.com.cn/kyzx/bkzn/200310/20031029/633.html。

后来拜读朱永新教授的大作《思君岁岁泣秋风》，看到朱小蔓先生调任不久写给朱永新教授的短信，更可以想见先生离开熟悉的南京故里，异地开展新工作之不易。我们各位弟子在谈及先生的关爱教导时，总是充满由衷的感恩之情，但先生却在一次访谈中对我说，"你一年级还没有结束，我奉命调至北京，这件事情我总怀有歉意"。听到先生竟有这种自责之语，我在意外之余，再一次深深体会到先生在各个方面都怀有深切的责任感，深深体会到先生自我要求之严格。

指导博士研究生进行学位论文选题是带教学生的一个关节点。我受限于身体条件，不适合做扎根研究等需要经常置身基础教育一线的选题；由于坐轮椅的种种不便，我多年来生活面较窄，单纯的生活阅历对选题又造成一些限制。先生以高瞻远瞩的学术视野帮我选择了"关怀道德教育"这个论题，很好地对接我的学术需要，把我的跨专业背景转化为学术资源。先生还请当时在美访学的刘次林师兄帮我带回完整的文献资料，使我的研究得以及时启动。

我完成博士学位论文初稿不久，惊悉朱先生在北京住院。带教实践因此遭遇意想不到的挑战，但她仍以惊人的智慧与定力在难关中继续高质量地指导学生们。那是2004年1月的一天，我突然接到一个电话，那虚弱的声音让我一时没能识别出是朱先生！朱先生告诉我：她病了，病情已控制住，她才电话告知我，以免我分心。我很担心她的身体，尽量自己多多努力，少让她在困难时期操心费神。但是，朱小蔓先生还是放心不下我，术后治疗期间，在病房里打来电话指正我的学位论文，有一次电话谈了近一个小时。中间我几次提出请先生休息，改天再继续，先生还是坚持以疲惫的声音给予我重要的指导。2004年3月、4月间，朱小蔓先生从北京到无锡疗养院调养一个月。我不忍心把论文寄给先生，想让她多多休息、早日完全康复。但是，先生挂念着我的学业，亲自来电话叮嘱我把论文寄去，坚持指导我修改这篇20余万字的学位论文，我们就主要章节往返了两三次。先生从无锡返回北京后，继续给予我悉心指导。先生之前在身体状况稳定时，还多次指导我学位论文的关键一章，该章析出的德育单篇论文后来有幸在《教育研究》上师生合作发表,被《新华文摘》全文转载。

2004 年 5 月底,朱先生在没有事先告知我的情况下,乘夜班火车从北京赶到南京,亲临我的学位论文答辩现场。大病初愈的先生额头不时渗出汗珠。我看着既非常心痛先生的身体,也因先生的到来而内心充满力量。先生始终恪守答辩程序的规则,保持缄默。但是先生坚定的眼神和不时点头的认可,使我更能从容地去整理思路,应对校内外答辩委员们的各种提问,全票通过了答辩。鲁洁先生等答辩委员在论文评语中对我给予了鼓励和肯定。朱小蔓先生在我的学位论文评语中的有关文字深情地记录了我们师生各自克服重重困难、艰辛走完我攻读博士研究生三年的过程。当先生自身出现战胜病魔、保存生命这样压倒性的特殊需要时,她一面科学地积极治疗,一面以超人的意志在这次全纳研究生教育实践中始终不渝地发挥了博士生导师的引领、指导之关键作用。在指导我毕业之后,朱老师继续这样用智慧与大爱指导在南京和北京的博士研究生和访问学者。常伴导师工作的刘次林师兄深情地写道:"老师对疾病很坦然,依然全身心地投入到工作之中。在南通大学附属医学院住院期间,她说:'它病它的,我做我的! 不能因为有病就活成病恹恹的样子。'十几年来,她的病时而好转,时而扩散转移,时而恶化。她平时太忙,把自己的时间都献给了工作和她的学生们,直到生命的最后时光,无法工作了,才回到了南京的亲人身边。"①

我毕业留校后,继续在先生帮我亲自选定的这个论域努力耕耘,投给国际道德教育学会两次年会的新论文被接受为年会专题报告论文。这也印证了先生当初选题的精准和恰当,说明不仅中国教育研究欢迎关怀道德教育理论这个视角,同时这个论域也需要来自中国的教育研究。后来,我领悟到,朱老师钟情于教育关怀的选题,不仅有学理和研究价值方面的思虑,也蕴含着她的教

---

① 刘次林:《我与朱小蔓先生的师生缘》,《中小学班主任》2020 年第 S1 期。

育爱。朱老师生病期间,每次我在她家中、在医院、在疗养院向朱老师汇报我的教学情况时,老师对于德育所和学院的学生们总有一份深深的关切。教育关怀问题也是朱老师内心深处一直牵挂的。2020 年仲春,我在朱老师家里向她汇报网课中我们对此问题的研讨学习,当时言语已经困难的朱老师注视着我,缓慢而清晰地对我说"这很重要"①。

四、分析与讨论

对于朱小蔓先生带教残疾学生完成博士学业的诸多生命故事,我在取舍之间,主要分析其中具有代表性和可迁移性的解释因素。在确立分析框架的过程中,我发现"四有"教师品质对于本个案研究具有很强的适切性、解释力。朱小蔓先生对于残、健学生的大爱植根于她的教育理想信念、对于事业的道德情操以及对于学生的仁爱之心;她的育人智慧则主要萌蘖于扎实学识,与其他因素亦有密切联系。理想信念、道德情操、扎实知识、仁爱之心既具有独立性,又相互关联。理想信念对于道德情操的发展能起到重要引领和支撑作用,道德情操所涉对象不一而足,其中以学生等生命体作为对象的德性的一个重要内容是仁爱之心。好教师不仅需要具备优秀的道德素养,而且因其传道授业解惑的职业特点,还必须拥有扎实的学识。正所谓"学海无涯",教师以有限的生命引领学生探索广阔无垠的知识世界,也需要理想信念、道德情操、仁爱之心提供稳定的精神动力,才能克服可能出现的职业倦怠、畏难情绪。以下从这四个维度分析朱小蔓先生何以能够克服多重困难,有质量地带教残疾研究生。

(一)以坚韧的理想信念支撑融合教育探索

"理想"一般指对未来事物的美好想象和希望,对某事物臻于完善境界的观

---

① 侯晶晶:《跨越时空的爱》,《中小学班主任》2020 年第 S1 期。

念;"信念"是指对于事物在一定认识基础上形成的坚信不疑的态度。在教师的理想信念系统中,职业信念具有重要地位。研究显示,"教师的职业信念与职业道德之间存在着辩证关系,要提高教师的职业道德水准,就必须研究教师坚定而科学的职业信念的形成问题";职业信念有力地影响人们的生涯发展。①

朱小蔓先生在青少年时代所受的学校教育便很重视理想信念,父母对她的熏陶以及朱老师自幼的自我修养都包含着丰富的理想信念元素。先生从小就立志不断超越自己,乐于为他人、为国家奉献,为社会的进步尽己所能。1966 年,她完成了参加高考的所有手续,却等来了高考被取消的消息,"上大学的希望破灭了,全班(学生)坐在教室里都哭了"。"上山下乡"期间,她依然不放弃理想信念,希望能够通过帮当地农民修建水电站等方式来实现自身价值。作为教师的朱小蔓先生对教育理想怀有坚定的信念,其中包括平等对待、尊重关爱残疾学生的理想信念。这支撑着她保障残疾学生受教育权利的高难度的创新努力,经受住了精力有限、异地带教、重病折磨等多重挑战,始终如一地坚守公平而有质量的教育理想,体现出百折不回的韧性。

(二)以高尚的道德情操增强师者正能量

道德情操在理想信念的牵引和支撑下能够得到更充分的发展。正如关怀伦理学分析指出的那样,道德理想对于关怀等道德素养的发展具有牵引作用。关怀具有自然层面和伦理层面两个层次。自然关怀几乎不需要道德努力即可比较自然地生发,而伦理关怀则需要显著的道德努力②。推而广之可以发现,关怀的自然性与伦理性两个层次在其他很多道德现象中是普遍存在的。关于种种美德,我们平常所见的是较易做到的属自然层次的行为,而有些道德主体

---

① 王卫东:《教师职业信念问题初探》,《华东师范大学学报(教育科学版)》2000 年第 4 期;夏勉、谢宝国:《生涯信念:内涵、测量及干预策略》,《教育研究与实验》2010 年第 6 期。

② [美]内尔·诺丁斯:《始于家庭:关怀与社会政策》,侯晶晶译,教育科学出版社 2011 年版,第 27 页。

凭借理想信念的支撑和长期努力,把这些德性修炼到伦理层面甚至一定的境界,给人以震撼心灵的强烈感受。

朱小蔓先生在 2017 年 10 月 14 日接受我访谈时叙述了这样一种生命体验:道德情感、道德情操中的正义感对于公平而有质量地保障残疾学生的受教育权利是很重要的。这对于社会正义也是一种微观培育。教师在全纳教育职场生成道德情操的过程中,往往必须应对倦怠感等因素的干扰。研究表明,职业倦怠对教师的身心健康、学生的学业成绩以及教育质量具有严重的消极影响①;对全纳教师的研究显示,教师反思中的情感因素对职业倦怠具有负向预测作用②。朱小蔓先生在半个世纪的职场生涯中,在理想信念的支撑下,通过长期一体化的职场修为和涵养,逐渐生成了高尚的道德情操,达到了崇高的伦理关怀境界。先生用自己的生命能量,给各种各样的学生以关爱,甚至当生命受到病魔威胁时,仍然发挥着教师在引领学生成长过程中的重要作用。

（三）以扎实的学识高水准发挥导师作用

扎实的学识对于任何教师都是不可或缺的专业素养。对研究生教育层面的全纳教师而言,扎实的学识不仅包括全纳教育等方面的知识、技能和一般意义上缜密的知识结构,还意味着居于学科前沿的宏阔视野。后者尤其在指导研究生学位论文选题这一关键环节上具有显著作用。学位论文选题的不确定性强,很考验导师的知识涵养。当年,朱小蔓先生正是站在整个学科的国际前沿,帮我选到很适切的研究问题,有力地保障了带教质量。有研究者对残障大学生的访谈研究发现,高校的学业支持主要包括关怀支持、学习支持与校园环境支持。③ 导师对残疾研究生的学习支持显然是具有核心作用的高校学业支持。

①　李悦池、姚小玲:《高校女教师职业倦怠的归因分析——基于 NVivo10 的质性研究》,《高教探索》2017 年第 12 期。

②　陈永进、张昊、江雪、曾晶:《特殊教育教师反思对职业倦怠的影响——以四川、重庆部分特殊教育教师为例》,《中国特殊教育》2014 年第 6 期。

③　蔡翾飞、余秀兰:《高校的学业支持与残障大学生的学习参与》,《青年研究》2022 年第 2 期。

朱小蔓先生如此擅长指导研究生进行科研方向的决策,这既由于她对本学科的国内外学术研究前沿了然于胸,也由于她长期细心地观察、细致地跟踪学生的发展,清晰地知晓每个学生的弱项与潜能,生成了从优势视角培养残健学生的教育洞察力、判断力、敏感性,能智慧地规避残健学生的不足之处,发掘学生的优势,以使其很好地发挥内在主体力量。先生这一带教经验与国外有些全纳教育研究者重视从优势视角培养特殊学生的观点具有异曲同工之妙。

朱小蔓先生关于学科发展前沿的扎实学识主要源自她坚持每日研读的毅力以及很见功力的读书方法。先生多年来坚持以每日高效的阅读应对时间短缺、体力受限等因素的挑战。她从入职不久便一直"双肩挑",读书时间一直稀缺。先生用于学术研究的时间不宽裕还有生活史的原因——她高中毕业时正值 1966 年,未能如愿参加高考,直到 1970 年 23 岁才有机会读大学,攻读硕士生随之延至 1985—1988 年,之后在导师鲁洁先生与南京师范大学研究生部的特许之下超龄考博,人到中年才得以走上心仪的学术研究之路。先生多年来坚持利用清晨离家上班之前的时间,每天至少阅读一小时,体现出对新知与真理的不懈热爱与追求。关于先生读书方法的特别之处,有位师兄曾观察到:"我们读书是读进去,一般一本书从头看到尾。朱老师读书是读出来,先看目录,然后在书里择取重点去读,在书店一上午能这样读好几本书。"我注意到,先生还以"读教相长"的方式巧妙地不时回顾,对关键内容加以夯实、内化、反思。先生在课堂上不时与我们分享最新的读书心得,感到"对知识、观点的消费与分享也是加深思考的有效方式"。

(四)以仁爱之心实践有教无类的树人理念

仁爱之心关涉的仁(benevolence)与爱(love)在先生与我的生命交集中体现得很充分。当年,朱小蔓先生作为大学副校长帮助我这个陌生残疾青年牵线联系考研资格时,我还从未有机会与她谋面,她无从对我产生个人化的、面对面的慈爱,而主要是仁多于爱的一种关切(concern)。有幸成为朱先生的弟子之后,先生给予我更多的是教育爱和关怀(caring)。仁与爱既有区别,又有内在联系,正如《论语》所言,"仁者爱人"。先生接受我访谈时说,"我看到他人有困难,从来能帮的就帮",已经形成了常怀仁爱之心、关怀他人的习惯。

朱小蔓先生在接受我访谈时叙述了这样的生命思考:这在相当程度上要归因于"早年在脑发育的关键期道德发展条件较佳。我的童年是温暖的——有温柔慈爱的父母、关爱自己的老师、友好的同学关系,道德情感的种子发育得比较强壮,能够经得起后来的一些挫折"。朱小蔓先生不断地自我修养也使包括仁爱之心在内的"道德根茎、道德生命越来越繁茂",越来越有旺盛的生命力。这种仁爱之心有力地使先生作为道德主体"己欲立而立人,己欲达而达人",怀着"有教无类"的博爱之心,提升有学习能力的残健青(少)年对于各层次教育机会的公平可及性,助其成人,帮助更多残障青少年远离精神贫困,推动社会发展。学者们三名随班就读残疾儿童向特殊学校回流案例的质性研究从反面折射出仁爱之心对于全纳教师素养以及有质量带教过程的重要性。[1] 与此形成鲜明对比的是,朱小蔓先生自主自觉地进行了全纳教师的身份认同,对残疾学生的受教需要有着深刻的关切与回应敏感性,尽最大可能高质量地完成对残疾博士生的带教。先生在数十载的从教生涯中,还间接关心过贵州某基础学校其他类型的特殊青少年。如果离开了仁爱之心,这一切是难以想象的。关于这一点,我后来在协助朱小蔓先生筹办2009年非洲14国妇女女童能力建设来华考察培训活动以及2014年"女学生教育质量与女性受教育权利国际研讨会"的全过程中,也有深刻体会。

朱小蔓先生对全纳研究生教育的开创性实践及其折射出的教师素养对于落实《"十四五"特殊教育发展提升行动计划》具有丰富的借鉴意蕴。如果有成千上万的全纳教师能以朱小蔓先生为榜样更加自觉地提升职业素养,不仅努力掌握扎实的学识,而且自觉生成追寻公平而有质量的全纳教育的理想信

---

[1]　傅王倩、肖非:《随班就读儿童回流现象的质性研究》,《中国特殊教育》2016年第3期。

念,养成至少符合教师职业伦理水准的道德情操以及善待残、健学子生命的仁爱之心,则一定能为全面深化教育改革、残疾人高等教育反贫困写就不可或缺的精彩篇章。

第二节 "弱有所扶"政策视角下南京师范大学研究生融合教育分析

落实党的十九大新提出的"弱有所扶"政策以及《中国教育现代化 2035》之"面向人人,融合发展"的战略,是新时代教育改革向纵深发展过程中更充分体现"四个全面"的需要,是我国教育实现从站起来、富起来向强起来飞跃的需要,是教育改革助力全面实现社会主义现代化国家的需要。以新发展理念落实"弱有所扶"政策,有助于扎实推进教育改革,使之彰显新时代应有的特征,实现应有的新飞跃,发挥应有的关键作用。落实"弱有所扶"政策,既是推动教育改革发展的内在需要,也能有力地助推高等教育反贫困。以下结合高校教育改革个案进行分析。

一、南京师范大学研究生融合教育掠影

改革开放以来,教育作为社会子系统进行了卓有成效的改革。作为改革开放的准同龄人,我 1998 年以来目睹了母校南京师范大学研究生教育创新的诸多片断。南京师范大学的前身南京高等师范学校是我国高等师范教育的发祥地之一。基于丰厚的历史积淀,改革开放以来南京师范大学研究生教育不懈探索,为我国高等教育发展、社会发展作出了突出贡献。很多经验与实践在全国高校中具有代表性和先行性。对此,每位参与者都有自己独特的感悟。就我个人而言,体悟最深的一点在于母校研究生教育"弱有所扶"的胸襟与情怀。作为党的十九大报告新提出的政策,"弱有所扶"与"推进教育公平、加快教育现代化"以及努力推进"公平而有质量的教育"、弱势群体精准脱贫等内

容息息相关。

　　我能够从一个坐在轮椅上的残疾女孩成长为高校教师,正要归功于母校南京师范大学与"弱有所扶"政策精神高度契合的研究生教育创新实践。1998 年,南京师范大学招收我攻读硕士研究生;2001 年又招收我攻读博士研究生。当时在江苏省属破冰之举,在全国也难寻先例。当年,南京师范大学从我的导师到校领导,从所在学院到各有关部门,凭着对学生的爱和敢于创新、勇于改革的教育情怀,不断探索、优化和开拓,于 2004 年将我培养成"全国第一位坐在轮椅上的女博士",翻开了我国特殊高等教育新的一页。这次扶助残疾学生的高等教育实践终告完成,结成正果。

　　较之其他学段,研究生教育阶段做到机会平等、"弱有所扶",可以说有着更为难能可贵之处:相对而言,研究生招生名额稀少,获得考试机会是接受研究生教育的第一前提。回想当年,南京师范大学以宽广的胸襟允许我报考硕士、博士研究生,全校研究生招生名额都很宝贵。考试分数揭晓,我有幸先后获得英语语言学专业硕士研究生入学考试总分第一和教育哲学方向博士研究生入学考试总分第一。南京师范大学对我这名来自邻省的轮椅上的考生公正录取,在江苏省乃至全国开创了研究生阶段特殊教育的先河。

　　就读研究生六年间,我有幸受教于一个人数众多的"四有"教师团队。1997 年初夏,在辗转认识的朱小蔓先生牵线之下,我初次接触并咨询南京师范大学校党委研究生工作部刘四二部长,刘部长郑重而淡定地承诺,"你回去安心备考,我们会给你发准考证的";1998 年录取工作落定,当时分管学生工作的校党委吕炳寿副书记接到研究生部有关老师的汇报,特批一间一楼的宿舍给我和每天协助我坚持康复锻炼的阿姨;在新生教育中,时任研究生处处长的潘百齐教授以"为学三境界"给我们谆谆教诲,后又睿智地鼓励我在不同阶段敢于创新、勇攀高峰;当时在研究生部工作的孙友莲老师时常来到宿舍,像大姐姐一般地与我亲切谈心,还请先生高朴老师一同帮我针对学术路径的选择高屋建瓴地指点迷津、引领成长;硕士生导师吕俊教授关切地肯定并叮嘱我在配合完成宣传任务和保证康复、学业之间保持平衡;张杰院长为我们精彩讲授文艺理论课程;博士生导师朱小蔓先生强忍病痛折磨,指导我修改 20 余万字的学位论文;时任教育科学学院书记的缪建东教授在入党、留院任教等问题上多次消除我的自卑心理,非常及时地给予我亲切关爱;当时已是古稀之年的鲁洁先生、班华先生亲自为我们系统授课或开设讲座;吴康宁教授在教育社会学授课中以富于感染力的语言向我们传授科研心得"做研究,要往死里想"……在历任学校和学院领导中,公丕祥教授、宋永忠教授、胡建华院长、顾建军院长等很多师长也在百忙之中亲自来宿舍或家里看望我,给我鼓励和关心。读书期间,研究生同学们帮我推轮椅上山坡、过隧道的情景,也是难忘的回忆。限于篇幅,挂一漏万,然每件往事都令人难以忘怀。

近年来,南京师范大学又公平录取并高质量地培养了陆思源等残障研究生,在对于残障学生的制度关怀方面勇于开拓,在研究生教育改革的深水区生动地诠释着"正德厚生,笃学敏行"的南师精神,被公认为江苏乃至全国融合研究生教育方面的一面旗帜。

在全面建设社会主义现代化国家的重要历史节点上,阐述南京师范大学研究生教育"弱有所扶"的创新实践,不仅具有微观的意义,而且具有宏观的意义。南京师范大学在研究生教育中创造性地"弱有所扶",在江苏省乃至全国起到了有目共睹的示范与推动作用,有助于进一步落实教育公平、增进人民福祉,对于促进人的现代化、全面深化研究生教育改革具有重要启示。践行"弱有所扶"的研究生教育是教育改革充分体现"四个全面"的需要。全面深化改革必然要求全面深化教育改革。可以预见,其中一个重要方面是加快实践全纳研究生教育,增强教育的融合度、开放度,使教育改革与教育发展的丰硕成果惠及每个学业合格的学子。此过程将发挥研究生教育对助力全面建设社会主义现代化国家的智力支撑作用,助力补上一些弱势群体的发展"短板"。全面深化研究生教育改革离不开全面依法治教,长久以来,残疾人接受研究生教育的权利保障是教育公平的重要内容。在法律法规的框架内开展学校教育,必须保障每个公民的法定平等受教育权利。在全面从严治党的过程中,相关各类学校的党委将进一步更好地落实党和政府强调的"弱有所扶"政策,包括将在更大范围内推动研究生教育改革向纵深发展,像南京师范大学这样通过制度性地回应处于弱势地位的残疾学生的合理"特殊"需要,在教育机会的起点平等和有质量的教育之过程平等中保障所有学业合格者的受教育权利。

在母校南京师范大学攻读研究生六载之后,我有幸留校任教,并在研究生教学与指导工作中努力传承南京师范大学研究生教育"正德厚生,笃学敏行"的优良传统。近些年,我作为导师指导的硕士研究生均以较理想的成绩毕业,有多名学生的学位论文被评为学位点的"优秀论文",其中包括从机械制图、公共管理、生物学本科毕业同年转专业考研的三位学业弱势研究生。我指导的研究生有两位获得国家奖学金。从给一年级研究生授课,指导其学会从研究的视角写读书笔记、课程论文,到帮助二年级研究生遴选合适的学位论文选题,再到反反复复地指导三年级研究生修改学位论文,甚至包括指导高中阶段有过抑郁休学经历的个别心理弱势研究生新生进行必要的心理重建,其间日复一日的辛苦与欣慰,让我更深地理解了"做教师是个良心活"这句朴实无华的话语。2013年我在美国访学一年期间,也通过跨洋的常态化跟踪指导,确保有质量地指导转专业的两名研究生完成学位论文。其中一位研究生在论文后记里感慨地写道,"导师优良的教风是我一生学习的榜样"。这种教风其来有自。现在,这个来自农村的女孩正和每年数以千计的硕士毕业生一起,把南京师范大学的优良教风传播到更远的地方,使更多的学生受益。"弱有所扶"也不仅限于课堂,本章最后一部分将简略阐述。作为导师指导研究生学习做研究的同时,我自己的科研工作自然也应该兢兢业业,努力耕耘。在教学之余,战胜小我的多重困难,我独立完成了数项科研课题,希望研究成果能以智库研究的方式践行南师人"弱有所扶"的教育使命。

一滴水可以折射七彩阳光。南京师范大学精彩纷呈的研究生教育正在广大研究生师生的共同努力中不断书写着新的美好篇章,力求充分实现教育助人成人、助国强盛的神圣使命。随着全国教育系统认真落实"弱有所扶"等重要民生政策和推动教育公平等教育政策,会有更多数量、更多类型学业合格的残疾青年进入普通高校,接受融合教育。残疾学生是学校教育中主要的弱势群体之一,甚至可以说是弱势中的弱势,也是教育成果从普惠大多数到惠及"每一个孩子"这一历史性飞跃关涉的重要对象。鉴于包括研究生教育在内的各学段都应该落实国家制定的"弱有所扶"政策,各司其职地推动教育改革发展,以下对此进行教育反贫困的分析。

二、落实"弱有所扶"政策 推进教育改革发展

党的十九大直面已发生变化的社会主要矛盾,推出了一系列重大战略部署。十九大报告指出,"建设教育强国是中华民族伟大复兴的基础工程,必须把教育事业放在优先位置,深化教育改革,加快教育现代化,办好人民满意的教育",强调"推进教育公平","努力让每个孩子都能享有公平而有质量的教育",并且令人瞩目地提出"弱有所扶"政策,同时还强调"发展残疾人事业"。[①] 这是党以人民为中心价值取向的体现,是从教育反贫困维度有效解决社会发展主要矛盾的动员令。

弱有所扶的关怀方式主要有两种:个别化的人文关怀与具有完整顶层设计的制度关怀。例如,贫困大学生的助学贷款绿色通道便是一种从无到有、日渐成熟的制度化的"弱有所扶"举措。而残疾青年接受融合式高等教育,目前尚处于少数学校独立探索经验阶段。个别化的人文关怀有待与制度关怀相结合,才能更稳定持久地起到教育反贫困的作用,因此必须尽快建构完整的制度关怀体系。其制度化的重要性在于"制度不仅影响人的外在行为,代替人们做出重大决定,而且影响人的内在心理"[②]。可以预见,新时代的教育改革会

---

① 侯晶晶:《落实"弱有所扶"政策 推进教育改革发展》,《教育研究》2017 年第 11 期。
② 杜时忠、张添翼:《三论制度何以育德》,《教育学报》2020 年第 4 期。

更充分地落实"四个全面"战略布局的各项要求,会努力实现新中国教育发展史上又一次历史性的飞跃。着眼于从制度层面落实"弱有所扶"政策,不仅有助于进一步推动教育公平,而且对于在以上诸方面扎实推进新时代教育改革均具有重要意义。

(一)"弱有所扶"是教育改革充分体现"四个全面"的需要

习近平新时代中国特色社会主义思想的精髓之一是"四个全面"战略布局,此布局的要求也必须落实于教育这个对于国家发展具有基础性建构作用的社会子系统。教育视野中的"四个全面"具有内在关联。全面深化改革必然要求全面深化教育改革,此过程会努力发挥教育对社会发展的基础性支撑作用;全面深化教育改革离不开全面依法治校,在全面从严治党的过程中,学校党委对于促进教育改革等党中央反复强调的要务会更加切实履职。而落实"弱有所扶"政策,正是新时代教育改革向纵深发展过程中充分体现"四个全面"的需要。

决胜全面建成小康社会要求的是"一个不能少",是"每一个"人而不只是大多数人过上物质与精神的小康生活。习近平总书记多次强调"扶贫必扶智",充分保障每个人的平等受教育权利。研究显示,残疾人等弱势群体总体上贫困脆弱性较高,其教育贫困与经济贫困具有很高的相关性[①]。关涉弱势群体的教育反贫困具有本体性和工具性的双重意涵。就本体性视角而言,是对教育现象中的贫困问题进行有针对性的研究和攻坚;就工具性视角而言,教育具有"科教兴国"等重要工具价值,教育把自身内部的反贫困工作做好,才能充分地发挥间接的反贫困作用。充分发挥教育反贫困的作用,才能更好更快地实现教育现代化,助力人民福祉、国家现代化、民族复兴。习近平总书记

---

① 廖娟:《残疾与贫困:基于收入贫困和多维贫困测量的研究》,《人口与发展》2015年第1期;赖德胜、廖娟、刘伟:《我国残疾人就业及其影响因素分析》,《中国人民大学学报》2008年第1期。

多次强调，"扶贫必扶智"。扶贫如果不扶智，那只是相对低水平的、片面的、不稳定的输血式、易返贫的扶贫，而"扶智"既有补救性的扶智，也有预防性的扶智。人力资本理论等研究显示，预防性的扶智对于人与社会的发展更为关键。充分保障每个人的平等受教育权利，对于实现人的现代化、助力全面实现社会主义现代化国家具有前提性的意义。教育系统中弱势群体不一而足。其中，残疾青（少）年是弱势中的弱势；长久以来，残疾人的受教育权利保障是教育公平的洼地之一，对残疾人教育反贫困的探索具有重要的价值。

全面深化改革，是教育改革处于深水区的必修课。对于全面深化教育改革而言，不可或缺地要通过"弱有所扶"来更有针对性、更具实效地"抓重点、补短板、强弱项"。"弱有所扶"曾经隐含在党的十八大报告的"学有所教"中。党的十九大报告为何将其专门单独提出，将其明确作为新征程中的重中之重呢？面对社会新的主要矛盾，普惠既成、特惠必行具有相当的迫切性。在实践中，如果不对"弱有所扶"进行明确要求与落实，便无从获致对于每一个人的有质量的公平教育，还有可能在"学有所教"方面出现弱缺所扶、弱无所扶的一些实际情况。全面建设社会主义现代化国家进程中的一个关键点是全面实现人的充分发展和人口素质的现代化。可以预见，新时代教育改革的一个重要方面是加快实践全纳教育，增强教育的融合度、开放度，使教育改革与教育发展的丰硕成果惠及每一个适龄者。

全面从严治党必须继续防止管党治党宽松软的问题。我国公立高校实施的是党委领导下的校长负责制；中小学的党组织也如《中国共产党章程》第九章第四十八条要求的那样，要"履行全面从严治党责任""负责贯彻执行党的路线、方针、政策""团结党外干部和群众，完成党和国家交给的任务"。各级学校的党委应切实推进党中央一再强调的"推进教育公平"等现代化教育政策在每所学校落地生根，转化为常态化的教育管理与教学实践。如果对有悖于此的一些有违教育公平、弱缺所扶甚至弱者法定权利被剥夺的现状视而不见、放任自流，那就是党委作用虚化的宽松软表现，既违背教育法，也违背党章。权力是人民赋予的,各级各类学校的党组织应该用这个权力全心全意为人民服务,具体而言是为人民中的每一个服务,而不是仅仅为人民当中的一部分(如精英阶层)去服务。"弱有所扶"政策的提出,进一步强化了学校党委在推进教育改革方面的责任,有利于增强其相关的工作动力。

全面推进依法治国必然要求依法从教、依法治校。在法律法规的框架内开展学校教育,必须保障每一个人的法定平等受教育权利。从目前的教育实践看,如果不能够制度性地回应普遍处于弱势地位的残疾学生的合理特殊需要,就不能真正有质量地保障其受教育权利;无论教育机会的起点平等还是有质量的教育,都无法得到保证。我国残疾青少年在入学率、在学率、所受学校教育质量、核心素养培养水平、升学率方面与我国健全儿童之间尚存在一定差距,我国教育对于残疾学生的扶助仍有一定的发展空间。1994 年,联合国教科文组织颁布《萨拉曼卡宣言》,明确提出"全纳教育"思想,强调有质量地教育残疾学生的一个前提在于满足其合理的特殊需要,制度性地扶助具有特殊需要的易被排斥的弱势亚群体,使其尽可能真正获得受教育权利保障、起点平等和过程平等。这与我国相关教育法律法规的要求不谋而合,也有待进一步加大落实力度。

(二)"弱有所扶"是新时代我国教育彻底"强起来"的需要

落实"弱有所扶"政策,是我国教育实现从站起来、富起来向强起来飞跃的需要。新中国的教育经历了从站起来到富起来的过程,正在逐渐强起来。"1949 年,我国 80%的人口是文盲,小学和中学入学率仅有 20%和 6%"[1];新中国成立之初,我国教育资源极度匮乏,绝大多数普通劳动者处于教育赤贫状态。经过一两代人的艰苦努力,我国逐渐实现全民基本脱盲、获得初等教育机会,我国教育完成了"站起来"的过程。"到 2008 年,小学净入学率达到

---

[1]　中共教育部党组:《人民教育 奠基中国——新中国 60 年教育事业发展与改革的伟大成就》,《求是》2009 年第 19 期。

99.5%,初中毛入学率98.5%,青壮年文盲率降低到3.58%"①,绝大多数适龄民众获得九年制义务教育机会,人们的脑袋富起来了,我国的教育也"富起来"。党的十九大在迈入新时代的历史节点上,明确要求我国教育改革"努力让每个孩子都能享有公平而有质量的教育",力促我国教育早日彻底地"强起来"。在教育"富起来"的过程中,我国很多城乡、很多群体的教育均衡问题基本得到解决。但是,长期以来,存在一种错误的认识:公平与效率、公平与质量常常是分开谈的:似乎追求高效率就难以兼顾公平,似乎有了形式公平,全面确保教育质量就不是那么迫切了。党的十九大报告明确提出有质量的公平教育,有助于打破少数人心中尚存的错误认识。报告强调,不能以起点公平掩盖教育质量方面的提升空间,也不能只满足于少数人的质量而放弃公平,而是要通过"弱有所扶"等政策,使有质量的教育覆盖所有学龄人口,保障每一个人的平等受教育权利。这既是党的十九大报告提出的"大力提高国民素质"的需要,也是建设创新型国家、现代化社会主义强国的战略需要。离开了人的充分现代化,国家的现代化是无法充分实现的。目前,残疾学生的受教育权利保证仍是一块短板,该群体距离"普及高中阶段教育"还有相当远的征途,其高等教育实现比例还相当低,折射出"中国高等教育阶段的全纳程度与发达国家之间还有差距"②,这些状况也反映了基础学段特殊教育的质量和融合度均有待提高。党的十九大报告强调有质量的教育公平,明确对过程平等和一定程度的结果平等作出要求与承诺,因此,在受教育过程中有必要对弱势群体适当给予补偿性的关怀,充分完成教育助人成人、助国强盛的使命。

(三)"弱有所扶"是教育改革助力精准扶贫的需要

精准扶贫与全面建设社会主义现代化国家既具有内在的关联,也有其独立

---

① 余冠仕:《人民教育 奠基中国》,《中国教育报》2009年8月27日。
② 郑文婧、苏勇:《普通高校语言类专业的全纳教育——特殊需要教育实践》,《教育研究》2010年第6期。

的研究价值。精准扶贫的一个前提是精准地定位对象。研究显示,残疾人等弱势群体总体上贫困脆弱性较高,其教育贫困与经济贫困具有很高的相关性①。教育学、社会学、经济学的相关理论与实证研究显示,教育具有重要的反贫困作用。

通过教育上的"弱有所扶"有效地助力精准扶贫,还须精准地知悉残疾青少年在教育方面"弱有所扶"最需要扶助什么。就学习潜力而言,残疾青少年根据智力健全程度可大致分为两类。智力障碍较重的青少年在事实上难以完全依靠教育来反贫困,国家已出台专门的扶贫政策为其托底。绝大部分残疾青少年智力健全,虽接收信息的渠道可能受损或者肢体受损,但其受教育潜能依然很大。充分的扶智可以促成非智力型残疾青少年的补偿性智力发展,至少保证其总体上达到一般的智力发展水平,比较充分地实现其智力发展潜能。制度性地扶持残疾学生应该保障其能融尽融、能融早融;进一步扎实落实《第二期特殊教育提升计划(2017—2020年)》,以期有助于残疾青少年回归社会,养成自尊自信的态度、开放的心态。这也有利于社会的融合与开放。厦门大学对视障学生的融合式高等教育改革②、南京师范大学培养包括我在内的重度肢体残疾研究生的教育实验都探索出了可迁移的经验,印证了有质量的教育能够使残疾人的优质潜能得到开发甚至补偿性的发展,从而使残疾人的"生命同样能出彩",成为全面实现社会主义现代化国家征途上的积极力量。

此外,不能忽视对于残疾青少年的扶智如何才能更为精准、更有实效,其中存在一些复杂性和特殊性。残疾青少年所处的生存境遇困难较多,其中大多是非常规性的困难,难以通过简单的观察学习比较自然地习得。如果他们不能较好地解决自我接纳、复杂环境认同等带有前提性的问题,会很不利于他

---

① 廖娟:《残疾与贫困:基于收入贫困和多维贫困测量的研究》,《人口与发展》2015年第1期;赖德胜、廖娟、刘伟:《我国残疾人就业及其影响因素分析》,《中国人民大学学报》2008年第1期。

② 郑文婧、苏勇:《普通高校语言类专业的全纳教育——特殊需要教育实践》,《教育研究》2010年第6期。

们以积极的情感态度和必要的意志品质去最大限度地发挥智力潜能,去应对学习及生活中的挑战。因此,如果学校教育简单地放手让残疾学生在这些方面去摸索着自我成长,等他们在这些方面成熟时,可能已错过或低效度过学校教育的重要时段;而智力方面如果不能充分开发,可能使残疾青少年的生存境况雪上加霜、难上加难。因此,对于残疾青少年的扶智除了直接的智力培养,还需要必要的情感意志培养方面的扶持,直接扶智与间接扶智相结合,才能综合起到较好的扶智实效,才能通过"弱有所扶"更好地发挥教育反贫困的作用。

(四)以新发展理念落实"弱有所扶"、促进教育改革

在新时代落实"弱有所扶"政策,一方面,可以借鉴"本来、外来、未来"的思路,以面向未来的自觉与担当充分吸纳已有的本土教育实践经验以及国际上较成熟的有迁移价值的实践样态;另一方面,有必要以新发展理念指导"弱有所扶"政策的落实,促进教育改革,彰显新时代应有的特征与面貌。各级各类学校宜与创新、协调、绿色、开放、共享的新发展理念对标补短,可为"弱有所扶"等方面的教育改革提供持久动力。创新的勇气、魄力、习惯能促进教育改革向纵深发展,解决教育现代化在深水区的一些重大问题。南京师范大学自1998年开始培养重度肢体残疾硕士研究生、博士研究生的教育实验,便是教育创新的成果。厦门大学对于视障学生的融合式高等教育改革,也收获了可喜成果,从语言类专业特点、现代教育技术的支持等方面探索出了同样可复制的成功经验①。面对一个个活生生的人,包括残疾状况各异的学生,教育创新需要社会学想象力、改革勇气和教育爱。协调之发展理念鼓舞教育工作者更为自觉地、普遍地实施有质量的全纳教育,致力于残健和谐的教育。"绿色"理念指导下的教育将建设更好的生态,大力减少人为设置的不合理红色

---

① 郑文婧、苏勇:《普通高校语言类专业的全纳教育——特殊需要教育实践》,《教育研究》2010年第6期。

禁区和教育排斥,提升残疾人在教育场域以及广大社会场域的可见度。以"开放"和"共享"的发展理念去加大融合教育建设步伐,这也符合教育现代化的内在要求。制度化的精英教育从我国隋唐时期开始就有悠久的传统和辉煌的成就,现代的教育要成为现代化的教育,必须以现代的开放、共享、民主、平等的精神来改造教育现实,为教育实践注入更多的现代化元素,纵向到底、横向到边地去推进教育公平,助力我国教育改革实现又一个历史性的飞跃,使之彰显新时代应有的特征,实现应有的新飞跃,发挥应有的重要作用,做出为新时代增光添彩的新成就。

借鉴南京师范大学等高校的残疾人教育改革积累的经验,将有助于更好地实现创新、协调、绿色、开放、共享的新发展理念。由于残疾学生自身情况的特殊性及其面临困难的差异性,高校特别需要系统地上下贯通,建立学院、部门等多个环节帮扶残疾学生的绿色通道。基于少数学校费了很多心力积累的经验,可以出台相应的规范性做法进行指导,以免每所学校都从头摸索,也有助于提高教育管理和育人的效能及扶助残疾学生的效果,保障学业合格的残疾青年不但能进得了高校的门,而且能读得好书、出得了彩。

我国的特殊高等教育起步较晚,虽然对于残疾学生的"弱有所扶"有一些宝贵的探索,但距离全覆盖尚有时日,总体上需要机制创新。基于人文关怀实践探索得出的具有科学性和可复制性的经验,相信会逐渐制度化,形成完整的制度关怀链条。义务教育阶段残疾学生的人均经费是按健全学生的一定系数进行教育公共财政拨付,用来为各类残疾学生提供有效接受教育所不可或缺的必需品;特殊高等教育也需要仔细研究残疾学生在校住宿、在无障碍楼层进行学习等特有问题,有针对性地系统总结,形成制度化规定以及标准化的基本做法,使对残疾青年的高等教育扶持不仅限于宝贵个案,而且要减少区域之间或校际差异性,减少"弱有所扶"因人存废、因校存废的现象,减少偶然性,增强制度保障。

我相信,在全面推进依法治国进程中,我国的相关教育法规会继续细化,以便更好地提升育人质量以及教育现代化和法治化的水平。可以预见性地解决教育公平改革深水区亟待解决的问题,更好地保障广大残疾青少年接受较高层次受教育的权利。对于经济欠发达地区的高校招收学业成绩合格的各类残疾学生,如果学校或地区无力通过自身的内部资源调配有效应对残疾学生对有效教育的需求,那么应该通过更高层面给予公共资金保障托底。

由于残疾学生自身的一些困难以及全社会的无障碍设施等客观条件尚在培育之中,所以我们需要在制度关怀方面有所创新,使之与人文关怀更加相得益彰。残疾学生在校的每一天都很珍贵,教师的时间精力也很宝贵。制度关怀有助于让教师和残疾学生把宝贵的时间精力用于更有价值的地方、更加不可替代的事情,更有利于残疾学生夯实知识积累,焕发生命光彩。一些教育实验之所以能取得融合教育的实效,较好地产生精神和/或物质反贫困的作用,原因不仅在于"弱有所扶"机制的作用力,还在于其符合了融合教育的某些规律,包括赋予了前章所论的融合教育的伦理内核。

值得强调的是,高校宜进一步倡导残健大学生亚群体"更加注重融合发展",以马克思主义解放观为指引更好地推进高校融合教育的招生与培养工作,弥合阶层固化生活经验与实践家国情怀之间的落差,助推中国教育现代化及共同富裕①。

党的二十大报告提出"强化特殊教育普惠发展",特殊教育的当代发展方向与国内外主流形式均为融合教育。为此,高校应更加重视大学生生活的融合性,包括残健亚群体共同生活的和谐性,共同过好学术生活,面向世界历史做大写的中国人。发展高等融合教育,关涉高等教育"为谁培养人"的问题。

"融合"对中国教育现代化及共同富裕具有前提意义。《中国教育现代化2035》强调的教育发展方向之一是"更加注重融合发展"。我国的融合教育主

---

① 侯晶晶:《高校生活化思想政治教育提质增效的时空寻径——兼论高等融合教育的重要思政价值》,《中国德育》2023年第9期。

要关涉进城务工人员随迁子女教育与残疾学生融入普通学校教育。多项研究显示,我国义务教育阶段仍有较高比例的残疾学生接受"送教上门服务",残疾人高等教育发展之迫切性也远大于"寒门贵子"问题,因此,残疾人教育是我国融合教育发展的重中之重,是教育改革进入深水区的重要课题。对于残疾人教育,"融合"主要包括残疾学生与健全学生的融合以及残疾学生与教师的融合,涉及人与人之间的交往与平等共生的存在状态;"融合发展"的要义为融合教育的发展,其核心是残疾学生平等受教育权利的保障以及有质量的教育公平,而这些必然与制度伦理、学校道德氛围、思想政治教育具有内在的密切联系。"更加注重"意味着对教育的新期待,在很大程度上也意味着对思想政治教育的新期待。立德树人的目标在于培养担当民族复兴大任的时代新人。时代新人作为具有家国情怀者,对于同胞来说必然是善于合作之人、善于悦纳之人、乐于服务之人,而这些都建立在尊重他人、平等相待、彼此信任、相互关心的基础之上。可见,发展新时代思想政治教育离不开高等融合教育的长足进步,它关涉培养对象能否堪当民族复兴重任,能否回答好"实现共同富裕以及中国式现代化"的时代之问。

高等融合教育有助于弥合阶层固化生活经验与实践家国情怀之间的落差。大学毕业生一般会以某些形式进行公共服务,其家国情怀充分现实化的前提是了解国家由怎样的一些亚群体构成。而我们中小学的学区体制使得基础教育阶段学习生活中学生的同质性很强,一定程度上容易产生阶层固化的心态。在高等教育普及化时代,地方政策甚至国家政策的未来制定者、实施者从今日的大学毕业生中诞生。如果仅仅了解其所在阶层或圈层,而所制定、实施的各种政策又是要面向大众的,那么中间必须避免生活经验与将来实践家国情怀要求之间的落差,因此有必要利用时间自由度较大的大学阶段去了解广阔的生活画卷,与不同的人群融合,为他们服务。家国情怀和人民情怀基本上是一体或同构的,大学毕业生要尽量要求自己各方面的能力能够承载人民情怀,使人民情怀的意向与各种亚群体的所需相适应。为此,残健大学生都需要有较强的自我超越意识。高校应招收培养更多符合入学条件的残疾学生，并促进残健群体在校内校外的融合。应重视创设情境促使大学生在学校内外关心陌生人，在此过程中感受到自我助他的价值与幸福感，强化善良意志。这样的生活化思想政治教育能有效地拓展学生道德责任感中"有效他人"的概念，将原本具有较大心理距离的陌生人转化为情义互通的他我，对其合理需要葆有敏感性，在力所能及的范围内乐于给予回应与关心。我国有 8502 万残疾人，其中包括上千万名残疾青年。自高等教育实现大众化、普及化以来，我国在融合教育方面实现了很大的发展。教育使残疾青年成为一个重要的社会资源，对于将我国的人口数量红利更彻底地转向人口质量红利具有不可替代的作用。这有赖于很多"四有"教师自觉地将教书育人工作和思政教育紧密结合，以大爱帮助残疾青年拓宽生命成长空间，以智慧润泽学术新苗健康成长；以坚韧的理想信念支撑融合教育探索，以高尚的道德情操增强师者正能量，以扎实的学识高水准发挥教师作用、以仁爱之心实践有教无类的立德树人理念。本研究借鉴朱小蔓先生等大先生的高等融合教育生命故事，有助于更多高校教师做到初心不改，携手莘莘学子共同赓续中华优秀传统文化血脉，不断超越自我，为学做人，培养定力，追求真理，涵养浩气。这对落实党的二十大提出的"强化特殊教育普惠发展"可望产生巨大推动作用。

以马克思主义解放观为指引更好地推进高校融合教育的招生与培养工作。大学生思想政治教育的要点包括坚持和发展马克思主义，不断推进马克思主义的中国化、时代化。马克思主义人学强调，人的解放包括个体、群体、类这三个相互关联的层次。残障亚群体的融合发展便是一种超越自然之限的深层次解放，也是人类解放的题中应有之义，同时是人类解放中挑战性较强的部分。我国高等融合教育近年取得了很大发展。南京师范大学为此做了开拓性的探索，许多教师以大爱和智慧将笔者和其他多位残疾学生培养为民族复兴事业的筑梦者。毋庸讳言，个别高校在招生与培养等环节以及高校残健学生交往中仍存在排斥残疾学生的前现代现象，这也印证了《中国教育现代化

2035》提出的"更加注重融合发展"的必要性。大学思想政治教育应自觉地使更多残健学生理解融合式高等教育在现代社会之于人类解放事业的独特重要性,理解自己在校园生活中的言行之于马克思主义中国化、时代化的微观建构作用。此外,还需充分估计融合发展与过度内卷之间的内在张力,从培育时代新人的高度适度控制冗余竞争的教育环境,减少"内群体"(我们)与"外群体"(他们)的过度出现及其冲突,以家国情怀充盈残健大学生的内心世界,杜绝"精致利己主义"与"空心病"等现象。大学思想政治教育还应着重强调社会责任和职业伦理,帮助即将步入职场的学生应对智能时代的新挑战,在建筑无障碍、智能产品的无障碍设计开发等方面注重保障残疾人的无障碍合法权利,多措并举地实现高校思政教育"更加注重融合发展"。

第三节　残疾学生的自我教育与反贫困

在"弱有所扶"等国家政策的正确指引下,我国教育现代化的发展会进一步走上快车道,在精准扶贫、全面建设社会主义现代化国家的征程中,使教育发展成果更多更好惠及残健学生。同时,残疾学生等弱势群体也要充分珍惜学校和社会的关爱教导,不断磨砺自我、积极融入环境,共同致力于教育反贫困。

一、磨砺自我:培养抗逆力 提升学习力

残障往往意味着挑战和逆境,残疾人较之健全人具有更大的迫切性培养抗逆力。一般意义上的自我磨砺首先需要在生活中培养抗逆力、提高适应能力;而学生自我磨砺的独特性在于还要进行不懈的学业努力。

(一)培养抗逆力

培养由于各种考试对于个体的重要意义,由于残健学生持续的学业努力

以及"考试无常"的不确定性,面临一些重要考试时尤其需要抗逆力,也很有可能促成抗逆力的生成。下文结合我应对考试的案例进行分析。我还清晰地记得 1994 年春天首次参加全国自学考试前夜那种彻骨的焦虑:辍学在家自学 6 年几度近乎难以为继,父母 6 年默默支持,而明天,必须去接受全国成人高教自学考试的正式评价了! 凡此种种,使我在临考前夜久久无法入睡,我暗示自己"平静、平静",即便不能立刻入睡,也要尽可能积蓄体力、保持思维的敏锐。后来的考试成绩表明,一定程度的焦虑并没有影响正常发挥。由此看来,真正可能导致障碍的是对于焦虑的焦虑。一方面,我们要把焦虑控制在一定的阈限内;另一方面,则应来去两由之,理性地看待焦虑,同时可使用深呼吸等一些有助心理减负的小技巧。

1997 年的考研机会对我而言难得而重要。我在家里备考了几个月,一层楼板之隔的邻居差不多就把婚房装修了几个月。白天,家人上班,我坐轮椅独自在家,当时的楼房没有电梯,无处逃遁,几乎每个白天就在装修噪声中自己摸索着备考。在这种环境中,我学会了闹中取静地学习,从未和邻居去商量什么。几个月后,楼上楼下皆大欢喜,楼下邻居的婚结了,楼上的我也考上了硕士研究生。

人生的很多外在因素是我们无法控制的。我们不宜将焦虑妖魔化,为应对焦虑白白付出很多宝贵的时间和精力。思考一些与人生相关的问题,如尊重、共生、平和,以及更科学合理地应对问题,会有利于残疾(和健全)学生提高耐挫力。

大考本身对于残疾学生的心理与意志就可能是一种很好的砺炼。分数取向的教育不注重关心学生的思想,于是许多学生只看到"自古华山一条道",却不理解辩证地看待成功。辩证成败观反而有助于成功。形而下地说,辩证地看待成败,抱着一颗平常心做事,反而能减少能量的无效耗散,把目标工作做好,取得个人现有水平范围内可能的最大成功。我本人对此深有体会。1997 年获准考研时,我因医院误诊双下肢瘫痪已十二年,对于来自外界的宠辱已不是很敏感。但是喜出望外地得到了考研资格，唯恐因能力不济而失之交臂，又因为自己辍学闭门自学十年，与外界特别是高校的学生没有交流的机会，不知深浅；结果，越接近考研之日，越强烈地生出一种强弩之末的感觉。我的心态不复平静，复习效率明显降低，必须尽快调整心态。通过与长辈沟通和自己的静思，我终于想明白了："成功不能掩盖我的所短，失败也不能抹杀我的所长，无论成败，我都会继续学习，争取进一步成长。"越是放得下，越是能正常发挥潜能。在这种辩证成败观的指导下，我不再过分忧惧可能的考试挫折，心情渐趋平静，复习迎考工作也随之变得有条不紊、富有成效。结果，以笔试、面试总分第一一举顺利通过考研。

只有在挑战中，才能学会如何应对挑战；只有直面挫折，才能提升耐挫力。挑战的压力、挫折的考验可能使某些潜在的智慧原子在短时间内发生核聚变，迸发出令人惊异的能量，有助于我们渡过眼前的难关，锤炼辩证的思维能力，智慧的光亮在未来挑战来临时，也能照亮又一段混沌的路程，帮助我们再次走出人生的隧道。学习尽可能智慧、豁达地应对挑战、挫折的过程，同时就是展现人的主体力量甚至争取实现跨越式成长的过程，获得人生智慧对于成长的意义超过做成一件事本身。因此，有些挑战、挫折只能自己亲身经验，主要依靠自己的力量去应对。如蚕的蜕皮、小鸡的出壳，弱小的它们只有通过自己的力量完成此事，才能进入生命的新天地。

（二）提升学习力——兼论研究生学术素养的生成路径

随着学业难度的提升，残疾大学生（包括研究生）需要付出扎实的学业努力，提升学习力和自我效能，才能更好地把握教育反贫困的机遇。大样本的量化研究结果表明，"三年级硕士生的科研自我效能感总体上低于一、二年级硕士生"，折射出其学业发展不尽理想。由此看来，本部分的讨论可能对残健研究生都有借鉴价值。解决上述问题，对于一些高年级研究生杜绝文献引用率过高、引用出处不实等问题具有前提性的意义。为此，残健研究生要提升学术素养、科研积累,做好相应的目标管理、过程管理和结果管理。目标是评价的基础与参照,带有适度挑战性的预期目标能增强学习动力。研究生最好尽早阅读数篇所在研究方向的优秀学位论文,对自己毕业之际应达到的学术水平有所认识,审慎地制定覆盖全学段的总目标,并分解为每个学期的子目标。实现目标的过程是经年累月的。研究生提升学术素养的过程管理需要脚踏实地、补短扬长。知己知彼、步骤适当,可以优化过程,提升效率。为此,研究生需要主动知晓学术素养的构成要素,分析自己各种素养的短长,及早对标补短。当有学术成果产生时,从无到有是令人欣喜的,同时要警惕自我陶醉的心理,应很快转向从有到优的成果打磨,以批判性的学术精神进一步审视、提升成果,争取形成过硬的科研作风。关于目标—过程—结果管理对学术成长的催化作用,我具有切身体会。我的个案可以从一个侧面印证:目标明确、过程扎实、结果优化,有助于开发和生成残疾人研究生的学术最近发展区,将学术潜能逐渐转化为现实的科研经历和实际能力,至少首先在精神层面上较好地实现教育反贫困。

在目标—过程—结果的管理方面,高校作为组织对研究生的要求必然带有普遍性,学生对自身情况有着具体的了解,每个人情况都是千差万别的,因此学生可以结合环境的要求,另设一些个别化的发展目标,将两者结合起来,争取较好地实现主观能动性对于人的发展的促进作用。另外应注意,主观能动性促进人的发展,不仅仅是对于个体发展而言,而且从群体、从社会的角度而言,个体还可以通过服务他人的方式,在多个层面上去实现主观能动性对人的发展的促进作用。

二、以生命叙事和社会服务促融合、反贫困

在努力做到学业合格的同时,残疾学生还要注意处理好小己与大我的关系,主动融入社会。残疾学生与社会的关系并非只能单向度地接受外界的社会支持,还可以以己所长服务社会,摆脱交往的贫困,追求精神的丰盈。融入有很多方式以及丰富的层次,被外界接受是一种融入,服务外界、被社会需要

也是一种融入。在服务的过程中,残疾大学生(包括研究生)可以自然而然地呈现残疾人作为积极公民的身份和行动。以所学的知识技能为人民服务,包括为残疾人和健全人服务,这也是在一点一滴地建构和丰富残疾人的社会文化符号。无论是在国内还是国外,残疾人的社会可见度都是社会文明程度的一个显性标志。残疾人个体克服自身困难,积极参与社会生活,本身即可从一个侧面折射出其心理建设水平并可展现其知识技能所长,会使更多的健全人接触残疾人,了解残疾人,减少分别心,增进残健交融。残疾大学生主动融入社会,客观上有助于从心理上、交往合作习惯上为求职就业做好准备,有助于在物质和精神层面上反贫困。

(一)以生命叙事促融合[1]

认真踏实地做好专业学习之外,残疾学生在社会性成长方面也要积极主动地把握机遇,挑战自我,以促进融合,防止吉登斯分析的或被动或主动的社会排斥,从而起到反贫困的作用。

1. 生活圈层叙事对于加深理解现实人际关系的作用

纳斯鲍姆指出,让学生叙事,尤其是进行生命叙事,不仅可使其对自己的道德观负责,而且可以鼓励其探索道德生活的无限丰富性、复杂性。[2] 每个人在自己的生活史中都积淀了一些内涵,形成了独特的个性和风格。这些深层的身份只有一小部分会投射到一望即知的表层。因此,认识一个人,绝非知晓其音容笑貌那么浅表。如果缺少生命叙事,相识几年,因为相处的机会少,可能仍很陌生。借助直接或间接叙事,初识者可能较快地了解对方的主要特点、生活世界、心灵世界。

有叙事和没叙事,使人际关系了解的深度差异悬殊。其原因在于:任何两

---

①　侯晶晶:《关怀德育论》,人民教育出版社 2005 年版,第 254—258 页。

②　M.Nussbaum,"The Fragility of Goodness",in *Stories Lives Tell*:*Narrative and Dialogue in Education*,N. Noddings,New York:Teachers College Press,1991,p.187.

个人就像两个圆,若干人的视界分享使得两个圆的相交部分扩大。在现实生活中,没有小说中的全知视角叙述者。我们不可能全知,也没有必要全知,但如何加深这种"知",即对人的理解? 让更多的理解者、知情者进行复调交谈是一种行之有效的方法,多叙述者叙事和多视角叙事有助于促进交融。同时,每个言说者的主体性也会融进故事里。

叙事不仅有利于人际关系的加深,还能在叙事后自然而然地引出评点、期望和反思。这有赖于深度谈话的叙事氛围的设置。日常生活中的言语往往是肤浅的,甚至是言不及义的。我们也不会在路上与行色匆匆的朋友相遇时说什么肺腑之言。只有在一定的氛围、一定的主题下,我们才会给出深度关怀性的提醒。文体学有一条定律:在适当的时间说适当的话。所谓适当的时间,我的理解是因为有了适当的主题,言说者得以从日常语言交流切换到深度语言交流。要使这些肺腑之言较好地为听者接受,要使叙事关怀道德教育产生理想的效果,组织者的整合、评点的功夫是很重要的。

他人叙事和自我叙事各有千秋,互为补充。自叙可避免自评必然会有的主观性。因为我们传统认同的美德之一是谦虚,自叙可以避免自评的尴尬和片面,因为自评有时可能变形为自我批评。而自叙可为当事者提供更完整地呈现自己的机会。另外,我国学生获得公开发言的机会相对较少,许多人有公开发言恐惧症;书面自叙可免除其公开发言的困窘。因此,书面自叙的适用性更强,时间、地点等方面的制约性也更小。

2. 文本叙事对于拓展道德想象力和体验空间的作用

上述圈层叙事或生活叙事的主体是以"我"为圆心的生活圈层中的人,其妙处在于加深对现实人际关系的理解,为融合和关怀提供更厚实的基础。而在文本叙事教育法中,文本以一个似主体的身份对人诉说。其优点在于无限的开放性,以及与我们的兴趣、当下阅读及生活结合的可能性;其潜在资源关涉人类的全部历史文化。关于文本载体的叙事之启迪作用,这里分享我在读研期间曾从中获益的亲身感受。

　　1998年我考入南京师范大学攻读硕士学位，母校为了帮助我顺利融入环境，决定让我给同级硕士、博士研究生新生做个自我汇报，以便使他们较快地了解我、接纳我。研究生招生尚未开始扩招，全校硕士、博士研究生新生不足四百人，观众看似并不多。不过，因为我曾离群索居十余载，又非全日制科班出身，所以这件对于很多同龄人易如反掌之事对我而言却难于考研。我必须在很短时间内在社会交往方面实现跨越式进步，才能胜任该任务。当时，我完全没有在公众场合讲话的经验，读了一些罗列演讲技巧的文章，总感到隔靴搔痒、于事无补。所幸，妈妈为我买来新凤霞的自传《人世琐忆》，这位出身寒微的演员的文本叙事记录了其在达官显要的观众们面前那份"我一上场，全场都是我"的舞台自信，深深地震撼了我——我找到了自己急需迅速培养的公众自信心。我确定了讲座内容后，无法亲身体验讲座情景，便进行想象式的体验——通过心灵的眼睛模拟着我的听众们就在眼前，我向他们进行生命叙述。通过几次情境想象，我找到了一点感觉。我还进行了相似性亲身体验：抓住从入校到讲座之间仅有的两三天时间，哪里人多就到哪里去，把学校大路上、食堂里的同学都通过我的想象整合成模拟听众。汇报会的前一天下午，我对自己说："我准备好了。"汇报会进行了近一个小时，校报事后对此做了如实报道："贻芳报告厅里座无虚席，许多人流下了热泪，会后掌声经久不息。"现在回想起来，当时我不折不扣的是借助了叙事学的想象力完成了这个学会交流、学会分享的课题，完成了进校的第一项学习任务，也朝着融合迈出了重要一步。这一收获使我直到2003年博士研究生三年级时与著名演员濮存昕共同主持第六届全国残疾人运动会时，也没再为公众自信心过分犯愁。从我受益于《人世琐忆》的案例可见，文本叙事以其开放性、全息性保证了巨大的选择余地和丝丝入扣的适切性，足以赋予学习者自由的想象力、丰富的情境，使其有可能在较短时间内在某方面超越自我，比较勇敢、有效地走向融合。

　　文本叙事的积极作用还在于能够借鉴别人在人生逆境中是怎样处理问题的。我们的生活难题在一己生活圈中未必总能找到可以咨询的叙事主体，而通过阅读,通过与各种文本中人物的对话,我们学会不再井底之蛙一般地看待人生。我们的人生不再是时空上的一个孤立的点,它与不同时空、不同主体的类似事件找到了联系,于是找到了自己在社会历史中的位置。这样,逆境或者顺境的当事人就能够从书中的同伴那里获得经验、智慧和勇气。掩卷之后,便会强烈地感到:时间是一去不复返的,不管顺境、逆境,都有起点、过程、转折点和终点,每条路都有转弯处。一切都只是过程。重要的是:不管在何种处境中,都要把在自己掌握之中的那些事做好;外在的事情,视其值得与否,或者可以通过水滴石穿的方法去渐渐改变,或者就可以采取高高挂起的态度让它少影响自己。正如一位西方的思想家说的,没有你的同意,谁也别想侮辱你或是奉承你。有时候,一本书中的叙事会让一两句话熠熠生辉,这一两句话就可能一生照耀着你。比如,你在读有关钱钟书的人生叙事之后,可能就记住了他在最困难的时候写给友人的那短短一句话:且复忍须臾。这句话放在当事人当时的处境中,就凸显出令人震撼的力量。有些传记的教育力量远远大于一些小文章发的小感慨,其原因大概就在于传主不同寻常的经历。体悟这些经历,有助于我们培养平常心,为人际融合作好准备。

(二)以服务社会促融合

读研期间,我在完成学习任务和每日必需的数小时康复之余,积极服务社会。我在迄今为止的各种社会服务中,面对面交流的大中小学生、孤残儿童、未成年犯管教所的特殊学员、教师、医务工作者、科技人员等共计数十万人。我克服身体的不便,运用教育学、社会学知识以及自己的心得体会,来到民工子弟学校,面对面和困难家庭的孩子畅谈学业的目标和生活的理想;在酷暑之时,与全国各地的有志残疾青年畅谈如何提升自身素养、实现社会价值;未成年犯管教所的志愿服务者队伍中,也留下我推着轮椅的身影。这些服务也从另一个维度促进着服务者与外界的融合,丰富着彼此的精神生活。在走近他人、服务社会的过程中,我也在学习了解他者、融入社会。在服务交流过程中,我深切体会到"接受"之于关怀以及融合的重要性。这里叙述一个案例。

我读博士研究生三年级时,有一次去南京市福利院参加和孩子们的交流活动。① 接受是融合有效产生作用的先决条件,懂得这个道理使我能较好地与这些初次见面的孩子交流。我讲述了十几分钟时,观察到时间久了这些小孩子就难以集中注意力,于是我将原定一小时的讲话压缩至四十分钟,多讲儿时的经历和体会,这些与其年龄相仿的叙事内容易于让孩子们产生共鸣。这一临时调整果然使他们专注起来。然而,当我讲到妈妈帮助我做康复锻炼时,孩子们的脸色变得有些伤感。我立即意识到,这些孩子可能不愿想起他们无父无母的身世,于是后面不再提及父母帮助我之事,临时调整为讲述这些孩子喜闻乐见的内容。在我讲完后,按预先的安排,是孩子们和我对话。看到孩子们羞涩地保持着沉默,我微笑着启发道:不一定需要有板有眼的问答形式,想说什么心里话都可以,闲聊也行。再三启发之下,这些孩子仍然有些羞怯。我推测可能他们与外界的接触较少,不善言谈,所以和我平时在普通中小学里的交流对象有较大差别。怎样才能带给这些孩子轻松愉快的感觉,怎样才能帮助他们自我表达呢? 我注意到旁边有间音乐室,小会堂的角落里也有电子琴,猜想他们有音乐课,我们可以以音乐为媒进行交流。于是,我灵机一动欢迎他们演奏自己喜欢的乐曲。孩子们一下子就抬起头、笑起来,不再拘谨了,开始相互推荐。只见一个女孩自信地走到琴边开始演奏,其他孩子也踊跃地上前表演,我们在旁边高兴地为孩子们鼓掌。那天的活动在自由自在、彼此交融的笑声中结束了。

笛卡尔将人视为思考的芦苇,有一定的道理。很多残疾人如果得到充分的学校教育和自我教育,至少可以获得精神的自由。形体虽无法奔跑,但思想仍可畅行甚至驰骋。即便肉身未必强壮,但精神仍可以丰盈,在实现精神反贫困的同时实现物质反贫困。

---

① 侯晶晶:《关怀德育论》,人民教育出版社 2005 年版,第 343—347 页。

本书前面五章从教育起点、基础教育、职业教育、社会教育、高等教育维度分别论述了学校教育反贫困问题。学校并非负有教育责任的唯一主体,教师也非自足的教学活动主体。"家校社协同教育"的重要性以及残障学生自我教育的必要性在第二章至第六章中不时有所体现与论述。自我教育是容易被忽视的研究视角,但是,无论在哪个层级的残疾人教育中,学生在教学关系中都具有一定的主体作用。越是在高学段,学生的主体性可能越突出。因此,研究高等教育的本章内容自然而然地涉及学校教育与自我教育。家庭教育对于残疾人反贫困的重要性已在第二、第三、第四章二百多处进行分散论述;残疾人社会教育在第五章进行了集中论述。

由以上分析可见,残疾人教育发生于残疾人自身与整个社会生态系统的互动之中。前面各章的实证、个案、思辨研究都印证了内因的重要性,同时折射出能充分起到反贫困作用的残疾人教育不是孤立的残疾人个体或家庭所能企及的,而是需要依托残障研究强调的社会模式、综合模式。布朗芬布伦纳(U.Bronfenbrenner)的社会生态系统理论指出,"个体处于从直接环境到间接环境的几个环境系统之间或嵌套于其中,环境系统通常是由内而外地将其划分为微观系统、中间系统、外层系统、宏观系统,加强系统内各生态因子的联系,能够实现环境系统高效有序运行"[①]。高质量的融合教育公平是复杂社会系统中的多层次、多维度要素充分互动的产物,折射出复杂的社会互动关系。

循着布朗芬布伦纳的社会生态系统由内而外对本书第二章至第六章内容进行概括式的综合分析,残疾人个体的受教育培训权利保障既受个体层面的特征因素影响,如年龄、性别、残疾类型、自理能力、是否得到自强不息、培养浩气等原儒文化熏陶、是否具有自我教育意识,也受到个体所处外在嵌套的社会生态环境的影响。该嵌套式社会生态环境包括四层次环境系统。其中,微观

---

① U.Bronfenbrenner,"Nature-nurture Reconceptualized in Developmental Perspective",*Psychological Review*,No.4(1995)pp.568—586;李梦卿、余静:《生态学视域下本科层次职业院校产教融合发展研究》,《教育发展研究》2022年第17期。

系统(microsystem)主要涉及个体与直接生活环境的互动,如家庭内监护人是否支持残疾孩子求学、家庭是否拥有当代必备的数字化学习设备、学校无障碍环境与道德氛围关系、班级里的师生关系和同学关系、社区里是否有充足的教育文化生活资源等。这些都已被本研究证实是对残障学生受教育培训权保障水平具有影响作用的重要环境因素。中间系统(mesosystem)是由微观环境系统构成要素互动而形成的,比如家校互动、学校与社区的互动等。本研究发现,积极的学校—家庭—社区互动对于特殊教育反贫困具有积极的影响作用。微观系统和中间系统自然受到外层系统(exosystem)和宏观系统(macrosystem)的规限与影响。外层系统"主要包括与学生个体行为发展没有直接互动关系的社会因素,如国家和地方的教育行政系统、社会福利系统、大众传媒、国家司法部门、社会团体组织、教师教育等"①。对于残疾人而言,较为间接的环境因素即外层系统因素还包括康复服务、无障碍环境、训练有素的志愿者服务等。本研究显示,这些外层系统因素并非像家庭那样对于有需求者是一种几乎必然在场的存在,其可及性远低于家庭支持的可及性,因此将其归于外层系统是恰如其分的。本研究显示,这些外层因素能提升有质量的融合教育公平。无论是外层系统、中间系统还是微观系统,都是在由社会道德、文化、习俗和法律构成的宏观系统或曰宏观社会环境下运作的。宏观系统中的个人模式残障观抑或社会模式、整合模式残障观很大程度上影响着各子社会系统对待残疾青少年的基本立场和互动方式。需注意的是,这些嵌套的生态环境系统之间是双向互动关系,而非单向度关系。微观与中层系统的累进完善也能推动宏观系统的发展,这在本章的教育实验推动特殊教育法律演进中亦可见一斑,体现了教育实践行动和制度化进程的同向发力与相互促进。当教育实验的进展提振社会对有质量的特殊教育公平信心、提升相关的社会想象力与立法水平之后,宏观系统因素又通过相应渠道将相关的影响传导到

---

① 张倩、孟繁华、刘电:《校园欺凌的综合治理何以实现——来自现代校园欺凌研究发源地挪威的探索》,《教育研究》2020 年第 11 期。

残疾学生所处的中间环境和微观环境,如社会主义核心价值观进全纳校园便能有力地传导这种由宏观到中观和微观的影响力。在厘清各系统影响因素的基础上,循证施策,持续完善学校—家庭—社区互动以及弥合法定权利与实有权利之间的差距,必将系统化、长效化地推进残疾人教育反贫困,更加充分地实现其防止规模性返贫以及推动健残共同富裕的社会功能。

结　语

　　贫困内涵已不止于经济贫困,越来越多的学者开始重视能力贫困、权利贫困、精神贫困。残疾人是经济脆弱性较高的亚群体。我国有 8500 多万残疾人。残疾人反贫困是人类反贫困事业的难中之难、重中之重,具有重要的经济意义、政治意义、社会意义和文化意义。我国打赢精准脱贫攻坚战、"完成消除绝对贫困的艰巨任务",为人类反贫困事业作出了重大贡献。习近平总书记《在全国脱贫攻坚总结表彰大会上的讲话》中强调要"坚决守住不发生规模性返贫的底线"①,并曾指出"全面建成小康社会之后,我们将消除绝对贫困,但相对贫困仍将长期存在"②。在打赢精准扶贫战役的过程中,习近平总书记强调以"教育扶贫"等方式扶持残疾人脱贫。本成果基于大数据量化研究、思辨研究以及案例研究,力求从保障残疾人教育权利的维度助力其长期稳定地巩固精准扶贫成果,防止因能力贫困出现规模性返贫,助力实现党的二十大强调的"强化特殊教育普惠发展",助力以中国式现代化推进全体人民共同富裕。

　　保障残疾人的教育起点公平以及各学段教育的公平与质量,对残疾人反贫困具有基础性的、不可替代的作用。鉴于此,本成果基于六类残疾人监测数

---

① 《习近平著作选读》第二卷,人民出版社 2023 年版,第 443 页。
② 习近平:《论"三农"工作》,中央文献出版社 2022 年版,第 280 页。

据,综合运用融合教育、福利社会学、法学、女性主义伦理学等相关资源,研究残疾人教育反贫困的问题、影响因素与对策。

本著首先分析了翔实的中英文文献,严谨地完成述评研究,明确教育反贫困对残疾人精准扶贫的特殊重要性以及本研究"接着说"的着力点。然后基于对 CDPF·全国残疾人监测权威数据的分析,对残疾儿童及残疾成人的受教育权、受培训权等密切关涉反贫困的权利保障进行了实证研究,运用 SPSS 软件准确描述权利保障状况,分析其影响因素,提出可行的对策建议;而且结合女性主义伦理、陌生人伦理等理论资源,对残疾人受教育权利保障进行了具有原创性的思辨研究和案例研究。本著从内部、外部以及宏观、微观四个维度分析了残疾人人口特征、家庭背景、社会保障、教育、就业、康复、无障碍环境等因素对残疾人教育反贫困的影响;结合有代表性的案例分析,紧扣主因进行客观分析,为建构残疾人教育反贫困的系统性路径提出对策思路。基于此,本书最后一章运用布朗芬布伦纳的社会生态系统框架凝练出残疾人教育反贫困社会生态模式,解析了残疾人个体与嵌套式社会环境系统之间的教育反贫困互动机制。

本研究始终注意适当侧重于残疾女性,在各层各类教育反贫困问题研究的基础上,对视力、肢体等类别成年以及未成年残疾女性的教育反贫困进行了典型案例分析,这亦可视为相关对策研究的佐证。但是,本研究不能局限于残疾女性的问题,因为残疾女性的问题是植根于整个残疾人发展背景之中的,不可能从语境中抽离、独善其身,而且残疾男性的教育反贫困问题同样需要且应该得到学界的关注、社会的支持。以下列举本研究得出的部分核心观点。

1. 教育扶贫是我国政府确定的五大精准扶贫方式之一。在"后脱贫时代"从物质丰裕迈向共同富裕的征程中,为了巩固拓展脱贫攻坚战的胜利成果,为了更好地应对相对贫困问题,教育反贫困的使命都是始终不可松懈的。残疾人远离贫困、充分发展是社会文明进步的表征,而远离教育权利贫困是其前提之一。我国 8500 余万残疾人能否成为社会的资源,很大程度上取决于教育机会的实际可及性及其质量。教育公平有助于弱势群体实现自身生命进程中较好的可能性,有质量的教育对残疾人的反贫困能力具有唤醒和提升的独特功效。

2. 受教育权利是当代残疾人最重要的生存发展权利,是关涉其教育反贫困的基本权利。残疾人教育反贫困研究论域已有一些过程研究,但尚未完整覆盖残疾人教育的起点研究、高等教育研究,职业培训研究也很薄弱。除了研究的系统性需要加强,研究对象也有待更均衡地加以关照。"残疾人"研究在一定程度上容易被置换为"残疾成人"研究,关于精准扶贫多从经济学角度研究残疾成人的脱贫问题,对残疾儿童及其教育反贫困关注不足,这不利于巩固拓展精准扶贫成果。

3. 本研究首次显示,从未上学是我国残疾儿童占比最大、致贫风险最高的失学亚类。消除学龄残疾儿童从未上学现象,是从质和量两个方面解决其失学问题的关键,也是解决目前仍有较大比例残疾儿童接受低频低质送教上门服务问题的着力点,从而实现教育反贫困在起点上的有质量公平。①

4. 保证残疾儿童的入学率和在学率,对于构建公平而有质量的基础教育和长期保持精准扶贫的胜利成果,具有重要的战略意义。本成果分析残疾儿童接受义务教育的成就与问题,并提出对策:(1)依托人口大数据和源头维权服务助力残疾儿童入学;(2)借助人性化教育管理方式和数字化教育资源防控残疾学生辍学风险。

5. 精准扶贫的一个前提是精准地定位对象。研究显示,残疾人等弱势群体总体上贫困脆弱性较高,其教育贫困与经济贫困具有很高的相关性。教育学、社会学、经济学的相关理论与实证研究显示,教育具有重要的反贫困作用。如前文所述,本书认为,关涉弱势群体的教育反贫困具有本体性和工具性的双重意涵。教育把自身内部的反贫困工作做好,才能充分发挥教育反贫困的作

---

① 侯晶晶:《残疾儿童从未上学现象的影响因素与对策研究——基于精准扶贫的视角》,《南京师大学报(社会科学版)》2020 年第 4 期。

用。通过教育上的"弱有所扶"有效地助力精准扶贫,还须精准地知悉残疾青少年在教育方面最需要扶助什么。充分的扶智可以促成非智力型残疾青少年的补偿性智力发展,至少保证其总体上达到一般的智力发展水平,比较充分地实现其智力发展潜能。对残疾青少年的扶智如何才能更为精准、更有实效,其中存在一些复杂性和特殊性。残疾青少年所处生存境遇困难较多,其中大多是非常规性的困难,难以通过简单的观察学习比较自然地习得。如果他们不能较好地解决自我接纳、复杂环境认同、积极的有限改善等带有前提性的问题,会很不利于他们以积极的情感态度和必要的意志品质去最大限度地发挥智力潜能,去应对学习及生活中的挑战。对残疾青少年的扶智除了直接的智力培养,还需情感意志培养方面的必要扶持,直接与间接扶智相结合,通过"弱有所扶"更好地发挥教育反贫困作用[1]。

6. 国家富强有赖于教育富强,即教育在量与质方面的现代化;而教育富强离不开学校教育伦理精神的丰富与强大。融合是现代学校教育伦理不可或缺的部分。在现代社会中,任何一所只收所谓"正常"学生的学校都是不正常的学校。学校在必要的规范管理之外,应根据社会主义核心价值观对学校建设的期待,结合自身的伦理精神传统对标补短提优,杜绝学校教育的伦理精神贫困。[2]

7. 本研究经调研发现,残疾人职业培训工作近几年有显著进步,存在的问题主要包括:残疾人接受职业培训的总体可及性和相关社会发展目标之间尚有距离;职业培训机会在残疾人内部分布不均衡,肢体等类别残疾人的职业培训机会匮乏问题尤为突出;学历、非学历职业培训的质量皆有待进一步提升。本书对此提出了具有针对性的对策。

---

① 侯晶晶:《落实"弱有所扶"政策 推进教育改革发展》,《教育研究》2017 年第 11 期。
② 侯晶晶:《融合教育视角下社会主义核心价值观进校园的路径研究》,《中国特殊教育》2019 年第 3 期;该文全文收录于中国教育科学研究院编写的《中小学培育和践行社会主义核心价值观 思有领航(理论篇)》(教育科学出版社 2019 年版)。

8. 残疾人研究生教育对于反贫困的意义不仅在于直接培养残疾学生个体，使其在高等教育普及化的今天借助教育获得较充分的竞争性就业能力，降低个体陷入贫困或返贫的风险，而且高层次残疾人人才培养对于残疾人事业的发展以及社会文明程度的间接推动作用亦不可小觑。他们作为残疾人置身于残健融合的群体中，有可能发挥类似窗口和桥梁的作用。很多健全人也乐意为残疾人代言，但是残疾人的一些隐痛和不便言说的困难以及残疾人有时可能伴有自卑和敏感的情感，使得并非所有残疾人的需求都能为外界顺畅所知。因此，残疾人高等教育对于反贫困而言具有其他层次的教育反贫困所不能起到的独有功能。有机会接受高等教育的残疾人应勇于磨砺自己的核心素养，发掘学术潜能；做好目标管理、过程管理和结果管理，努力以精益求精的态度主动地补短扬长，寻找适合自己的生长点。

9. 本研究首次对我国残疾人博士研究生融合教育实验进行了案例研究。研究显示，我国教育家朱小蔓先生以坚韧的理想信念支撑全纳研究生教育探索，以高尚的道德情操增强师者正能量，以扎实的学识高水准发挥导师作用，以仁爱之心实践有教无类的树人理念。研究借鉴朱小蔓先生的教育生命故事，对促进残疾人精神扶贫与人的二重性意义之一的共同富裕可望产生启示与推动作用。①

10. 我国的特殊高等教育起步较晚。基于相关教育实验得出的可复制的科学经验，努力将"弱有所扶"制度化、全覆盖，逐渐形成完整的制度关怀链条，可使对残疾青年的高等教育扶持不仅限于宝贵个案，而且减少区域之间或校际差异性，减少"弱有所扶"因人存废、因校存废的现象，更好地制度性地保障残疾人教育反贫困。

本成果的学术价值在于：教育机会不足会增加贫困风险，这已被量化研究、案例研究证实。本成果努力"接着说"，基于数据分析、思辨探索、案例研

---

① 侯晶晶：《公平而有质量的全纳研究生教育之个案研究》，《中国特殊教育》2018 年第5 期。

究,关于残疾儿童从未上学以及融合研究生教育等论题的研究具有填补空白的学术价值,有助于学术界共同探寻"对教育反贫困"的规律,通过深化教育改革尤其是融合教育的改革,从有质量的教育公平、情感教育、道德教育等视角,进一步提升教育之于反贫困的有效性。本成果的应用价值在于:残疾人反贫困具有重要的经济意义、政治意义、社会意义和文化意义。残疾人教育反贫困研究包括预防返贫和应对相对贫困等丰富内容,对于残疾人体验生命意义、提升幸福感以及促进教育现代化、巩固精准扶贫成果具有重要的战略意义。本成果的社会影响如下:笔者的独著成果在《教育研究》《教育研究与实验》《南京师大学报(社会科学版)》《中国特殊教育》等 CSSCI 期刊以及《光明日报》《中国教育报》《中国社会科学报》上发表,多篇成果被《新华文摘》、《中国社会科学文摘》、人大复印报刊资料以及教育部官网、中国社会科学网、中国教育新闻网等全文转载,有些成果获全国高校优秀研究成果奖和江苏省哲学社会科学优秀成果奖。以上社会影响可间接印证本研究的学术价值和应用价值。

由于残疾亚类较多,有些类别残疾人的调研难度大,组织全国性的残疾人普查或抽样调查耗资甚巨,残疾人调研数据不像健全人数据那样容易获得。笔者将持续关注残障研究相关大数据的更新,并拟适时进行纵向比较研究。残障者总体属处境不利群体,残障研究也非显学,尽管如此,鉴于残障研究自身的学术价值与应用价值,笔者将持续专注于该领域的探索。

附录一 残疾女童入园难案例分析:兼论强化学前特殊教育普惠发展

本书量化研究未涉及幼儿园,而融合式幼儿园的可及性很大程度上影响残疾儿童义务教育阶段受教育权利保障。因此,附录一结合个案研究对残疾儿童入园难问题进行补充性的探讨。个案虽无法呈现"社会全体的完整图景",却是"可供窥探世界的一个窗口"①。案例简要描述如下。

在我国的某一线城市,曾令人遗憾地发生了小伊伊入园难之事②。小伊伊由于机动车事故,一瞬间从原本深受父母呵护的幸福女童变成孤儿,由健全幼儿变成下肢残疾儿童。随后,她承受了包括七次手术在内的深重长久的痛苦。这个女童的遭遇实质上是为全社会的技术进步付出了沉重代价,但是当她需要入读住地附近的公立幼儿园时,却遭到拒绝。公立幼儿园对残疾女童的拒收以及一些社会人士关于伊伊是否适合入园的质疑,实际上违背了我国签署的《儿童权利公约》的"儿童权利至上原则"。面对这样的现实,其叔叔作为监护人在微博中无奈地表示"道歉",最终将小伊伊设法送入了高收费、路途远的私立幼儿园。这名幼小女童的意外致残实际是为全社会的关键性技术

---

① 吴康宁:《个案究竟是什么》,《教育研究》2020 年第 11 期。

② 《动车事故幸存者小伊伊遭遇"入园难" 弃公立读私立》,2012 年 7 月 25 日,http://www.chinanews.com.cn/sh/2012/07-25/4058585.shtml。

进步付出了巨大代价,同胞们承载着给予这位特别的残疾幼童补偿性关怀的道德义务。然而,即便是身处我国一线城市的她,尚且遭遇入园难问题,其他一些残疾幼童也难免遭遇类似的困境。

"改革开放以来,尤其是党的十八大以来,我国特殊教育事业取得了举世瞩目的成就,但学前特殊教育仍是短板。当前,我国学前特殊教育资源总量不足,残疾儿童的入园机会非常缺乏,远低于普通儿童,无法满足残疾儿童的学前教育需求。2021 年,我国学前教育毛入园率已达到 88.1%,与 2012 年相比,提高了 23.6 个百分点。但 2019 年,教育部对《第二期特殊教育提升计划(2017—2020 年)》的落实情况调查发现,我国 3—6 岁残疾儿童入园率仅为 43.1%,与 2012 年的 43.9% 相比,进展缓慢。"[①]可见小伊伊案例反映出的学前教育机会贫困现象亟须制度性的有效应对,从而强化学前特殊教育普惠发展。

就人的本体价值而言,学前教育为儿童的全面发展和人的终身幸福奠基;就人的社会价值而言,国内外教育学者都认同人力资本理论的一个研究共识——学前教育投资收益率居于各学段之首。残疾幼儿接受教育还对我国实现共同富裕和中国式现代化具有直接贡献。

一、学前特殊教育成就与党的二十大新战略

2022 年 9 月,适龄残疾儿童义务教育阶段入学率已超 95%,残健幼儿学前教育毛入园率达 88.1%。党的二十大报告充分肯定教育成就,并适时提出进一步发展战略:"办好人民满意的教育""强化学前教育、特殊教育普惠发展"。新战略完全契合学前特殊教育优先发展的特殊价值,为学前特殊教育在"十四五"期间获得飞跃式发展提供了根本遵循和强大能量。获得更多政府资助、承载更多社会发展期待的公办园较之私立园具有更大的社会责任,率

---

① 赵小红:《教育公平视域下学前特殊教育政策的进路》,《教育研究》2022 年第 12 期。

先成为推进新战略的典范。就近进入公办园,也有助于残疾幼儿实现学前阶段的康教一体,还将有助于保障其将来更顺利地衔接普通小学,更好地融入同龄群体和社会。

二、破解入园难是学前特殊教育普惠发展的前提

《中共中央 国务院关于学前教育深化改革规范发展的若干意见》指出,新时期学前教育必须坚持公益普惠基本方向,推进学前教育普及普惠安全优质发展,要求"确保接受普惠性学前教育的家庭经济困难儿童(含建档立卡家庭儿童、低保家庭儿童、特困救助供养儿童等)、孤儿和残疾儿童得到资助"。完善学前教育资助制度固然很重要。同时,笔者的研究显示,较之入园贵,对于残疾幼儿在时间和权重上更具先在性的是入园难这一瓶颈问题,就近进入公办园尤其难,需要制度性地保障平等接受普惠性学前教育的权利。残疾幼儿入园率亟待成为幼儿园高质量发展评价体系的具有一票否决效应的考核维度,残疾幼儿一年以上在园率、教育满意率也应成为高权重的评价指标,才能有力防控幼儿园残健儿童比例远低于"施教区"残健儿童比例这一普遍性的教育现象,且有利于进一步提升幼儿园管理者与保教人员平等地尊重关爱各类幼儿的现代教育服务意识。

三、学前一年特殊教育义务化是核心制度关怀

《"十四五"特殊教育发展提升行动计划》印发时间较早,规划指导重点仍在义务教育,尚未提及学前教育。特殊教育有必要直接以党的二十大最新指示精神为指引,锚定学前特殊教育的强化普惠发展方向,踔厉推进。关于量标的明确,杨卫安等综合各种影响因素为"十四五"学前教育发展进行目标设定:"学前三年毛入园率达到90%"。笔者认为,鉴于"十四五"期间学前三年毛入园率不可能达到100%,应分层分类推进,努力实现学前一年毛入园率接近100%,同时贯彻"强化学前特殊教育普惠发展"战略,优先将残疾幼儿学前

一年教育义务化。在残疾幼儿进行抢救性康复的同时或后期,尽可能完成学前一年准义务教育,完成国际教育界通常所说的"K-12"当中义务化的"K"(kindergarten 一词的首字母),意指为 5 周岁以上幼儿提供一年免费幼儿园教育。

四、多部门协同是学前特殊教育普惠发展的加速引擎

宜及早充分借助卫健委人口数据库与教育系统、残联系统数据库摸清全国残疾幼儿在园底数,知悉其进入公办园的比例,调研适龄残疾幼儿未入园的原因,相关部门协同创新,努力调动各种社会资源、家庭资源,分类施策,力争进一步提升学前特殊教育的普惠发展水平。鉴于推动学前特殊教育普惠发展是一项综合性非常强的奠基性工作,需要教育、残联、卫健等多部门一体化推进,建立相关协同创新工作机制,根据学前特殊教育所涉教育、康复两大重点工作以及对幼儿园的管理权责,明确各板块的牵头部门与协作部门,实现资源共享一体推进。随着我国幼儿教育资源供给的增加,幼儿保教工作者融合教育能力的提升,康复大学助力高素质康复人才的加快培养,以及幼儿监护人教育能力的增强,我们坚定地相信我国融合式幼儿教育事业将朝着党的二十大指明的普惠方向实现重大跨越。

附录二　轮椅前不断延展的地平线：残疾女性受益于教育反贫困案例分析

　　旅行作为一种"诗意的迂回"，是富于主体性和超越性的行动。"在旅游体验中，旅游者作为生活世界现象中的诠释者，面对旅游客体或现象，经过迂回的想象和解释过程，达到对旅行意义的深层理解和向世界的敞开。它一方面在认识论上扩展了旅游者的外部知识，另一方面也是旅游者生命形式的具体体现，旅游者在旅游的体验过程中获得旅行的整体意义并超越性地反思人的存在本身。"①一位"行走"四方的残疾女性 L 女士的案例折射出融合教育和良好的网络信息素养可以在多大程度上提升残疾人的精神生活、物质生活品质，使其远离物质贫困与精神贫困。

　　笔者与 L 女士相识相知 20 余年，她近乎笔者母亲的年龄，完全没有年长者的架势。L 女士肢体残疾，幼年因小儿麻痹失去了奔跑的能力，长途旅行需用轮椅；本科学历，体力充沛，性格开朗，从某省级金融单位退休后，轮椅前不断延展的地平线见证了她丰富多彩的精神生活。

　　L 女士中小学都在普通学校接受融合教育，与老师、同学们相处融洽，充

---

　　①　马凌：《诗意地迂回：诠释现象学视角下的主体想象与旅游体验》，《旅游学刊》2022 年第10 期。

分掌握了语数外政史地等各科知识，为日后报考全国高等教育成人自学考试进行深造与终身化高水准自我教育奠定了扎实的基础。高质量融合教育加之自身的聪颖勤学，使 L 年轻时以优异的成绩顺利考入金融单位，物质生活方面衣食无忧。她又自学了办公自动化，具有出色的网络信息素养，这为她"行走四方"、超越自我带来很大便利。

退休后的 L 女士应邀在国内进行业务讲学，公务之余她沿途犒劳自己，在四川、内蒙古等地旅游观光，揭开了行万里路的序幕。额济纳沙漠之旅中，L 女士在网上联系了三位志趣相投的健全人，一同出行去探寻那"三百年生而不死、三百年死而不倒、三百年倒而不朽"的胡杨。L 女士的顶层设计是退休后游遍五大洲。仅欧洲，她就设计了以欧洲近现代文明发展为线索，由西欧向中欧推进的路线。她第三次欧洲自助游的目的地是英国。行前，上网预订性价比奇佳的机票、旅店，设计每日行程并租车，在最佳时间点换取外汇，均由她亲力亲为。在国外旅游期间，L 女士以自己的英语技能为团队代言，同行者堪称最省心、最幸福"驴友"。英国之旅除了她的先生，还有众多亲友踊跃报名同行，L 女士毫不犹豫地选择了自己的中学班主任老师，使古稀之年的老师得以首次走出国门看世界。可见 L 女士对于培养自己的老师的一片深情，也可以想见融合式中小学教育对于 L 生命成长的丰厚馈赠。

五年间，罗马竞技场、巴黎埃菲尔铁塔、英国泰晤士河畔……全球 100 多个城市的文化地标留下了这位中国残疾女性的优雅身影。回国之后，她从时差中恢复过来，便上网共享了旅游经验以及旅途中的摄影作品。在穷游网上，大号"枯藤"的她粉丝甚众，许多人直接以她设计的路线为蓝本，开展自助游。甚至某知名作家在英国的自驾行也借鉴了她的路线，并在出版的游记中称"事实证明是非常好的路线"。多年来，笔者目睹 L 女士轮椅前的地平线不断拓展，见证了 L 女士将身份建构与文化传播紧密结合起来。一位体健的朋友 F 教授当面评论 L 说："你在看风景，别人在看你。你已是风景的一部分。"

这一切与 L 女士青少年时期的受教育经历具有密切关联。她在义务教育阶段一直随班就读,成绩优异,性格开朗,富于正义感,时常在老师的安排下帮助学困生,包括班上的一位中日混血儿。这些素质和助他行为使她在同学中好友甚多,老师们对她亦很钟爱。有些师生情谊甚至贯穿一生。半个世纪过去,她还不忘祝贺一些往昔老师的生日,并帮助一位老师以七旬年纪首度实现出国游的愿望。融洽和谐的师生关系和同学关系,使她从小的字典里就没有"自卑"这两个字。她把自己的优势发挥得淋漓尽致,自然而然地赢得了大家的喜爱和尊敬。L原本阳光、外向的天性在接受融合教育的过程中逐渐更加舒展,而这正是她后来成为一名国际"行者"的重要内在因素。严爱得当、着眼长远的家庭教育使得L女士自幼乐群,这样的家庭教育和她自强好学的自我教育有助于使随班就读的正向作用最大化。L女士开朗豁达的人格特征在融合式的学校教育中得到了更加充分的磨炼和培养。这一切为她后来拥抱世界式的旅行打下了坚实的精神基础。

同时,L女士所受的优质义务教育及其自学经历使其高质量就业、有尊严地独立生活成为可能。在L女士的案例中能清楚地看到融合教育的重要性。随班就读使得她所接受的学校教育水准不低于同龄人,未打折扣的学校教育加上她自己聪颖好学,所以20世纪70年代后期的考编机会她才能牢牢抓住。L女士回忆道,当年考编,"我背下了薄冰撰写的一本英语语法书,带着平时的学习基础,走上考场。近5000名考生中,我以总分江苏省第七、扬州专区第一、语文单科全省第一、英语单科扬州专区第二的成绩过关",终于摆脱了"1979年集体、全民所有制单位没资格进"的困境,成为银行的正式员工。L女士的融合教育经历使她成功地抓住机遇,高水平地实现了就业权利、远离贫困,也使其生活轨迹正式进入了向上的螺旋。在当前教育与就业"内卷"式竞争日益加剧的环境中,残疾人更是需要借助有质量的教育公平,才能远离贫困,进而实现共同富裕。

后　记

　　从事此项研究是基于对教育反贫困的体验与思考。笔者十周岁因医院误诊由健全儿童变成双下肢瘫痪者，1986 年的县中对随班就读闻所未闻，笔者只能万分无奈地离开心爱的学校。父母尽己所能、超越功利地支持笔者学习，在父母与亲戚们的关爱下，克服生理、心理、学业重重困难，在家坚持自学。没有荣誉、没有掌声、没有考学的希望，只为追寻人之为人应有的精神生活和社会价值，十年磨一剑，参加全国高等教育自学考试本科毕业。1998 年经南京师范大学特许平等地参加全国统招研究生考试，以总分第一名考上南京师范大学外国语学院攻读英语语言文学专业硕士，师从我国翻译学家、中国英汉语比较研究会副会长吕俊教授；2001 年毕业同年跨专业以教育哲学方向第一的成绩考上南京师范大学教育科学学院教育学原理专业博士研究生，师从教育家、俄罗斯教育科学院外籍院士朱小蔓先生，2004 年完成博士学位论文，从中析出的论文《诺丁斯以关怀为核心的道德教育理论及其启示》发表于《教育研究》，独著论文《论人性观的嬗变对特殊教育的影响》发表于《现代特殊教育》。经南京师范大学教育科学学院三年培养，成为"中国第一位轮椅上的女博士"，使我国博士研究生融合教育翻开新的一页，此高质量如期毕业的教育案例成功规避了国外博士生延期率和辍学率双高之常见现象。走在立法前面的博士研究生融合教育创新实验自下而上有力地推动了我国于 2004 年制定出台《普通高等学校招生体检工作指导意见》，由此显著提升了研究生融合教育法治化和现代化水平。读研期间与社会的深度双向互动使笔者深感各级党组织、政府、全社会对残疾人事业发展的关心支持。学校—家庭—社会协同育人机制，尤其是母校南京师范大学恩师们的悉心培育，使笔者得以免于精神贫困。在兼任中国残疾人联合会副主席服务社会的过程中，随着在该领域视野的拓展，笔者期冀用自己的所学所思参与助推残疾人教育反贫困这项重要工作。

　　在承担此项研究的三年多里，笔者进一步研读思考融合教育、社会学、经济学、伦理学等方面的相关论著，不断完善研究框架。本成果包括综述研究、量化研究、思辨研究、案例研究。笔者读硕士研究生时师从吕俊教授研习英汉翻译，读博士研究生时师从朱小蔓先生接受思辨研究的系统训练，为本成果的综述研究和思辨研究打下了扎实的基础。承担国家社科基金课题以来，笔者继续自学量化研究方法，借助它使得无言的数据倾吐出更多的秘密，以便为制定、完善相关法律法规和社会政策提供更加科学精准、有参考价值的依据。本研究结题成果出版之际，衷心感谢本单位历任领导和同事们多年来对笔者学术研究的大力支持，衷心感谢校内外各级领导、老师以及亲友对笔者的关心与厚爱。特此鸣谢中国残联和江苏省残联允许笔者使用 CDPF 残疾人状况监测数据，使关涉残疾人教育反贫困的研究创造性地运用此权威数据得出了实证研究创新成果，并使思辨研究获得了更精准的方向。衷心感谢人民出版社陈晓燕编辑等各位同志为本书出版付出的辛劳。纸短情长，每一份关爱与帮助都铭刻于心。

　　社会文明是一个历史过程，残疾人教育反贫困不可能一蹴而就。从祖父与叔祖父在新中国成立初期全力参与经济建设，到父母在工商业岗位上数十载投身祖国建设，再到笔者从事此项研究工作，三代人从物质、精神多维度接力进行反贫困工作的经历，也是神州大地千万家庭生生不息的朴素家国情怀的缩影。在党和政府以及全社会的高度重视、大力推动下，我国解决绝对贫困问题的脱贫攻坚战取得了全面胜利。我们对此深感鼓舞，同时完全认同党中央一再强调的捍卫反贫胜利成果的重要性以及接续预防规模性返贫工作的必要性。相对贫困的复杂性、数载疫情的冲击力等因素共同决定了教育反贫困努力的艰巨性与长期性，但是我们深信教育反贫困对于实现人的全面发展与各亚群体共同富裕具有不可替代的根本性作用。

本书稿完成时，国内外尚未见系统研究残疾人教育反贫困的专著。书中难免存有探索的痕迹，恳请专家和读者指正。相信我们共同的持续努力一定有助于进一步推动融合教育反贫困事业以及中国式现代化。

侯晶晶

2022 年 12 月 27 日

责任编辑:陈晓燕
封面设计:石笑梦
版式设计:胡欣欣

图书在版编目(CIP)数据

教育反贫困视角下中国残疾人精准扶贫研究/侯晶晶 著. —北京:
　人民出版社,2024.12
ISBN 978-7-01-026436-3

Ⅰ.①教…　Ⅱ.①侯…　Ⅲ.①残疾人-扶贫-研究-中国　Ⅳ.①D669.69

中国国家版本馆 CIP 数据核字(2024)第 063142 号

教育反贫困视角下中国残疾人精准扶贫研究

JIAOYU FANPINKUN SHIJIAO XIA ZHONGGUO CANJIREN JINGZHUN FUPIN YANJIU

侯晶晶　著

人民出版社 出版发行
(100706　北京市东城区隆福寺街 99 号)

中煤(北京)印务有限公司印刷　新华书店经销

2024 年 12 月第 1 版　2024 年 12 月北京第 1 次印刷
开本:710 毫米×1000 毫米 1/16　印张:19.25
字数:277 千字

ISBN 978-7-01-026436-3　定价:66.00 元

邮购地址 100706　北京市东城区隆福寺街 99 号
人民东方图书销售中心　电话 (010)65250042　65289539